普通高等职业教育"十三五"规划教材

21世纪高职高专规划教材 ◆ 旅游与酒店管理系列

旅游电子商务教程

（第三版）

LÜYOU DIANZI SHANGWU JIAOCHENG

葛晓滨 编著

中国人民大学出版社
·北京·

第三版前言

这是一个被信息技术高度驱动而发生巨大变革的时代，旅游业和电子商务的结合已经成为我们这个时代旅游消费者的常规化体验。本教材的第三版修订也需要在这个时代的背景下进行。

我们仍然将第三版教材定位于高职教育的层次，以旅游专业学生今后从事工作的能力要求为出发点，以强化培养学生在旅游电子商务的专业能力、应用能力、思考能力三位一体的综合行动能力为目标，并继续体现了任务驱动的思想，将任务、认知、体验、操作、知识发现和拓展应用作为主要环节，加强对学生的专业技能以及理论知识的培养。教材的编写延续了体验式情景模式，构造了以欧阳逍遥同学为代表的大学生对旅游电子商务进行探索的情境，以欧阳逍遥的学习历程为线索，讲述了这个对旅游电子商务略知一二的普通学生，最终成长为旅游电子商务应用高手的学习经历。本书的结构设置使得教材内容与学生的学习经历相吻合，充分体现了以学生为中心的教学观点和理念。

与第二版相比，第三版教材进行了进一步的创新，将原来的章节式编写形式改为项目式编写形式，并在每个项目中嵌套多个情境化任务，充分体现任务驱动思想。而且每个项目前特意附加思维导图说明本项目包含的任务内容和探索路径。本次修订还采用了更多直观性的图表，使教材内容更加简洁直观。编著者邀请了安徽财贸职业学院旅游管理系的部分同学参与修订工作。修订过程历经多次师生研讨，涉及学生学情研讨、学习体验研讨、教材特色研讨等内容，最终经参与者反复斟酌确定修订框架。

本书是安徽财贸职业学院地方技能型高水平大学重点建设专业（电子商务）阶段性成果（项目编号：2018gdzxm035）之一。

本书适合作为高职院校旅游、电子商务、市场营销、工商管理等相关专业学生的教材，也可作为自学参考书及企业培训教材。

本书第三版的修订工作，主要由安徽财贸职业学院葛晓滨老师完成并统稿。

感谢安徽财贸职业学院旅游管理系 1601 班丰文文同学、羊佳谊同学、王莉婷同学、邢涵同学、宗雯雯同学、邹雨晴同学，1602 班刘坤同学、徐丹丹同学、赵文学同学、陈伟同学，1202 班王珂同学、王双凤同学、孙春草同学、江唯同学、汪慧枫同学、余文娟同学等对修订工作的支持。修订工作还得到安徽财贸职业学院席清才教授、刘葆副教授、钟晓鹏副教授、陈小芳副教授等的大力帮助和支持，在此表示衷心的感谢！

由于编著者水平有限，第三版还存在诸多不足之处，希望读者批评指正。在修订的过程中，编著者参考并引用了出版社及网络中的相关论著，由于涉及者较多，在此不一一列举，一并致以诚挚的谢意！

编著者
2018年3月

第二版前言

旅游和电子商务的结合为这个时代的旅游消费者带来全新的体验，正如本书第一版前言所说："在这个被信息技术和互联网高度渗透的时代，每一个旅游者都是信息化手段的应用者，每一个旅游企业和每一个旅游目的地都是信息化手段的受益者。"这是一个被信息技术高度驱动而发生巨大变革的时代，我们欣喜地看到在第一版教材所阐述的一些观点已经被这个变化的时代所验证。

编写第一版教材的情景仍历历在目，而时光已流逝三年。在这三年中，这本关于旅游电子商务的教材受到众多教师、学生和相关行业从业者的欢迎，这使我们倍感鼓舞。随着时间的推移，我们教材中的一些观点和数据已经发生变化，为此，我们抓紧进行了教材的修订。

在第二版修订教材中，我们仍然定位于高职教育的层次，以旅游专业学生今后从事工作的能力要求为出发点，以强化培养学生在旅游电子商务的专业能力、应用能力、思考能力三位一体的综合行动能力为目标，并继续体现了任务驱动的思想，将任务、认知、体验、操作、知识发现和拓展应用作为主要环节，加强对学生的专业技能以及理论知识的培养。教材的编写延续了体验式情景模式，构造了以欧阳逍遥同学为代表的大学生对于旅游电子商务进行探索的情境，以欧阳逍遥的学习历程为线索，讲述了这个对旅游电子商务略知一二的普通学生，最终成长为旅游电子商务应用高手的学习经历。本书的结构设置使得教材内容与学生的学习经历相吻合，充分体现了以学生为中心的教学观点和理念。

与第一版相比，第二版教材进行了进一步的创新，突破性地采用换位思考的理念，从学生的认知角度进行修订。本次修订采用了更多的数据图表替代了原版中相对枯燥的文字，使教材内容更加简洁直观。编著者葛晓滨邀请了安徽财贸职业学院旅游管理系的旅游1202班部分同学参与修订工作。修订过程历经多次师生研讨，涉及学生学情研讨、学习体验研讨、教材特色研讨等内容，最终经参与者反复斟酌确定修订框架。

修订后的教材进行了如下改变：

1. 内容更新。根据旅游电子商务的最新变化，调整了教材中已经发生变化的案例和相关数据，并且对第一版教材中的某些观点进行了与时俱进的调整和修正。

2. 增设"术语表"。为了更加方便学生对旅游电子商务的关键性名词的理解，我们增设了"术语表"，有利于学生更直观地理解教材中所出现的关键术语。

3. 图表化。通过旅游专业同学的积极参与，强化了学生的主体意识，并以较多的图表表达知识内容，符合学生的认知方式。

本书适合作为高职院校旅游、电子商务、市场营销、工商管理等相关专业学生的教材，也可作为自学参考书及企业培训教材。

本书第二版的修订工作，主要由安徽财贸职业学院葛晓滨老师完成并统稿。

感谢安徽财贸职业学院旅游管理系 1202 班的王珂同学、王双凤同学、孙春草同学、江唯同学、汪慧枫同学、余文娟同学等对修订工作的支持，他们协助葛晓滨老师进行了资料收集和信息更新工作。汪慧枫同学在编制“术语表”等工作中起到了重要作用。修订工作还得到安徽财贸职业学院席清才教授、刘葆副教授、钟晓鹏副教授、陈小芳讲师等的大力帮助和支持，在此表示衷心的感谢！

由于编著者水平有限，第二版还存在诸多不足之处，恳切希望读者批评指正。在修订的过程中，编著者参考并引用了出版社及网络中的相关论著，由于涉及者较多，在此不一一列举，一并致以诚挚的谢意！

编著者

2014 年 3 月

第一版前言

在这个被信息技术和互联网高度渗透的时代，每一个旅游者都是信息化手段的应用者，每一个旅游企业和每一个旅游目的地都是信息化手段的受益者。旅游电子商务用现代信息技术服务于旅游业，推动着整个旅游业的经济发展。旅游电子商务与旅游个性化的发展潮流互动，是我国旅游业参与国际市场竞争的重要手段。在这个大的背景下，本教材是一部立足于高职高专教学层次，从旅游专业学生今后从事的工作所需要的能力出发，以培养学生专业能力、应用能力、思考能力的综合行动能力为目标，打破传统的教材体系编写的新型的旅游电子商务综合性专业教材。

本教材全面体现了任务驱动的思想，主要环节为本章目标、任务导入、任务分析、任务实施、任务评估、思考、拓展阅读、习题、实验与实训和超级链接等。本教材介绍了旅游电子商务基础、旅游电子商务模式、旅游电子商务网络和数据库技术、旅游电子商务网站技术、旅游电子商务支付、旅游电子商务网络营销、旅游电子商务安全、旅游电子商务客户关系管理、旅游电子商务的新发展等内容，由浅入深，层层深入，环环相扣，涵盖了旅游电子商务专业要求的主要知识和基本技能。

本书突破性地采用体验式情景模式，以欧阳逍遥同学在大学一年级暑假准备旅游的场景开始，以逐层深入的任务为线索，讲述了欧阳逍遥从对旅游电子商务略知一二的普通学生到旅游电子商务应用高手的学习经历。教材故事性强，并与学生认知和学习经历相吻合，突破了传统教材片面讲概念、讲案例，形式不活泼，内容不贴近学生等局限，真正体现以学生为中心的教学观点和理念。

本教材具有以下几个鲜明的特点：

1. 采用“任务驱动、体验式学习”的编写方式，全面介绍了旅游电子商务综合实用技能。

2. 体现了“新、奇、土、特”四个特点。新：形式新、内容新、资料新，所有资讯均是近两年发生的，并且突出了上海世博会等案例，贴近时事；奇：编排方式奇、故事奇；土：和学生的日常认知方式相吻合，贴近生活；特：具有鲜明的特点，突出了任务驱动的特征。

3. 从旅游等专业学生今后主要从事的工作岗位的技能要求出发，以实际应用所需的能力为主线，准确定位，整合出典型的工作流程，按照“工学结合”的理念编排全书内容。

4. 注重“教、学、做”一体化，寓教于做，寓学于做，让学生在“做中学、学中做”，让理论知识具备可操作性，充分体现任务导向、行动导向的教学理念。

5. 突出重点、结构合理、内容新颖，反映新知识、新技术，循序渐进，语言简洁流畅，生动形象。

本书适合作为高职院校旅游专业、电子商务专业、市场营销专业、工商管理专业、国际贸易专业等相关专业的教材，也可作为自学参考书及企业培训教材。

本教材由安徽财贸职业学院葛晓滨编著，安徽财贸职业学院陈小芳参与编写第 8、9 章的内容。本教材是在安徽财贸职业学院的校本教材基础上进行的一种创新性的探索和尝试，在本书的编写过程中，得到席清才副教授的悉心指导，在此表示衷心的感谢！同时编者还参考和引用了相关图书、杂志以及网站的资料，由于涉及者多，不能一一列举，在此一并向有关的作者表达我们诚挚的感谢！

由于编著者水平有限，时间仓促，肯定还有诸多不足之处，恳切希望读者批评指正。

编著者

2011 年 4 月

目　　录

项目一　旅游电子商务的基本认知

项目目标

课程目标

理解旅游电子商务的概念

了解旅游电子商务的功能

实践目标

学会搜索符合自己需要的旅游电子商务网站

能自己动手在旅游电子商务网站完成需要的操作

项目导入

欧阳逍遥是旅游专业的大一学生，即将放暑假了，他和同学们想借此机会出去游览一下祖国的大好河山。但是因为景点繁多，费用不等，而他们的经济能力有限，如何迅速找到合适的旅游景点，并安排好相关的行程和路线，解决住宿和吃饭的问题呢？于是他们想到了旅游网站，但是旅游网站众多，各有特色，他们到底能不能通过互联网获得中意的方案呢？

项目分析

欧阳逍遥的想法是利用互联网去实现旅游计划和安排，这是旅游电子商务的一个典型的应用，那么到底该如何实施这个任务呢？国内的旅游网站众多，比较知名的有携程旅行网、艺龙旅行网、去哪儿网、驴妈妈旅游网、芒果网、同程网、9588旅行网、快乐e行网等，旅游网站各具特点，风格不一，又该如何选择呢？俗话说，货比三家不吃亏。欧阳逍遥可以选择几家有特点的旅游网站进行比较，看看每个网站推荐的方案和价格，不仅如此，很多网站还有景区的三维动画和视频，非常直观。另外，很多“驴友”的旅游评价对做好旅游前的功课也有一定帮助。欧阳逍遥开始在网上搜索合适的旅游网站。

小贴士

驴友：“驴”是“旅游”的“旅”的谐音，驴友泛指参加旅游、自助游的朋友。

项目实施

为了实施本项目，老师帮助欧阳逍遥建立了探索路径。

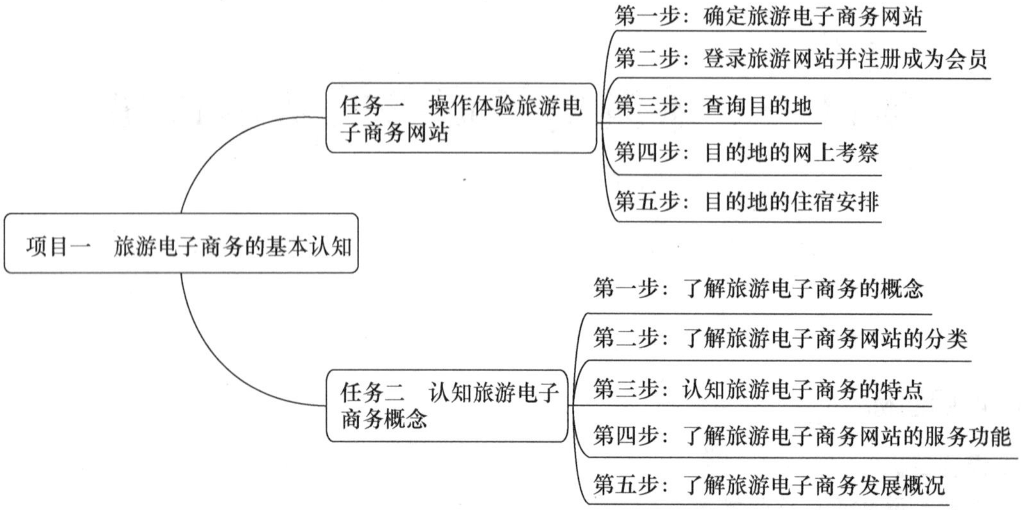

经过认真的思考和研究后，欧阳逍遥开始上网亲自体验旅游电子商务的实际功能，实现他和同学们旅游的愿望。

任务一　操作体验旅游电子商务网站

第一步：确定旅游电子商务网站

欧阳逍遥对旅游电子商务一无所知，为了认识旅游电子商务，他想从旅游电子商务的常见网站入手。要找就找最好的网站，欧阳逍遥在百度（www. baidu. com）搜索风云榜的界面中输入搜索关键字“旅游网站排行榜”，发现了旅游电子商务网站的搜索排名，排名依次是：去哪儿网、携程旅行网、马蜂窝、途牛旅游网、穷游网、同程网、中华户外网、驴妈妈旅游网、百度旅游、欣欣旅游网、艺龙旅行网、十六番等（见图 1－1）。

从搜索排名的结果看，去哪儿网和携程旅行网等都是旅游用户喜爱的网站，欧阳逍遥选择了携程旅行网进行探索实践。

第二步：登录旅游网站并注册成为会员

欧阳逍遥登录到携程旅行网，携程旅行网首页如图 1－2 所示。

1. 注册成为会员

（1）进入新用户注册页面。

单击携程旅行网页面右上方的“注册”按钮，如图 1－3 所示。

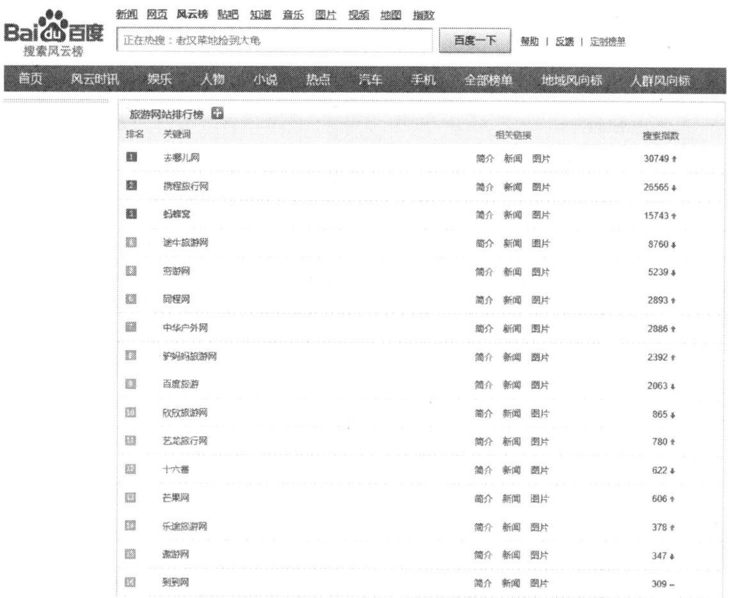

图 1-1　2017 年 6 月份百度搜索风云榜的旅游电子商务搜索排名

图 1-2　携程旅行网首页

图 1-3　携程旅行网“注册”按钮

（2）填写注册信息。

在新用户注册页面填写基本信息，包括用户名、密码、验证码、手机号码、电子邮件等，如图 1-4 所示。

图 1-4　携程旅行网注册页面

填写完注册信息后，仔细阅读服务条款并单击“已阅读并同意条款”按钮，如图 1－5 所示。

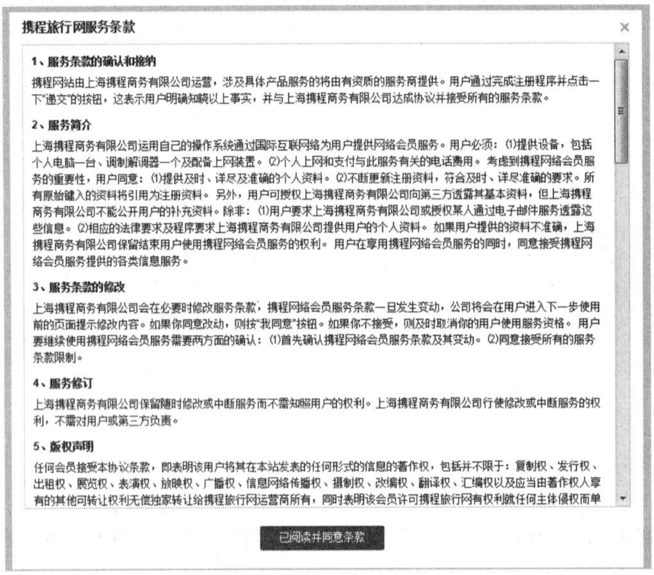

图 1－5　携程旅行网注册服务条款

（3）完成注册。

完成注册之后将会进入携程旅行网的欢迎界面，如图 1－6 所示。

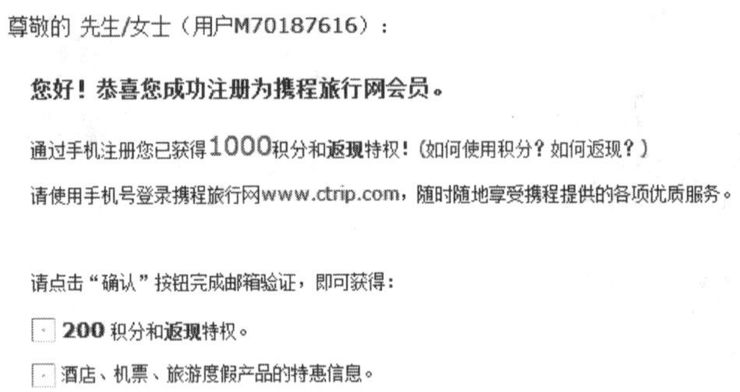

图 1－6　携程旅行网的欢迎界面

2. 携程旅行网注册用户名的要求

（1）如果已经拥有携程会员卡，请直接使用卡号登录，无须重新注册用户名。

（2）携程旅行网的用户名一经注册不能更改，请选择喜欢并能牢记的用户名。用户名由英文字母（不区分大小写）、数字或下划线组成，并以英文字母开头，例如 harrison168。

注册完成后，携程旅行网会给注册的邮箱发送一份确认邮件。

第三步：查询目的地

经过一番探索，欧阳逍遥最终选择了“国内旅游”这个栏目（见图 1－7），去寻找自己的旅游理想目的地。

单击“黄山”后，出现如图 1－8 所示的界面。

图 1-7　携程旅行网国内旅游页面

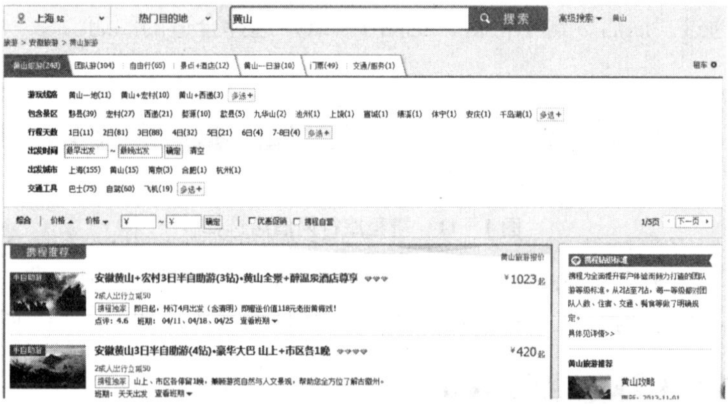

图 1-8　携程旅行网黄山旅游界面

第四步：目的地的网上考察

单击“携程推荐”，如图 1-9 所示。

图 1-9　携程旅行网推荐的黄山三日游安排介绍

看完推荐行程之后，还要看看别人的评论（见图1-10），有道是：前事不忘，后事之师。

图1-10　携程旅行网网友热评

第五步：目的地的住宿安排

欧阳逍遥通过“酒店”这个栏目（见图1-11）选择合适的酒店。

图1-11　携程旅行网酒店选择

在“搜索国内酒店”对话框中（见图1-12），填写目的地、入住日期、退房日期、酒店级别等内容，单击“搜索”按钮即可找到符合条件的酒店，如图1-13所示。

图1-12　携程酒店快速搜索

图1-13　携程旅行网酒店推荐

在众多的推荐酒店中，选择价位合适并且在景点附近的旅游酒店。单击“预订”按钮，填写预订单（见图1-14）。

经过核对信息无误后，需要提供信用卡担保，如图1-15所示。按要求填好相关的内容后，单击“提交”按钮就可以了。

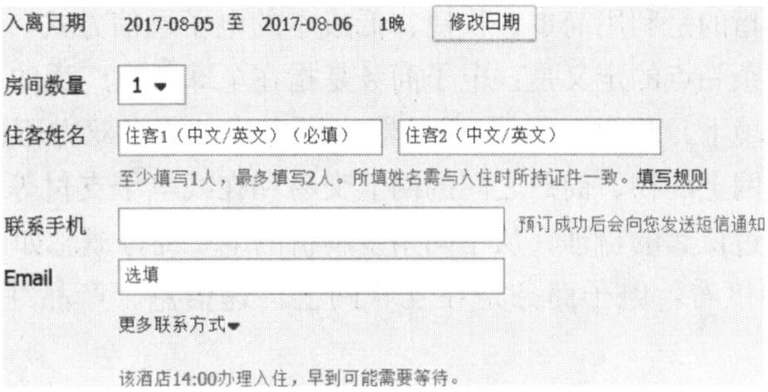

图 1－14　携程旅行网预订单

图 1－15　携程旅行网酒店信用卡担保

至此，欧阳逍遥完成了旅游路线和酒店的预订，他可以和同学们在即将到来的暑假中，到美丽的黄山去放松心情，感受大自然的美好了！

任务二　认知旅游电子商务概念

经过携程旅行网的一番操作体验，欧阳逍遥对旅游电子商务产生了浓厚的兴趣，于是他找来一些旅游电子商务专业书籍阅读，并上网查阅有关的资料，了解旅游电子商务的有关概念。

第一步：了解旅游电子商务的概念

为了了解旅游电子商务的概念。欧阳逍遥设计了思维导图，如图 1－16 所示。

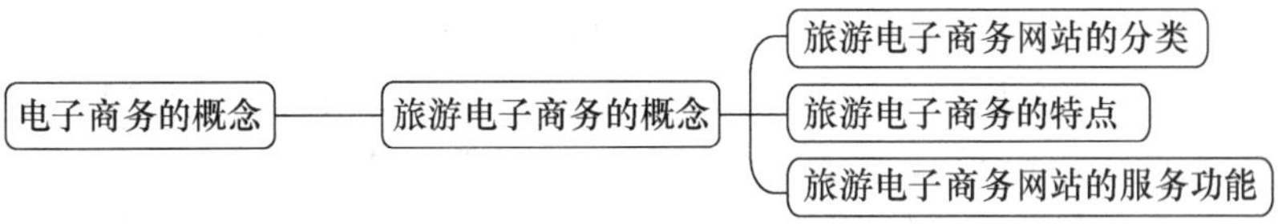

图 1－16　欧阳逍遥研究旅游电子商务概念的思维导图

按照思维导图，欧阳逍遥首先借助著名的搜索引擎“百度”查找电子商务的定义，发现互联网中对电子商务的定义有很多，他又在书店查阅很多电子商务的教科书，发现电子商务至今没有统一的定义，国内外不同的书籍、机构等对于电子商务的定义都有差异。简单一点的定义是：电子商务指的是利用简单、快捷、低成本的电子通信方式，买卖双方不谋面地进行各种商贸活动。复杂一点的定义是：电子商务是指在全球各地广泛的商业贸易活动中，在互联网开放的网络环境下，基于浏览器/服务器应用方式，买卖双方不谋面地进行各种商贸活动，实现消费者的网上购物、商户之间的网上交易和在线电子支付等商务活动的一种新型的商业运营模式。经过认真的梳理，从不同角度解析的电子商务概念如下：

（1）从通信的角度看，电子商务是在互联网上传递信息、产品/服务或进行支付的商务活动。

（2）从服务的角度看，电子商务是一种工具，它能满足企业、消费者等各方面的需求，即在提高产品质量和加快产品/服务交付的速度的同时降低服务成本。

（3）从企业经营的角度看，电子商务是通过互联网支持企业的交易活动，即产品或服务的买卖。

（4）从电子商务内涵的角度看，电子商务的内容包含两方面：一是电子方式，二是商贸活动。一般来讲，电子商务是指利用电子信息网络等电子化手段进行的商务活动，是商务活动的电子化、网络化。广义来讲，电子商务还包括政府机构、企事业单位内部各种业务的电子化。

（5）从企业的角度看，美国 IBM 公司对电子商务的定义是：一种在互联网上展开的相互关联的动态商务活动，有广义和狭义之分；美国惠普（HP）公司对电子商务的定义是：通过电子化手段来完成商业贸易活动的一种方式。

（6）从国际组织的角度看，联合国国际贸易程序简化工作组对电子商务的定义是：采用电子形式开展商务活动，包括在供应商、客户、政府及其参与方之间通过任何电子工具如 EDI、Web 技术、电子邮件共享非结构化或结构化商务信息，并管理和完成在商务活动、管理活动和消费活动中的各种交易。

综合上面的各种定义，通俗地说，电子商务就是商务活动的电子化。

既然电子商务是商务活动的电子化，那么旅游电子商务是不是就是旅游商务的电子化呢？欧阳逍遥经过查询，找到比较专业的定义是：旅游电子商务是指以网络为主体，以旅游信息库、电子化工具为基础，利用先进的计算机技术、网络技术、通信技术等手段运作旅游业及其分销系统的商务体系。旅游电子商务为旅游业（包括旅游者和经营者等）提供了一个互联网交互的平台。

旅游电子商务平台是专业的旅游买卖电子交易市场，它汇集了大量的旅游者、旅游企业及旅游相关行业企业。这个平台为旅游企业和游客提供专业化的旅游交易服务，并通过强大的资源数据库为旅游者出游提供必备的查询功能；按期发布旅游咨询、询价信息、线路报价信息、寻找合作伙伴等。它也是旅游企业在网上展示、宣传及销售的平台。

与旅游电子商务概念相对应的概念是旅游信息化。旅游信息化就是通过对信息技术的运用，对旅游有关的实体资源、信息资源、生产要素资源进行深层次的分配、组合、加工和销售。旅游信息化改变了传统的旅游消费机制，改变了旅游产业的生产方式、管理模式、营销模式，也改变了旅游信息的传播模式，优化了旅游经济的运作，促进了传统旅游业向现代旅游业的转变。

信息化是信息技术普遍应用并发挥积极作用的过程。信息化通常是指在经济和社会活动中，通过普遍采用信息技术和电子信息装备建设先进的信息基础设施，发展信息技术及产业，更有效地开发和利用信息资源的过程。

企业管理信息化是在企业管理的各个环节应用现代信息技术，加快企业管理信息的传递、加工和处理速度，使这些信息资源得到可靠的保存和有效的利用，及时为企业管理者提供决策依据，促进企业管理水平的提高。

信息技术、信息化、信息技术工具及电子商务这四个概念的关系如图 1－17 所示。信息技术在社会生活和经济生活中的广泛应用引出了信息化的概念，而信息化的核心内容在于开展电子商务活动。信息技术工具是信息技术在企业管理中的具体应用形式。基于信息技术的信息技术工具是开展电子商务活动的物质保障。可以看出，信息技术的发展是电子商务概念产生的初始条件，而电子商务是信息技术应用的具体表现。

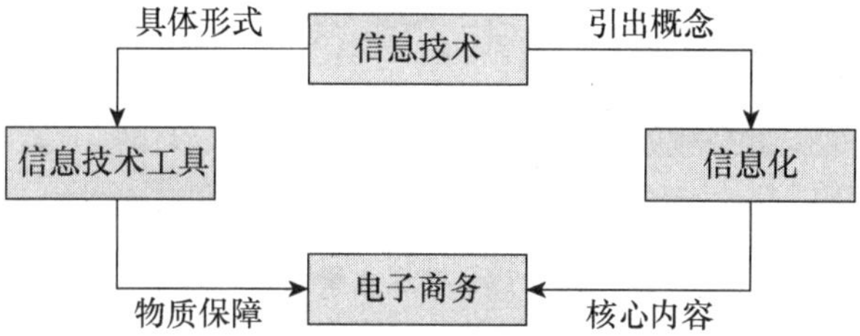

图 1－17　信息技术、信息化、信息技术工具及电子商务的关系

第二步：了解旅游电子商务网站的分类

旅游电子商务网站可以提供的信息比较全面，涉及旅游的食、住、行、游、购、娱等各个方面。

旅游电子商务网站按照不同的旅游侧重点可以分为六种类型，如表 1－1 所示。

表 1－1　　旅游电子网站的分类

编号	旅游网站的类型	具体形态	网站案例
1	旅游供应商自建型网站	由旅游产品的供应商直接建设	北京昆仑饭店
2	旅游中介商主导型网站	由旅游中介服务提供商建设	天津旅游资讯网
3	地区性旅游网站	以本地风光或本地旅游商务为主要内容	中国黄山风景名胜区
4	政府背景类网站	政府主导，并依托全球分销系统 GDS 建设	信天游网
5	专业化旅游信息提供网站	通过专业化的网站平台，为消费者提供大量丰富实用的旅游信息资源	江苏旅游资讯网
6	门户网旅游频道	互联网内容服务提供商所涉及的旅游内容	新浪、搜狐、网易等的旅游频道

1. *旅游供应商自建型网站*

旅游供应商自建型网站由旅游产品（服务）的直接供应商所建。如北京昆仑饭店、上海锦江之星（见图 1－18）等所建的网站就属于此类型。

2. *旅游中介商主导型网站*

旅游中介商主导型网站由旅游中介服务提供商（又称在线预订服务代理商）所建。这类网站大致又可分为两类：一类由传统的旅行社所建，如中国国旅（http://www.cits.cn）（见图 1－19）；另一类是综合性旅游网站，如天津旅游资讯网（http://www.tjtour.cn）等。

图 1-18　锦江之星网站

图 1-19　中国国旅网站

3. 地区性旅游网站

地区性旅游网站，如中国黄山风景名胜区网（http://www.chinahuangshan.gov.cn）（见图 1-20）等，它们以本地风光或本地旅游商务为主要内容。

4. 政府背景类网站

政府背景类网站，如中国航空信息中心下属的以机票预订为主要服务内容的信天游网站（www.travelsky.com）（见图 1-21），它依托于全球分销系统（global distribution system，GDS）。GDS 是大型旅游营销网络，可连接酒店、度假村、汽车租赁公司、铁路公司、旅游公司等其他旅游企业提供航班订位、酒店订房等预订和市场营销综合服务的系统。

5. 专业化旅游信息提供网站

专业化旅游信息提供网站为消费者提供大量丰富的、专业性的旅游信息资源，有时也提供少量的旅游预订中介服务。如江苏省旅游局主办的旅游资讯网（http://www.jstour.com）等（见图 1-22）。

图 1-20　中国黄山风景名胜区网站

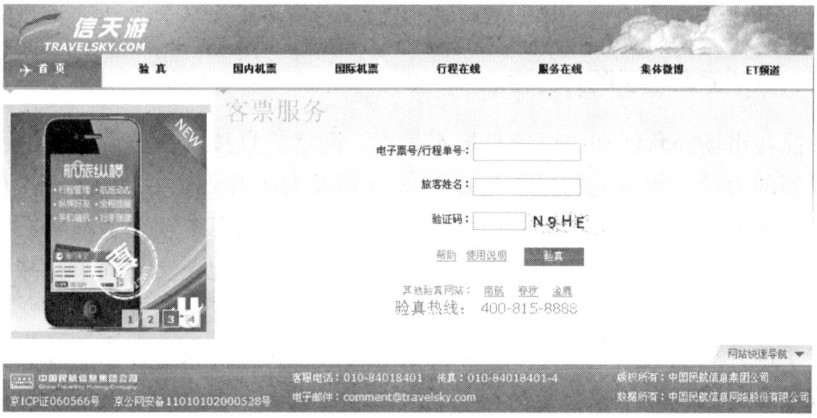

图 1-21　信天游网站

图 1-22　江苏旅游资讯网

6. 门户网旅游频道

在互联网内容服务提供商（ICP）门户网站中，几乎所有的网站都不同程度地涉及了旅游内容，如新浪（http://travel.sina.com.cn）（见图 1 - 23）、搜狐、网易和中华网的旅游频道等，显示出网上旅游的巨大生命力和市场空间。

图 1 - 23　新浪网站旅游频道

第三步：认知旅游电子商务的特点

旅游产品在市场经营活动中以信息形态表现，网络信息技术为旅游业的这种信息形态发展注入了新的力量，使传统的旅游运作方式得到极大的改善，并创造出新的产品价值。旅游电子商务充分利用了网络资源的优势，互动、开放、动态地整合各地旅游资源，不受时空限制，同时还利用了电子商务平台，使交易操作程序简便、交易环节精减、交易成本大幅度下降。

虽然电子商务运用于旅游业仅有二十多年的时间，但是其发展势头十分强劲。电子商务已经成为信息时代旅游交易的新模式。

以旅游产品销售的主要内容之一酒店客房预订为例，传统的酒店客房预订中存在的最主要的问题是不能实时向客户反映客房的订购状况。旅游电子商务网站的网上订房系统数据库与其上游酒店内部的客房管理系统数据库实现前向集成，在不改变酒店数据库所有权的前提下实现资源共享，以便及时掌握上游客房状态数据。旅游电子商务网站与酒店确认预订的环节实现 BPR（业务流程重组），与客户的互动交流实现 CRM（客户关系管理），为客户提供更具时效、更经济、更富特色的服务。同时旅游电子商务网站的访问量也将会大幅度提高，使得更多的酒店愿意与网站合作。随着客房资源的丰富，客户的选择余地也越来越大，旅游网站的吸引力也就增大了，访问量进一步攀升。这是一种良性循环，旅游电子商务网站在技术创新的驱动下不断挖掘产品内涵，做强做大，实现收益递增。

具体说来，旅游电子商务具有以下特点：

1. 聚合性

旅游产品是一个复杂的、由多个部分组成的结构实体。旅游电子商务像一张大网，把众多的旅游供应商、旅游中介、旅游者联系在一起。景区、旅行社、酒店及旅游相关行业（如租车业）可借助同一网站招徕更多的旅游者。旅游电子商务将原来市场分散的利润点集中起来，提高了资源的利用效率。由此可见，旅游市场的规模因电子商务而扩大。

2. 有形性

旅游产品具有无形性的特点，旅游者在购买这一产品之前，无法亲自了解，只能从别人的经历或介绍中寻求了解。随着信息技术的发展，网络多媒体给旅游产品提供了展示机会，使无形的旅游产品变得有形。这种全新的旅游体验，使足不出户畅游天下的梦想成真，并且培养了潜在的旅游者。

3. 服务性

旅游业是典型的服务性行业，旅游电子商务也应以服务为本。一个成功的旅游网站必须具备的最主要的因素就是提供信息量大、更新及时又吸引人的服务。因此，旅游网站必须能提供在线交易的平台，提供不同特色、多角度、多侧面、多种类、高质量的服务来吸引不同类型的旅游者。

4. 便捷性

旅游电子商务网站中各种各样的功能和服务是便捷的。网站所提供的各种功能和服务应适应不同年龄、不同性别、不同知识层次的群体的需求，服务业务具有多样化。

5. 实惠性

旅游电子商务网站由于汇集了大量的旅游者资源，实际的需求量大，企业也愿意将一部分利润让出来，实现薄利多销，通过让利促销、折扣等手段吸引旅游者。这样，旅游电子商务带给消费者的不仅是方便快捷的服务，而且还有物美价廉的旅游商品。

6. 个性化

旅游电子商务个性化体现在旅游电子商务可以根据每位旅游者的不同需求，利用网络平台，一对一地进行全套旅游方案的在线定制。首先，旅游者在出游之前，可以提前登录网站进行在线咨询，并获得个性化的出行建议和规划；其次，可以通过网络收集目的地的旅游信息，根据自己的情况选择景点线路、导游、食宿和交通工具；最后，网站会根据旅游者所选择服务的具体内容自动形成一个个性化的旅游线路清单，包括：行程安排，景点门票预订，导游预订，行程中交通工具的预订，酒店、餐饮、购物等的推荐和预订，以及整个行程的费用预算。这种个性化的特征在旅游电子商务中尤为明显。

第四步：了解旅游电子商务网站的服务功能

旅游电子商务网站的服务功能可以概括为以下三类：

1. 旅游信息的汇集、传播、检索和导航

旅游信息一般涉及景点、酒店、交通旅游线路等方面的内容，还包括旅游常识、旅游注意事项、旅游新闻、货币兑换，旅游目的地的天气、环境、人文等以及旅游观感等信息。

2. 旅游产品（服务）的在线销售

提供旅游及其相关的产品（服务）的各种优惠、折扣；提供航空、酒店、游船、汽车租赁服务的检索和预订等。

3. 个性化定制服务

从网上订车票、预订酒店、查阅电子地图到完全依靠网站的指导在陌生的环境中观光、购物。这种以自定行程为主要特征的旅游方式已经成为一种时尚。

第五步：了解旅游电子商务发展概况

随着现代科技和信息产业的发展，互联网的兴起给旅游业带来了新的商机，网络的交互性、实时性、丰富性和便捷性等促使传统旅游业迅速融入互联网的浪潮。通过网络查询信息，进行酒店、机票预订和购买支付旅游产品早已成为旅游者出行的首选方式。如美国，早在1998年，就有将近半数的旅游者在网上订票，有51%的长期旅游者通过互联网获得旅行目的地的信息及确认价格、时间。1999年，美国旅游业已有2%的收入来源于网上业务，70%的网友访问过旅游站点。1999年全球电子商务销售额突破1 400亿美元，其中旅游业电子商务销售额突破270亿美元，占全球电子商务销售总额的20%；全球有超过17万家的旅游企业在网上开展综合、专业、特色的旅游服务；约有8 500万人次享受过旅游网站的服务。

我国旅游网站的建设最早可以追溯到1996年。从2003年开始，旅游电子商务就一直呈现升温的状态，出现了很多大型的在线旅游企业。到2007年年底，很多在线旅游企业的经营呈现井喷态势。例如携程旅行网，从2007年开始，度假业务就始终保持强劲的增长势头，已逐渐成为携程旅行网的转型支柱产品。而同程网、新浪乐途等，都在2007年尝到了旅游电子商务的甜头。大量的旅行社、酒店和分销商们也开始加入旅游电子商务的队伍，在线旅游市场呈现强劲的发展势头。途牛、九游等旅游门户网站，2007年开始了和旅行社及酒店等传统企业的合作，这种合作赋予了旅游门户网站新的市场前景：有与订房中心或酒店合作，提供网上宾馆客房分销的；有与机票、车票代理点合作，提供便捷客运服务支持的；有与旅行社合作，为客户提供特定的旅游线路、完善的旅游地安排及导游服务的；等等。经过几年的摸索和积累，国内已经有相当多的具有一定资讯服务实力的旅游网站。

2018年1月31日，中国互联网络信息中心（CNNIC）在京发布第41次《中国互联网络发展状况统计报告》。报告显示，截至2017年12月，中国网民规模达到7.72亿，占全球网民总数的五分之一。互联网普及率为55.8%。以互联网为代表的数字技术正在加速与经济社会各领域深度融合，成为促进我国消费升级、经济社会转型、构建国家竞争新优势的重要推动力。

2017年5月10日，国内著名的互联网调查咨询机构艾瑞咨询对外发布《2017年中国在线旅游度假市场研究报告》。报告显示，2016年中国在线旅游度假市场规模达962.9亿元，较2015年增长37.4%，占整体在线旅游市场的比重达16.3%，比2015年提升0.1个百分点。

艾瑞咨询分析认为，在线旅游市场中，在线度假市场发展最为迅速，其占在线旅游行业的比重由2009年的5.8%，增长至2016年的16.3%。整体而言，在线度假市场前景广阔，预计未来几年增长率将保持在25%以上。

在发展迅猛且前景广阔的在线度假市场，游客主要选择哪些在线旅游企业咨询及预订休闲旅游产品？艾瑞咨询的报告显示，在中国在线度假市场，市场份额最大的要数途牛，占比达到19.4%；其次是携程和同程。三家的体量之和约占整个在线度假市场的一半份额。

按照旅游方式，在线度假旅游可分为在线跟团游和在线自助游两种形式。此外，随着我国护照“含金量”的持续上升以及出境航班的增多，选择出境旅游的人群规模逐年上涨。国家旅游局数据显示，2016年我国出境游人数达1.2亿人次，增长4.3%。艾瑞数据显示，2016年中国在线旅游度假市场出境游占据半壁江山，交易额占比为53.3%。

业内人士认为，在线旅游市场还有巨大的发展空间。我国休闲旅游市场和互联网产业都处于快速发展阶段，旅游业发展的散客化、自助化、信息化趋势将会进一步增强，旅游者的预订行为将加速从线下向线上的转移，在线旅游预订也将获得更多的用户，成为一种主流的出行方式。

项目评估

本项目中欧阳逍遥通过携程旅行网完成了旅游路线的选择和酒店的预订，并了解了旅游电子商务的概念和旅游电子商务网站的分类，学习并掌握了旅游电子商务的特点，感到受益匪浅。

思　考

1. 旅游电子商务的分类有哪些？
2. 旅游电子商务是否真的能帮助欧阳逍遥实现旅游需求？

拓展阅读

一、入境旅游电商静悄悄地成长

旅游电子商务是电子商务的重要组成部分，是旅游业转型升级的重要内容。根据艾瑞咨询数据，2012 年我国旅游电子商务市场交易规模为 1 730 亿元，同比增长 31.6%。目前，业界对旅游电子商务的关注主要集中在国内游市场，入境游已发展成为一支重要力量，形成了独特的发展模式，然而却未引起人们的足够重视。

自 1997 年以来，我国入境旅游电子商务保持了稳健式发展，诞生了若干龙头企业，主要有以下五大特征：

1. 是我国最早出现的电子商务类型之一。1997 年，以中国化工信息网、中国化工网（英文版）为代表的 B2B 网站上线，被认为是我国最早出现的电子商务网站。1999 年，阿里巴巴、易趣网和 8848 等一批网站创立，电子商务发展掀起了高潮。与此同时，入境旅游电子商务开始起步。1997 年年底，西安马可波罗国际旅行社旗下的英文网站 www.warriortours.com 上线；1998 年桂林国旅的 www.chinahighlights.com、西安马可波罗的 www.travelchinaguide.com 相继上线。它们均早于 1999 年成立的艺龙旅行网和携程网。马可波罗和桂林国旅开创了旅游电子商务的先河，是我国最早出现的电子商务类型之一。

2. 改变了原有的产业竞争格局。传统入境游业务的产业环节长，交易流程复杂，一般是“境外游客—街道旅行社（境外）—旅游批发商（境外）—组团社（境内）—地接社（境内）”的模式。其中，旅游批发商和组团社在产业链条中居控制地位，占据了大部分利润；而各地的地接社处于产业链的末端，仅能获取小部分收入，甚至是“零负团费”。通过发展电子商务，地接社可直接面向全球游客，大大减少了中间环节，改变了在产业链中的位置，成为事实上的组团社，形成了“境外游客—旅游电商（境内）—地接社（境内）”的模式。这也是入境旅游电子商务最先在西安和桂林等旅游目的地出现的重要原因。

3. 发展初具规模。经过十几年的发展，我国入境旅游电子商务形成了以英语市场为主体，法语、德语、俄语、西班牙语、意大利语、日语、韩语等市场共同发展的市场格局，几乎实现了对全球主要经济体的全覆盖。入境旅游电商主要分布在三类城市，即以西安和桂林为代表的旅游目的地，以北京为代表的国际交流中心，以杭州为代表的东部沿海城市。目前，我国年收入在亿元之上的旅游电商有 15 家左右，其中入境旅游电商占两席，马可波罗和桂林国旅电子商务部均有1亿元左右的年收入。

此外，我国有若干家年收入达数千万元的入境旅游电商。以唐朝国旅（主站：www.chinaodysseytours.com）和北京香槟国旅（www.tour-beijing.com）为代表，加上数量众多的中小网站，共同构成了我国入境旅游电子商务的市场主体。

4. 盈利能力较强。传统旅游业务的资金周转期长、追款压力大，旅行社的财务状况普遍不佳，长期以来一直是微利经营。根据国家旅游局的数据，2011年全国入境旅游业务的平均毛利率仅为6%。而电子商务模式一般遵从"先付款、后消费"的原则，旅行社的资金流得到根本改善。由于减少了中间环节，改变了在产业链中的位置，入境旅游电子商务也实现了较高的盈利水平，平均毛利率达15%左右，远高于全国入境旅游业务的平均水平。

5. 未来的潜力巨大。入境旅游电商是将境外游客带到本国旅游，整合的是本国旅游资源和境外游客，一般只涉及两个国家。随着互联网的蓬勃发展，跨境电子商务在旅游业中的应用具有无限发展空间，除入境旅游外，还可以通过A国的网络平台把B国的客人带到C国旅游。在该模式下，旅游电商整合的是境外旅游资源和境外游客，自身成为第三国的信息服务商。这种"交易中心位于国内、客源地和目的地均在国外"的跨境旅游电子商务模式，将会引爆一个更大的全球化市场。唐朝国旅等入境旅游电商已推出类似业务，改变了传统跨境电子商务的发展模式。未来入境旅游电商将进一步突破时空界限，成为具有整合全球要素资源能力的跨境旅游电商。

资料来源：闫德利，刘蕴涛. 入境旅游电商静悄悄地成长. 上海信息化，2013（6）.

二、从"3 000美金周游世界"感受电子商务

中央电视台的一位主持人找到朱兆瑞，希望他帮忙安排一次欧洲旅游度假。朱兆瑞利用网上订票系统，很快便拿到了一张欧洲大陆的联程飞机票，可以在欧洲四个城市起降，票价是一个真正的"天文数字"：65元人民币。

要搞明白这件事，还得从前些年一度颇吸引眼球的一本书和一个人的名字说起。这本书是《3 000美金，我周游了世界》，这个人就是朱兆瑞。

朱兆瑞，1970年12月出生于沈阳一个军医家庭，1992年靠卖报纸完成了大学学业，1999年赴英国留学，2001年获MBA学位，成了一只出身贫寒又自强不息的"海龟"。这一切似乎很平常。可就在毕业后的次年，他干了件惊天动地的大事。

2002年，朱兆瑞自费3 000美元，行程77天，进行了28个国家和地区的单身环球旅行。而他花在旅途上的乘车、船、飞机费用总额为3 305美元。随后，他将自己的旅游经历写成了一本书——《3 000美金，我周游了世界》。这本书迅速蹿红，成为当时的畅销书。

乍一看，《3 000美金，我周游了世界》似乎是一本"穷人经济学"的著作，可再细究，它不仅仅是在讲授"穷人经济学"，而是在告诉我们，在21世纪的网络世界里，在全球商务网络的平台上，你能淘的不仅仅是黄金屋，不仅仅是颜如玉，还有无所不包的全世界。

其实，所有的故事都发生在全球电子商务网络平台的舞台上。

朱兆瑞认为，旅行中最重要的是如何去设计一条最经济的环游世界飞机的路线，换句话说，就是怎么去得到一张既经济又实惠的飞机票。信息的收集、比对、筛选，在全球一体化的信息流中淘金，这一切都需要在网上进行。不仅如此，将搜集来的虚幻的信息，演变成实实在在的全球通行证，如果没有可靠而安全的网上支付系统的支持，也会让人望而却步。

那么，怎么得到一张既经济又实惠的飞机票呢？朱兆瑞的第一个秘诀是购买“环球机票”。由美国、英国、澳大利亚、芬兰的八大航空公司组成的经营联盟，有一项“环球机票”业务，当客户购买价格1 000美元的机票后，他在未来的365天里，便可以6次搭乘这八大航空公司中任意一家的航班。换言之，买一张票，即可飞抵6个国际大城市，而不论你究竟跨越了多少海洋与大洲。朱兆瑞提前三个星期就用折合成人民币的8分钱买到了一张从布鲁塞尔到伦敦的机票。

而饭店打折的关键则是提前预订。在朱兆瑞看来，网上所有人获得信息的渠道都是平等的，看到并运用到的才是聪明人。由于算计得准确，这个旅行家游览冰岛竟然只花费了50英镑，游览巴黎竟然一分钱没有花，这精明得“太过分了”。

而这一切，如果没有全球一体化的、发达而高效的国际网络平台的支撑，简直是不可思议的。读朱兆瑞的传奇，你会发现，全球电子商务网络平台竟如此神奇。当然，在读朱兆瑞传奇的时候，你还会发现，地球原来如此不同，许多在全球电子商务网络平台上能真实发生的事情，在中国的电子商务网络平台上，却还不能想象。

中国的航空市场、中国的市场经济、中国的电子商务，与其临渊羡鱼，不如退而结网。

资料来源：魏雅华. 从“3 000美金周游世界”感受电子商务. 信息化建设，2010（9）.

习 题

一、名词解释

旅游电子商务

二、简答题

1. 简述旅游电子商务的概念。
2. 简述旅游电子商务的特点。
3. 用简要的语言描述旅游电子商务的发展现状。

实训演练

旅游电子商务基础

【实训目的】

通过实训了解旅游电子商务的基本概念，并了解国内目前比较知名的旅游电子商务网站的情况，进行旅游电子商务的实际操作和体验。

【实训步骤】

1. 打开浏览器，输入网址“www.baidu.com”。在百度的“知道”和“百科”栏目查阅有关旅游电子商务的概念和相关知识。

2. 进入携程旅行网的网站，自己动手实际体会旅游电子商务网站的功能。

3. 进入“超级链接”中的各个专业旅游电子商务网站，实际体验各个网站的旅游功能，并进行对比分析。

【实训报告】

1. 写出实训具体的过程。
2. 阐述实训结果，总结实训体会，并对实训结果进行分析。

超级链接

1. 艺龙旅行网

http://www.elong.com

简介：艺龙旅行网是在线旅行预订服务商之一，通过网站和 24 小时预订热线为消费者提供酒店、机票和自由行等全方位的预订服务。艺龙旅行网通过提供地图搜索、酒店 360 度全景、国内外热点目的地指南和用户真实点评等在线服务，使用户可以在获取广泛信息的基础上做出最佳的旅行决定。艺龙旅行网与国内外各航空公司合作，用户能实时查询并预订国内、国际绝大多数航班的折扣机票。

2. 乐途旅游网

http://www.lotour.com

简介：乐途旅游网是在线专业旅游媒体以及增值服务提供商，致力于提供全面、多彩的旅游资讯，采用丰富并创新的表现形式，全力打造一个旅行者乐园。乐途旅游网拥有旅游行业客户数万家，各类旅游产品数十万种，以及各种旅游文章十几万篇。乐途旅游网已成为网络上分类齐全、篇幅数量多的旅游资料库，也是旅游相关问题咨询的最有效场所，是旅游行业内的权威性网站之一。

项目二　旅游电子商务模式

项目目标

课程目标

理解旅游电子商务模式的内涵

了解各种形态下旅游电子商务模式的运作特征

实践目标

熟悉旅游电子商务模式的各种实际应用

能自己动手在旅游电子商务网站体验完成不同的旅游电子商务模式

项目导入

暑假过后，欧阳逍遥步入大学二年级的学习阶段。暑假中，欧阳逍遥和同学们一起游览了著名的旅游胜地——黄山，黄山美丽的景色给他和同学们留下了难忘的印象。尤其是旅游之前欧阳逍遥在携程旅行网“小试牛刀”，让他对旅游电子商务产生了浓厚的兴趣。正好大二开设了“旅游电子商务”课程，欧阳逍遥想通过这学期的学习真正掌握旅游电子商务的实际操作。那么他该如何入手呢？经过老师的指点，欧阳逍遥阅读了相关的书籍，并上网查找了资料后，他觉得应先从了解旅游电子商务模式入手。

项目分析

欧阳逍遥想通过旅游电子商务模式去敲开旅游电子商务的“大门”。在了解旅游电子商务模式之前，由于对电子商务模式没有太多的了解，欧阳逍遥思考是否应该先了解电子商务模式，再去了解旅游电子商务模式。这个研究思路得到了老师的肯定，欧阳逍遥便开始了探索之旅。

小贴士

模式：很多人对“模式”这个词感觉很熟悉，但是却说不清它到底代表什么。所谓模式，是指事物的标准样式，其实就是解决某一类问题的方法论。我们把解决某一类问题的方法总结归纳到理论高度，那就是模式。模式强调的是形式上的规律，是前人积累的经验的抽象和升华。

项目实施

本项目中，我们将和欧阳逍遥一起探索旅游电子商务模式。旅游专业的同学对模式的概念比较陌生，为此老师帮助欧阳逍遥设计了探索路径。

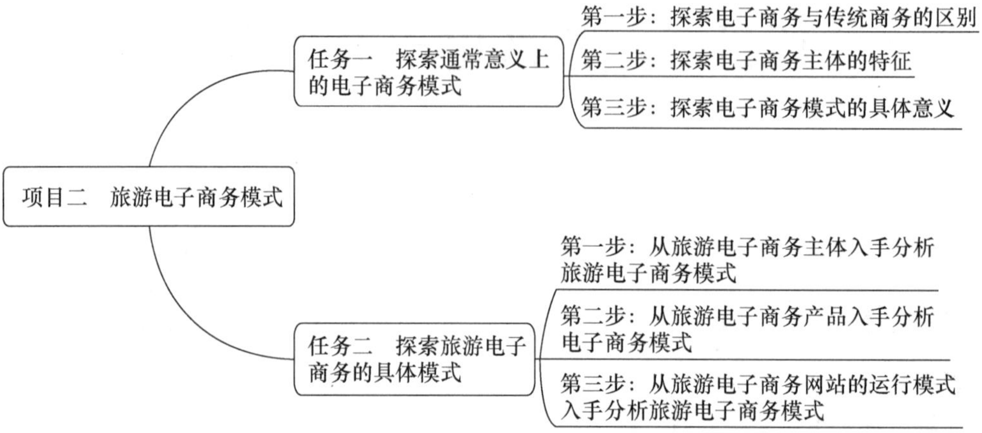

任务一　探索通常意义上的电子商务模式

第一步：探索电子商务与传统商务的区别

欧阳逍遥通过互联网收集了大量的资料，从商务的功能和运作角度来分析，总结了电子商务和传统商务的不同，如表 2-1 所示。

表 2-1　电子商务与传统商务的不同

商务内容	传统商务	电子商务
商品信息的发布、查询和匹配方式	通过报纸、杂志、信函、电视、户外媒体等广告和人员推销形式宣传商品信息	通过交易双方的网站
贸易磋商形式	电话磋商、面对面口头磋商、纸面文件相互传递等	通过在网络上传递电子化的记录、文件和报文进行磋商
贸易单证的形式	纸面单证	电子化单证
贸易磋商工具	电话、传真等	电子商务应用系统
合同确立	纸面文件确认	电子化文件确认
支付过程	支票和现金	信用卡、电子支票、电子现金和电子钱包等

电子商务最明显的一个特点就是在网络环境中以电子化技术为基础进行商务运作，电子商务模式的研究和分析也是基于网络环境的，从多个角度建立不同的分类框架，最简单的模式分类莫过于 B2B、B2C 和 C2C，但各个模式还可以再进行细分。

小贴士

B2C 和 B to C 是一回事吗?

在电子商务最基本的模式中出现的 B 和 C 的含义是这样的：B 是指 business，即企业；C 是指 consumer，即消费者。

"to"和"2"是一个含义。因为"2"的英文"two"发音和英文"to"发音一样，为了书写简便，人们就常用"2"代替"to"。

所以在电子商务模式中出现的 B2C 和 B to C 是一回事，只是写法不同而已。

第二步：探索电子商务主体的特征

电子商务模式也可以看做电子商务活动中的各个主体，按照一定的交互关系和交互内容所形成的相对固定的商务活动模式。

第一，主体。电子商务活动中的主体一般是企业（business，B)、消费者（consumer，C）和政府（government，G)。

第二，交互关系。交互关系即电子商务活动的主体——企业、消费者和政府之间的关系。理论上有 9 种交互关系，如表 2 - 2 所示。

表 2 - 2　　电子商务模式的交互关系

交易对象 交易主体	企业（B)	消费者（C)	政府（G)
企业（B)	B2B	B2C	B2G
消费者（C)	C2B	C2C	C2G
政府（G)	G2B	G2C	G2G

第三，交互内容。电子商务活动中的主体的交互关系总是伴随着一定的交互内容。具体可以将交互内容划分为以下三个方面：

(1) 商务信息。

(2) 商品交易。

(3) 服务交易。

将电子商务活动中的主体、交互关系和交互内容结合起来，即得到 9 种交互关系，再分别赋予 3 种不同的交互内容，则理论上可以有 27 种电子商务模式。

电子商务模式是传统商务模式的网络化、电子化、虚拟化，是网络时代的一种新型商务模式。欧洲学者保罗·蒂默斯把流行的电子商务模式归纳为 11 种：网上商店、网上采购、网上商城、网上拍卖、虚拟社区、协作平台、第三方市场、信息中介、信用服务、价值链整合商、价值链服务供应商。

常用的电子商务模式归为以下五种：B2C、B2B、C2C、C2B 和 B2G，如表 2 - 3 所示。

表 2-3　　常用的电子商务模式释义

商务模式	B2C	B2B	C2C	C2B	B2G
英文含义	business to consumer	business to business	consumer to consumer	consumer to business	business to government
中文释义	企业对消费者	企业对企业	消费者对消费者	消费者对企业	企业对政府

欧阳逍遥对这几种电子商务模式进行了认真的分析，并思考：B2B、B2C、C2C 这些电子商务模式，它们的运作到底有什么规律可循？

第三步：探索电子商务模式的具体意义

在互联网上，欧阳逍遥认真搜索学习了这些电子商务模式的基本常识和概念，并把它们的要点总结如下：

1. 企业与消费者之间的电子商务

企业与消费者之间的电子商务（B2C）就是企业通过网络销售产品或服务给个人消费者。企业直接将产品或服务推上网络，并提供充足的资讯与便利的接口吸引消费者选购，这也是目前最常见的电子商务模式。例如网络购物、旅游者在网上订购旅游产品等，都属于企业与消费者直接接触，消费者利用互联网直接参与经济活动的形式，类似于商业电子化的零售商务。

B2C 通常的运作模式如图 2-1 所示。

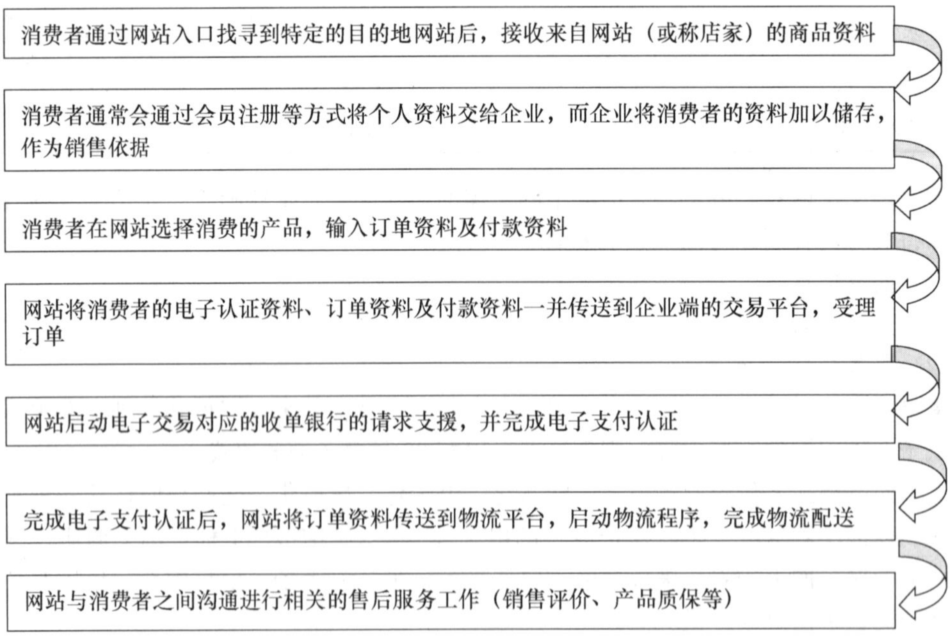

图 2-1　B2C 通常的运作模式

2．企业与企业之间的电子商务

企业与企业之间的电子商务（B2B）主要是针对企业内部以及企业与上下游协作企业之间的信息整合，并在互联网上进行企业之间的交易。一般而言，B2B 通过企业内部网（intranet）构建信息流通的基础，通过企业外部网（extranet）结合上下游协作企业，达到供应链（SCM）的整合。因此通过 B2B 的商业模式，不仅可以减少企业内部信息流通的成本，而且可以使企业与企业之间的交易过程更快捷、更方便。

B2B 通常的运作模式如图 2－2 所示。

在企业与企业间“供应链”的基础上，通过互联网，企业间实现采购订单、商业发票、商业交易咨询等的电子数据交换(EDI)

↓

将通过电子数据交换得到的采购单及交易记录等记录在企业数据库中，并与企业内部的计算机系统衔接处理

↓

实现企业间资金流的流转，企业通过银行与其交易的企业进行资金转账，实现电子资金转移

↓

实现企业间物流的流转，通过B2B，销售方将出货需求经数据库处理后，经由物流渠道完成对需求方的物流配送

图 2－2　B2B 通常的运作模式

3．消费者与消费者之间的电子商务

消费者与消费者之间的电子商务（C2C）是指消费者与消费者之间的互动交易行为，这种交易方式通常以拍卖或者竞价等形式出现。例如，消费者可同时在某一拍卖网站中竞拍商品，由价高者得标；或者消费者自己在 BBS 上张贴布告出售二手货品或者新品。消费者之间互动完成的交易，就是 C2C 的交易。C2C 电子商务就是通过为买卖双方提供一个在线交易平台，使卖方可以提供商品上网拍卖，而买方可以自行选择商品进行竞价。

C2C 通常的运作模式如图 2－3 所示。

4．消费者与企业之间的电子商务

消费者与企业之间的电子商务（C2B）是一种创新型的电子商务模式，它不同于传统的 B2C 模式中供应商主导商品的形式，C2B 是以消费者为出发点汇集具有相似或相同需求的消费者，形成了一个特殊消费群体，经过集体议价，以达到购买数量越多、价格相对越低的商务目的。在 C2B 模式下，先有消费者需求产生而后有企业生产，即先有消费者提出需求，后有生产企业按需求组织生产。通常情况为消费者根据自身需求定制产品和价格，或主动参与产品设计、生产和定价，产品、价格等彰显消费者的个性化需求，生产企业进行定制化生产。C2B 的核心是以消费者为中心，消费者当家做主。

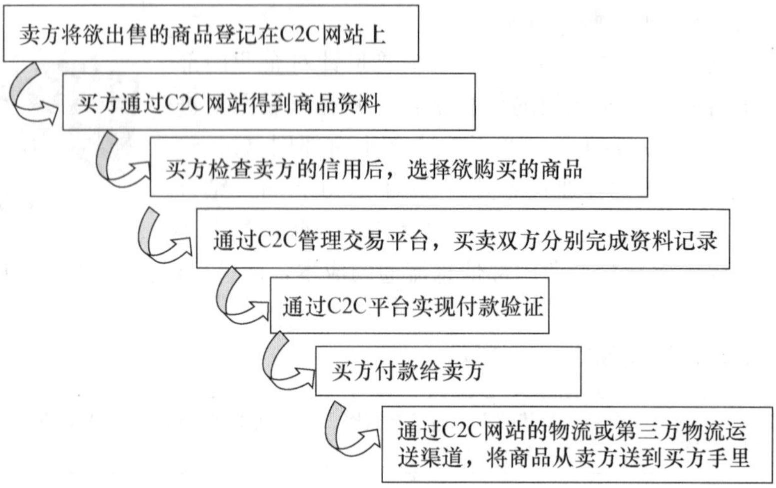

图 2－3　C2C 通常的运作模式

企业通过 C2B 寻找合适的消费群体，并为这个消费群体提供定制化服务。对消费者而言，C2B 是一种理想的消费模式。

5. 企业与政府之间的电子商务

企业与政府之间的电子商务（B2G）涵盖了政府与企业间的各项事务，包括政府采购、税收、商检、管理条例发布以及法规政策颁布等。一方面，政府作为消费者，可以通过互联网发布自己的采购清单，公开、透明、高效地完成所需物品的采购；另一方面，政府对企业宏观调控、指导规范、监督管理的职能通过网络以电子商务模式更能充分、及时地发挥。借助于网络及其他信息技术，政府职能部门能及时、全面地获取所需信息，做出正确的决策，并能迅速、直接地将政策法规及调控信息传达到企业，起到管理与服务的作用。在 B2G 电子商务模式中，政府还有一个重要作用，就是对电子商务的推动、管理和规范。

欧阳逍遥在了解电子商务模式的概念后，对电子商务有了更深的理解和认识。那么，旅游电子商务模式有什么特点？旅游电子商务模式相对电子商务模式又有何独特之处？欧阳逍遥试图从旅游电子商务主体入手分析旅游电子商务模式。

任务二　探索旅游电子商务的具体模式

第一步：从旅游电子商务主体入手分析旅游电子商务模式

有了对电子商务模式的认识，欧阳逍遥思考：旅游电子商务是否也可以按照 B2B、B2C 和 C2C 等形式进行划分呢？这个观点得到了老师的肯定，旅游电子商务的 B2B 一般是旅游网站中交通、住宿、景点等企业与企业之间的；B2C 是旅游网站与旅游者之间的；C2B 是旅游者在网上下单，在线旅游企业竞标接盘；C2C 是旅游者招募同好者，自行组团等。

1. B2B 模式的旅游电子商务

B2B 模式主要包括旅游电子信息公布、网上谈判、旅游商品交易等。旅游企业间电子信息公布可以采用信息检索的方式；网上谈判一般采用电子数据交换（EDI）的方式，也可采用网络电话的方式。一旦合同单签订了就进入旅游商品交易阶段，交易双方将交易信息传到银行，银行对双方认证后进行账户间资金转移。为了安全，EDI 进行数据传输时采用密文传输。

在旅游电子商务中，B2B 模式按业务内容可以划分为以下几种形态：

（1）旅游企业之间的产品代理，如旅行社代订机票，旅游代理商代售旅游批发商的旅游产品等。

（2）旅游组团之间相互拼团，当两家或多家旅行社经营同一条旅游线路，并且出团时间相近，而每个团的客人比较少时，旅行社征得游客同意后可将客源合并，交给其中一家旅行社操作，以实现规模运作，从而降低成本。

（3）旅行社批量订购当地旅游饭店客房、景区门票。

（4）客源地组团社与目的地地接团社之间的委托、支付关系。

B2B 模式的旅游电子商务按企业对象可划分为以下两种形式：

第一，非特定企业间的电子商务。它是在开放的网络中寻找最佳的合作伙伴。一些专业旅游网站的同业交易平台就提供了各类旅游企业之间查询、报价、询价直至交易的虚拟市场空间。

第二，特定企业之间的电子商务。它是在过去一直有交易关系或者今后一定要继续进行交易的旅游企业之间，为了共同经济利益进行设计、开发或进行市场管理而实现的。企业与交易伙伴间建立数据共享、信息交换和单证传输的电子商务系统，如航空公司的计算机预订系统就是一个旅游业内的机票分销系统，它连接航空公司与机票代理商（如航空售票处、旅行社、旅游饭店等）。机票代理商的服务器与航空公司的服务器是在线实时连接在一起的，当机票的优惠和折扣信息有变化时会实时地反映到代理商的数据库中。机票代理商每售出一张机票，航空公司数据库中的机票存量就会发生变化。

B2B 电子商务的实现大大提高了旅游企业间的信息共享和对接运作效率，提高了整个旅游业的运作效率。

旅游业是一个由众多子行业构成、需要各个子行业协调配合的综合性产业，食、宿、行、游、购、娱各类旅游企业之间存在复杂的代理、交易、合作关系，因此 B2B 旅游电子商务有很大的发展空间。另外，在旅游电子商务的 B2B 模式中，第二个 B 有时并不一定是专业的旅游企业，而有可能是与旅游企业有频繁业务联系，或为之提供商务旅行管理服务的非旅游类企业。第一个 B 也可能是那些经常需要处理大量的公务出差、会议展览、休假旅游的企业。旅行社提供专业的商务旅行预算和旅行方案咨询，开展商务旅行全程代理，从而为企业节省时间和成本，并且还与特定机票代理商、旅游饭店保持比较固定的业务关系，由此享受优惠的价格。

2. B2C 模式的旅游电子商务

B2C 旅游电子商务模式，也就是电子旅游零售，是旅游企业向消费者提供电子商务服务的形态。交易时，旅游者先通过网络获取旅游目的地信息，然后在网上自主设计旅游活动日程表，预订客房、车船机票，或报名参加旅行团。B2C 旅游电子商务模式方便旅游者远程搜索、预订旅游产品，克服距离带来的信息不对称。通过旅游电子商务网站订房、订票，是现在应用最为广泛的旅游电子商务模式之一。

B2C 模式使旅游者能够足不出户就获得旅游网站提供的各项服务。这种电子商务系统首先要建立一个虚拟的“电子接待室”，旅游者通过浏览器就可以迅速地进入“电子接待室”。进入“电子接待室”的旅游者分为两类：普通的浏览者和已经注册的会员。已经注册的会员，进入前要经过服务器的认证和授权，被授权后的会员可以享受非会员不能享受的优惠待遇。旅游者进入网站浏览服务信息，安排自己的旅游路线，提出所需的交通方式和住宿条件等。当选择完毕后，可以再重新挑选服务内容，完全确认后把订单信息通过网络传送到旅游企业网站，企业接到预订信息后将旅游者和商品信息送到银行认证中心进行电子签名认证并登记，然后企业将预订的票据、凭证送到旅游者手中，同时向银行结算。由于旅游产品具有无形性和不可仓储的特点，生产和销售的过程是在服务的过程中实现的，因此旅游电子商务不用面临物流配送环节。涉及一些交通票据配送的问题，可以通过集中化的物流方式解决，现在很多在线旅游网站已经开始尝试与航空公司合作推出电子机票，这样 B2C 就完全脱离了物流而存在，这也是未来旅游电子商务的发展方向。

3. C2B 模式的旅游电子商务

与 B2C 相对应的就是 C2B 模式。C2B 旅游电子商务是由旅游者提出需求，然后由企业通过竞争满足旅游者的需求，或者是由旅游者通过网络结成群体（团购）与旅游企业讨价还价。C2B 旅游电子商务主要通过电子中间商（专业旅游网站、门户网站旅游频道）进行。这类电子中间商提供一个虚拟开放的网上中介市场，提供一个信息交互的平台。上网的旅游者可以直接发布需求信息，旅游企业查询获悉后双方通过交流自愿达成交易。

C2B 旅游电子商务主要有两种形式：第一种形式是反向拍卖，是竞价拍卖的反向过程。由旅游者提供一个价格范围，求购某一旅游服务产品，由旅游企业出价，旅游者将选择其认为质价合适的旅游产品成交。这种形式对于旅游企业来说吸引力不是很大，因为单个旅游者预订量较小。第二种形式是网上团购型，即旅游者提出设计的旅游线路，并在网上发布，吸引其他相同兴趣的旅游者。通过网络信息平台，将愿意按同一条线路出行的旅游者汇聚到一起，然后再请旅行社安排行程，或直接预订客房等旅游产品。由于团购人数多，因此可增加与旅游企业议价的筹码。

C2B 旅游电子商务利用了信息技术带来的信息沟通面广和成本低廉的特点，特别是网上团购型的运作模式，使传统条件下难以兼得的个性旅游需求满足与规模化组团降低成本有了很好的结合点。C2B 旅游电子商务是一种需求方主导型的交易模式，它体现了旅游者在市场交易中的主体地位，对帮助旅游企业更加准确和及时地了解客户的需求，对实现旅游业向产品丰富和个性化需求满足的方向发展起到了促进作用。

4. C2C 模式的旅游电子商务

旅游电子商务 C2C 模式就是在线的旅游商品出售、转让等消费者与消费者之间的交易。这些旅游商品包括多种形态，如旅行社的折扣券、旅游目的地的特色商品等。

了解了旅游电子商务的基本模式后，欧阳逍遥开始思考作为旅游电子商务的主体——旅游者的相关问题。不管是何种旅游电子商务模式，旅游电子商务产业应该形成一种符合旅游者自助游模式和服务要求的商业形态，逐步增强系统的服务能力，给旅游者网络消费更大的自由性和自主性。

第二步：从旅游电子商务产品入手分析电子商务模式

旅游产品具有很强的数字化商品交易的特征，无论是机票还是酒店的房间以及景区的门票，都具有很强的时间价值效应。欧阳逍遥思考，如果能根据旅游产品的时间价值效应的特点，构建一个数字化的旅游电子商务即时在线交易平台，将有效地解决旅游商品的时效性问题。

相对于传统的旅游业来说，旅游电子商务不仅提高了业务的透明度和工作效率，降低了边际成本，而且凸显了旅游产品本身个性化、信息化等特性。旅游产品具有无形性，在传统消费过程中，旅游者在购买这一产品之前无法亲自了解，而旅游电子商务的出现，则使这个问题得到了解决。人们从旅游网站获得的资讯，要比单一地通过旅行社所获得的资讯多得多。旅游者通过互联网，可以十分方便地得到目的地的所有相关情况的信息，即使是去一个陌生的地方，也能通过互联网对那里的山川名胜、文物古迹、风土人情了解得一清二楚。旅游电子商务这种全新的旅游体验，使足不出户畅游天下的梦想成真，并且培养了潜在的游客群。所以说旅游电子商务使无形的旅游产品慢慢变得“有形”起来。

旅游产业具有高度关联性，是由若干性质截然不同的行业组合起来的貌似松散的综合产业，旅游电子商务像一张大网，把众多的旅游供应商、旅游中介、旅游者联系在一起。景区、旅行社、旅游饭店及旅游相关行业，如银行、商店、娱乐、租车业，可借助同一网站招揽更多的顾客。新兴的旅游电子商务企业将成为旅游行业的多面手，它们将原来市场分散的利润点集中起来，提高了资源的利用效率。旅游电子商务能促进各行业间交叉联合，走向系统经济的新水平。

旅游电子商务可拉动和激励旅游者需求。旅游风景介绍用更为丰富和详细的特色功能和技术展现出来。最有效的方法是结合某种旅游产品，如特色游、主题游、商务游、近郊游等，把一系列旅游内容表现在网络上。例如，把经营的线路发布做成都能与各个服务网点、旅游资源进行页面链接的方式，可以让旅游者了解这个线路产品所有的细节和服务内容，这样完整地实现信息商品的即时性、真实性和支持性，通过会员制网络消费权限的体现，旅游者就可以完全按照自助游的旅游方式得到服务和支持。

旅游电子商务同时也是深入开展网络增值服务的一个重要形式。在一个不是非常熟悉的地方，旅游者需要有效的网络支持服务，满足对景区的资讯需求。

旅游电子商务有效改善网络旅游的经营方法和信息商品经营模式的同时，也极大刺激和满足了网络浏览者在点击页面时趣味性的需要，真正实现了点击信息所带来的乐趣和消费利益。有效进行网络旅游产业的经营所带动的服务链价值不仅仅表现在旅游行业，很有可能为景区的经济发展、特色商品的流通取得商机和服务能力。

我们再从旅游电子商务产品的分销角度探讨旅游电子商务模式。旅游和其他行业一样都有一个产品分销的问题，分销一般包括信息、市场、资金、物流、订单处理、仓储、分包、打包、售后服务九大要素。旅游产品和其他电子商务产品有比较大的区别，旅游产品中有很多要素是没有的，一般旅游的分销链条上含有六大要素，包括信息、市场、订单处理、分包、打包、售后服务。

旅游产品还有一些比较特殊的属性，例如酒店是一个产品，今天这个酒店的房间如果没有卖出去，价值就归零了；航空公司也是这样，如果在起飞前机票还没有卖出去，价值就归为零。典型的旅游产品如图 2－4 所示。

飞机　　酒店　　景点

图 2-4　典型的旅游产品

那么在这种形态下，如何实现旅游电子商务的盈利呢？

（1）旅行社的盈利点沿着旅游线路延伸。也就是说，组团旅行社不再仅是收取旅游者的组团费，而是沿着旅游者的旅游线路提供多方面的消费服务，旅游者在风景地得到的所有消费服务都与这个旅行社有关系，它们结成了一个网络旅游的协作、合作和支持模式。

（2）盈利点随着线路回归。通过自身组团而形成的旅游者在体验了这种网络消费形式以后，对会员制的网络消费方法产生了极大的兴趣，回去以后增加了在网络系统中的特约商户的消费机会，这样就使得旅行社很窄的经营点与游客在当地的日常生活消费发生了关联。这种利益的回报也促使网络经济建设的合作者和旅行社广泛地对网络消费环境进行维护，不断改善与客户的服务关系。

（3）有效地开展本地旅游的收益。各地的旅行社很难挣到本地居住的游客重复性地在本地旅游休闲场所消费的利益。其实这一部分的收益要远远大于游客在外地的旅游消费的能力。

作为旅游电子商务企业，需要关注消费者对旅游产品选择的规律。

一个消费者在线制订旅游计划时，需要解决若干问题：国内机票有哪些行程、有哪些航班、谁的价格最便宜、怎么飞、怎么买；有哪些酒店、酒店价格如何、消费者对这个酒店评价如何、酒店的地理信息是什么样的、周边有一些什么设施、周边环境如何。旅游网站要针对消费者旅游当中遇到的问题一个个解决。

从整个商业模式来讲，所有的在线旅游基本上可以从两个角度盈利：一是从消费者那里盈利，这是旅游供应商做的事情；二是作为渠道从旅游供应商那里盈利，因为旅游电子商务网站帮助旅游供应商去卖产品。

在线旅游网站有一个特点，没有一个消费者会始终上一个在线旅游网站，但是绝大多数消费者都会上他们所青睐的旅游网站。旅游电子商务网站最大的价值就是媒介价值，可以针对高端人群有广告需求的，包括信用卡、汽车、房产、数码产品等，卖一些广告，作为旅游电子商务网站辅助的收入来源。

网上旅游是开展得非常活跃和广泛的一种网络经营模式，但是很多网上旅游经营仅仅是把旅行社的一种经营形式搬到网上进行有效的推广，没有构建一个符合网络经济特征的网络旅游模式。这需要更好地利用网络资源和网络协同，创造符合人们在线选择旅游产品需求的网络经营模式。

第三步：从旅游电子商务网站的运行模式入手分析旅游电子商务模式

2000 年年初，旅游电子商务从探讨概念阶段步入实践应用阶段，一批旅游电子商务企业逐渐兴起。发展到现在，国内的旅游电子商务企业有数百家之多，它们分布在行业价值链的不同环节，以不同的模式生存和发展。欧阳逍遥想，到底何种模式才代表未来旅游电子商务的发展方向呢？为了回答这个问题，欧阳逍遥的老师对目前国内主流旅游电子商务企业的几种模式进行了简单的梳理。

1. 携程模式

携程旅行网创办于 1999 年，总部设在中国上海，目前在北京、广州、深圳、杭州、成都、青岛、厦门、沈阳、武汉、南京等城市有分支机构，是中国领先的综合性旅行服务公司。携程旅行网向超过 3 亿注册会员提供包括酒店预订、机票预订、度假预订、商旅管理、特惠商户以及旅游资讯在内的全方位旅行服务。目前，携程旅行网拥有国内外 60 余万家会员酒店可供预订。

在机票预订方面，携程旅行网是中国领先的机票预订服务平台，覆盖国内外所有航线，并在 60 多个大中城市提供免费送机票服务。

携程旅行网提供近千条度假线路，覆盖海内外众多目的地，并且提供从北京、上海、广州、深圳、杭州、成都六地出发，是中国领先的度假旅行服务网络。

通过网络加电话预订的方式，携程成为国内在线旅游预订领域的绝对领军企业，一度被誉为传统旅游与互联网“无缝结合”的典范。携程旅行网如图 2－5 所示。

图 2－5　携程旅行网

这里我们以携程的五个最为重要的组成要素来进行分析，即顾客价值、经营范围、收益来源、相关活动、核心竞争力和持续竞争力。

（1）顾客价值。

顾客价值即企业提供给顾客差异化或低成本的产品和服务，为顾客带来价值。就顾客价值而言，携程很好地将网上和网下服务相结合。通过携程网，顾客可以注册成为携程用户，进行酒店和机票预订、度假产品查询预订、目的地信息指南查阅等，更可以通过携程社区和其他网友或者携程用户交流。和一般的旅游公司相比，携程实行的是“鼠标＋水泥”式的经营。

（2）经营范围。

携程为客户提供全方位的商务及休闲旅行服务，包括酒店预订、机票预订、度假预订、商旅管理（四大业务），以及特惠商户、旅游资讯。

1）酒店预订。酒店预订是携程的四大业务之首，也是携程运作和发展的基础。

2）机票预订。机票预订是携程四大业务中发展速度最快的。目前携程已和国内外各大航空公司合作，覆盖国内外绝大多数航线，客户可在携程网站上查询实时的机票资讯。携程与各大航空公司（国航、东航、南航、上航、海航）一起推出了电子客票产品，客户可在航空公司支持电子客票的城市用信用卡支付方式购买电子客票，无须等待送票，可直接到机场凭电子客票办理登机，出行更便捷。

3）度假预订。度假预订是携程四大业务中的亮点。目前，携程拥有丰富的度假线路，涉及国内外最热门的度假目的地，充足的三星级至五星级房源与灵活的航班、火车、轮船、专线巴士等交通工具的搭配，可以充分满足客户自由选择的需求。

4）商旅管理。商旅管理面向国内外各大企业与集团公司，以提升企业整体商旅管理水平与资源整合能力为服务宗旨，携程为客户全力提供商旅资源的选择、整合与优化。

5）特惠商户。特惠商户是携程给予 VIP 会员的增值服务。目前携程的特惠商户遍布全国知名旅游城市的众多商户，商户类型覆盖各地特色餐饮、酒吧、娱乐、健身、购物、生活等方面。携程的 VIP 会员可从这些特惠商户享受到折扣优惠。

6）旅游资讯。旅游资讯是携程为会员提供的附加服务。目前携程可查询国内外多家酒店的详细内容，目的地指南涵盖景点的交通、餐饮、住宿、购物、娱乐、出游佳季、推荐线路、注意事项等实用信息，提供出行情报、火车查询、热点推荐、域外采风、自驾线路等资讯信息，是旅游者出行前必备的“电子导游”。同时携程网络社区拥有网友游记、网友发的旅游图片，此外还拥有大量最新的自助线路攻略可供查询。

（3）收益来源。

收益来源是旅游电子商务模式的关键。携程旅行网的收益来源主要由以下几部分组成：酒店客房预订提成、机票预订提成、度假预订、商旅管理服务、广告收入、联盟商家提成等。酒店客房预订提成是携程网按照事先的协议跟联盟的酒店利益的分成，酒店客房预订一直是携程的主要收入来源。机票预订提成是携程按照事先的协议跟相关的航空公司的利益分成，这一部分也占据了比较大的比重。度假预订是携程凭借其拥有的强大的酒店、航空公司联盟，以及信息资源为旅客制订的一整套旅游计划，为旅客节省旅行费用的同时获得利润。商旅管理服务是携程面向国内外大企业提供全方位的旅行、会议服务，从而获得服务费用，这部分收益目前在整个收益总额里虽然占据不太大的比重，但是随着商务管理市场的逐步扩大，该部分收益所占比重将会逐年增加。广告收入也是收益来源的主要部分，携程凭借其在领域内的领头羊地位，拥有广泛的知名度，巨大的联盟资源、网站、出版物，特别是众多的携程客户，决定了很多商家在携程投放广告。随着携程一如既往的良性发展，广告收入也是逐年递增。联盟商家提成是携程跟各地商家达成的相关协议，携程用户持携程信用卡在联盟商家购物，可以享受相应的折扣，而携程则可以按比例和商家分享利润。

（4）相关活动。

相关活动是指旅游企业在向其顾客提供价值时执行的附加活动和服务。携程有很多相关的活动，例如携程社区的“结伴同游”。结伴同游是由游客自行组织的同一地区的朋友一起去同一目的地出游的活动。通过携程社区，大家可以自行组织，省去了旅行社的服务费用，并且可以认识更多的朋友。

（5）核心竞争力和持续竞争力。

企业核心竞争力是区别于其他公司的具有自身特点的能力，是其他公司不能够轻易模仿的能力。携程的核心竞争力体现在经营理念和服务质量上。携程的经营理念是：以客户为中心，以团队间紧密无缝的合作机制，以一丝不苟的敬业精神、真实诚信的合作理念，来创造一套“多赢”的伙伴式合作体系，从而共同创造最大的价值，即CTRIP模式，具体包括：customer——客户（以客户为中心），teamwork——团队（紧密无缝的合作机制），respect——敬业（一丝不苟的敬业精神），integrity——诚信（真实诚信的合作理念），partner——伙伴（伙伴式的“多赢”合作体系）。携程作为电子商务服务公司，对服务质量有着严格的控制。携程在全国范围内提供7×24小时不间断服务，并提出了“以制造业的标准来做服务业”，能够给客户标准化、体系化的信息。

2. *旅游垂直搜索模式*

在旅游业逐步发展健全的今天，旅游搜索引擎用户大幅增长，旅游搜索引擎已成为网民获取旅游资讯的第一平台。在全球经济发展放缓的情况下，旅行者更会“货比三家”，而旅游搜索引擎就能给用户最大的帮助，帮助用户同时搜索多家主流供应商的产品，供用户比较和选择。因此，会有更多的用户接触并使用旅游搜索业务。旅游搜索业务的代表是“去哪儿”旅游网（www.qunar.com）（见图2-6）。旅游搜索网站正在发挥着信息整合平台的价值，成为有旅游需求的用户获取信息和预订产品的重要渠道和平台。

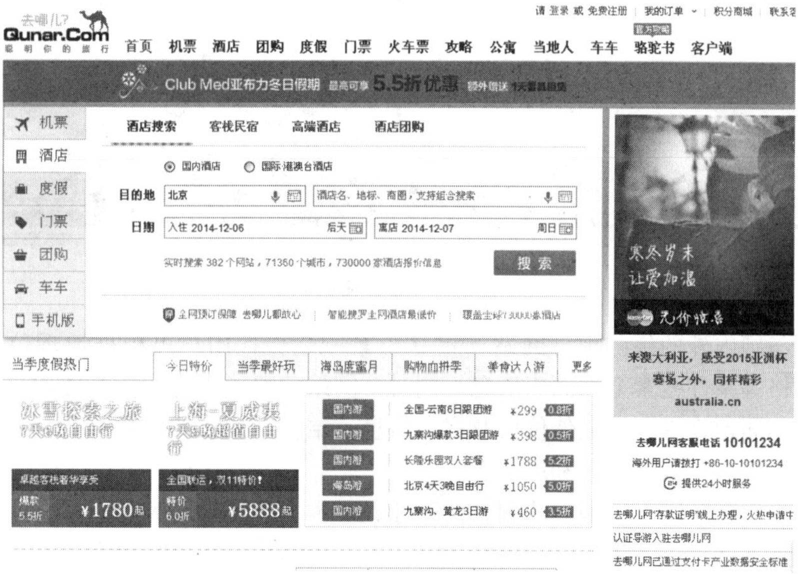

图2-6　去哪儿旅游网

“去哪儿”旅游搜索引擎和思纬（Synovate）联合发布的在线调查显示，作为旅游垂直搜索引擎代表的“去哪儿”已成为广大用户在搜索机票和酒店信息时的首选。在用户的眼中，“去哪儿”是一个有用的、有价值的、方便的搜索引擎，它提供最全面的价格比较信息、高质量的旅游相关信息，而且搜索旅游信息的速度很快。除此之外，艾瑞（iResearch）最新的研究发现：旅游搜索在机票业务方面的优势明显。

旅游垂直搜索以其专业服务在国外大受追捧。旅游搜索引擎公司Kayak已经将酒店用户评论网站 Travelpost 与其现有的垂直搜索业务进行整合，Travelzoo（旅游族）和Trip-Advisor（猫途鹰）也相继发布了垂直搜索功能。

3. *旅游点评模式*

旅游点评模式以猫途鹰为代表。猫途鹰是全球专业的旅游评论网站，其中，旅行者真实的评论是猫途鹰最大的特点。其中国官方站点为 tripadvisor. cn（见图 2－7），官方中文名为“猫途鹰”。猫途鹰及其旗下的网站组成了极具规模的全球化旅游社区，旨在帮助全球旅行者规划和预订行程，并享受优质的旅游体验。在中国，猫途鹰的愿景是汇聚全球智慧，为中国旅行者带来极具参考价值的出境旅游点评及建议，展现全球各个目的地的酒店、景点和餐厅的真实情况，帮助中国旅行者以不同视野看世界，规划并预订完美的出境旅程。

图 2－7　猫途鹰网站

猫途鹰与国内外的旅游预订网站均建立了紧密合作，用户可根据地理位置、酒店星级、销售价格等条件搜索全球酒店信息；同时，网站的智能比价功能可使用户快速查询同一家酒店在不同预订平台的最佳价格及房态信息，结合点评、评分及照片，让用户在计划行程时做出更好更明智的选择和决定。

猫途鹰先后在英国、德国、法国、西班牙、日本、印度等国家建立了分站，并取得成功，猫途鹰严格遵循了利用海量的旅行者真实点评来为更多的出行者提出有价值的出行建议的原则。猫途鹰针对网友上传的酒店相关信息，都会进行严格的审核和鉴定，其目的就是要给广大旅行者提供最真实可靠的旅游信息。猫途鹰的点评中不光包括来自网友的个性点评，还会有善意的提醒或是忠厚的建议，完全可以帮助出行者尽量完善、丰富自己的出行计划，并做好周密的安排，做到出行无忧。

猫途鹰的理念非常明确，那就是让游客在互相交流中产生价值，并影响其他游客的消费行为，从而建立一个具有高“黏度”的旅游社区。但是，旅游点评模式的最大运作难点在于如何在短时间内使国内游客习惯于在网上分享自己的旅行经历，并从网络评价中获取消费参考信息。

4. 网上旅游超市模式

在国内旅游电子商务行业，以多元化、一站式为特色的“网上旅游超市”模式正在兴起，这种模式以同程网（www.ly.com）（见图 2－8）为代表。

图 2－8 同程网

同程网是成立于 2003 年的旅游电子商务企业。近年来逐渐从单纯的旅行社 B2B 模式过渡到涵盖旅行社、酒店预订、机票预订、景区营销、旅游用品和旅游管理软件等多个业务领域的多元化旅游电子商务公司。同程网业务 B2B 和 B2C 双平台运作的模式也在一定程度上保证了同程多元化战略的稳步发展。

同程网 B2B2C 模式如图 2－9 所示。

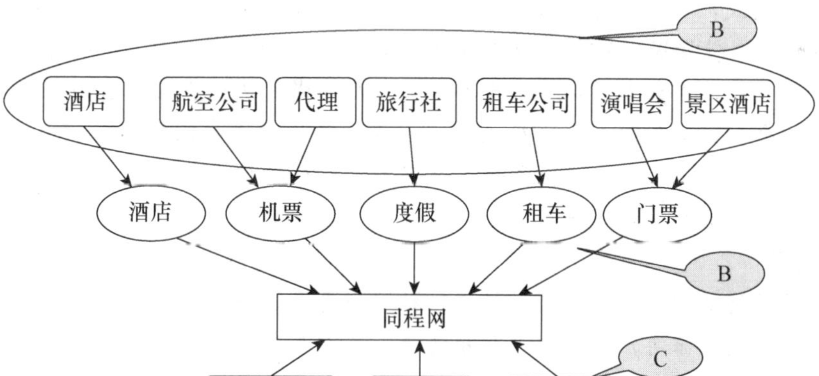

图 2－9 同程网 B2B2C 模式

就旅游行业目前的发展趋势而言，一方面，旅游者的消费特征渐趋理性化和个性化，对旅游产品越来越挑剔；另一方面，传统媒体的高推广成本使得旅游企业很难直接将自己的精品有效地展示给消费者，供需之间事实上存在一个“沟通真空”。“旅游超市”就是要扮演一个沟通旅游企业和消费者的直通平台，降低旅游企业的推广成本。

欧阳逍遥经过对旅游电子商务模式的多视角、多维度的探索，感到模式没有对与错的分别，凡是符合时代特点和用户需求的模式都是成功的。旅游电子商务行业发展至今，已经进入一个快速整合的阶段，行业价值链越来越清晰，能否尽快找准自己的方向，形成自己的特色，将决定着旅游电子商务企业的存亡。

项目评估

经过对旅游电子商务模式的探索，欧阳逍遥对旅游电子商务模式的概念有了更深的理解，分析了电子商务活动中的各个主体，并按照一定的交互关系和交互内容剖析了电子商务模式中相对固定的商务活动模式，了解了 B2B、B2C、C2B、C2C 以及 B2G 等基本模式。通过从旅游产品、旅游主体、旅游网站等角度进行分析，欧阳逍遥比较清晰地掌握了旅游电子商务运行的各种模式及其特点。

具体地说，开展旅游业务主要从以下两个方面着手：第一，推广旅游产品；第二，经营旅游业务。从电子商务的角度可以转化为：经营旅游信息和开展旅游服务。

模式不是一成不变的，对旅游电子商务模式的探讨也只是从目前旅游行业角度进行的，随着技术的发展和商业模式的创新，未来会有更多的旅游电子商务模式产生。

思考

1. 在旅游电子商务的框架下，各种模式是如何具体操作的？
2. 各类旅游电子商务模式是如何盈利的？

拓展阅读

一、旅游电子商务模式应用分析

关于商务模式，目前较普遍采用的定义是美国北卡罗来纳州立大学迈克尔·拉帕（Michael Rappa）教授提出的“企业维持自身运转获取利润的方法”，好的商务模式能使企业长期获取利润，在竞争的环境中生存下去。商务模式是企业价值链与行业价值链上各环节的协调组合。随着美国专利法对 Amazon.com 的一次点击购物与 princeline.com 逆向拍卖商务模式的专利保护，电子商务模式应用与创新分析越来越受到人们的重视。下面对旅游企业的电子商务应用模式进行分析。

1. 旅行社

作为传统旅游业中三大支柱之一的旅行社，担负着组合旅游产品，直接向旅游消费者推荐和销售的职能，旅游产品的生产与销售是一个涉及行、游、住、食等众多部门与企业的信息的收集、整合、传递的过程。旅行社可利用电子商务加强与旅游产品供应商及旅游目的地营销机构的合作，实现信息的实时交互，深度整合旅游服务资源，建立完善的旅游信息库，并利用已有交易信息建立客户数据库，实施客户细分与个性化的服务，帮助客户进行旅游产品的最佳组合，实时优化旅游产品，提供个性化组合报价。旅行社还应充分发掘商务客户，由信息管理逐步转向信息服务。据统计，国内领先的旅游预订网站携程网，其业务收入的88%来自商务旅客。旅行社可在网站上提供企业商务旅行管理系统，帮助企业实施商务管理。

商务旅行管理系统（travel management system）是一种应用软件，通过网络与旅行社电子商务系统相连，各企业可将自己的出差政策、时间、地点、结算方式、服务要求输入商务旅行管理系统中，旅行社根据企业需求帮助企业进行商务旅游安排，控制旅行费用。在网络经济时代，拥有并管理好了信息资源，就拥有了持续的利润来源。

2. 旅游目的地

旅游目的地（tourist destination）为旅游资源和服务的一揽子组合体。旅游目的地营销系统（tourist destination marketing system）是利用互联网技术、数据库、多媒体、网络营销技术和手段进行旅游目的地宣传促销和旅游服务的综合应用系统。在旅游目的地营销系统中还可结合网络游戏与虚拟旅游，通过计算机虚拟技术让客户体验旅游，以网络游戏增进用户对旅游目的地的了解并赢取优惠券，两者的有效搭配能将潜在顾客转换为消费者。旅游目的地营销系统应能根据游客的游览时间给出一条最优游览线路安排，大型旅游景点还可提供旅游行程安排、电子导游等。如著名景区九寨沟管理局应用电子商务只需不到半小时，就可向人们展示赴九寨沟旅游的最新行程安排。

3. 旅游交通企业与酒店业

旅游交通企业与酒店业都具有高固定成本与低可变成本的特点，应充分利用电子商务建设新的分销渠道，突破地域限制，在边际成本较低的条件下，将产品推广到更广泛的客户群中。由于所提供产品的不可储存性，通过电子商务提供预约能有效地控制顾客需求的时机和数量，有效安排服务能力并使收益最大化。利用电子商务提高客户忠诚度与客户转让成本，应用累计积分，给予旅客优惠，通过对旅客基本信息的分析，采取主动营销策略，通过电子邮件或手机短信方式发送打折信息，并提供用户电子邮件链接或短信回复直接预订。航空、酒店业还可加入全球分销系统（global distribution system），目前国际上比较知名的有 Galileo、Apollo 等旅游网站，旅客只需拥有信用卡，就可轻松地以优惠价格预订遍布全球五大洲两万多家包括经济型旅馆和豪华五星级酒店的房间。

4. 餐饮企业

餐饮企业电子商务开展主要以营销为主，可与本地或全国知名互联网服务提供商 ISP 合作，依托网站，采取多种方式方便客户，如提供网上点餐与预约就餐服务，使餐饮的服务具有可储备性，降低高峰期的拥挤和等待。另外，餐饮企业还可通过电子商务联合，共同采购所需物资如餐饮用具、食物等，降低采购成本与管理成本。

盈利方式是商务模式中的一个重要组成要素，反映了企业利润从何而来。美国学者阿兰·奥佛尔（Allan Afuah）给出了电子商务模式的 7 种基本的收入模式：依赖交易规模的佣金方式，以流量为基础的广告模式，在销售过程中增加价值的销售增值方式，制造商通过互联网直接接触消费者的生产模式，企业为将访问者导向另一家公司而收取的转介模式，基于内容的订阅模式以及服务费模式。

旅游行业本身就是一个信息行业，在电子商务时代如何利用信息增值？旅游企业可在以上分析的基础上，根据企业实际情况创新电子商务应用。

资料来源：张俊梅．旅游电子商务模式应用与创新分析．思想战线，2008（4）．

二、BAB 旅游电子商务模式与旅游资源整合

1. 旅游电子商务模式

旅游电子商务是旅游业以网络、数据库等信息手段进行旅游系统中各个部门的运营与管理。目前，旅游电子商务的运作模式主要有 B2B（business to business）和 B2C（business to customer）两种。B2B 模式是指旅游企业对旅游企业的在线电子商务模式。B2C 模

式是指旅游服务商、旅游企业对网上游客的在线电子商务模式。

B2B主要是基于旅游企业之间利用信息技术从事商务活动建立的直接关系。B2C主要是基于旅游企业和游客之间建立的商务活动关系。在这两种模式中，后者主要是一种纯粹商业领域的活动，而前者可以看做是一种企业间资源整合的方式，但是在这种整合方式中，不能解决建立可信的电子商务环境问题。因此，在电子商务领域出现了一种新的模式：BAB（business agent business）。

BAB是基于B2B提出的新的电子商务模式，它的本质是解决企业间的信任问题，它的目的是创造一个包括信息流、资金流、物流、知识流在内的有信用的电子商务环境。所谓“A（agent）”，是指业务代理机构。电子商务环境中的业务代理机构包括：技术支持与服务平台，数字认证技术及机构，商业银行，第三方物流服务及第四方物流支持技术与服务，第三方质检服务和企业信誉评估机构及机制等。BAB模式把网络提供的技术手段和有信誉的业务代理机构提供的保证结合起来，把身份认证、信息服务、网上支付、物流配送等各个环节集成起来，提供统一的、可靠的平台，从而真正实现“三流（信息流、资金流、物资流）”合一，为企业之间的电子商务提供必要的服务和基础条件。

旅游企业和旅游者能够从BAB平台得到的服务主要包括以下几种：

（1）全程在线旅游服务，全程风险控制。通过第三方信誉评价机构或者旅游行政管理部门等，为协议会员与旅游企业间、旅游企业与顾客之间的在线交易服务承诺提供全面的支持和风险控制机制。

（2）对各种类型的交易活动提供与在线自动服务匹配的人工撮合服务。

（3）资源配置服务。根据旅游企业的需求，对物质类、信息类、知识类和资本类资源进行多方之间的配置和整合，提供多种特色鲜明的专项服务，充分发挥资源的潜在价值，一加一大于二，共同把蛋糕做大，实现共赢。

（4）个性化推荐服务。利用Web挖掘技术、社会网络分析技术，准确地挖掘出旅游企业、景区、游客的潜在需求，以及未来可能的服务对象，从而更有效地进行推荐和撮合。在这些服务中，“资源配置服务”和“个性化推荐服务”应该是Agent这个平台的主要功能。当然Agent也是BAB模式的主要特征体现，它只是个虚拟平台，还需要配合实体平台运作来进行，这样就使得传统意义上的旅游电子商务模式突破了商业领域，上升为以旅游服务为核心的旅游产业集群的资源整合平台。

2. 旅游资源整合

旅游资源整合是指将某一特定区域作为一个相对独立的整体，根据区域内和周边地区的旅游资源、交通条件、地理位置，按照旅游经济活动的特点和规律，全面安排旅游资源的开发、旅游景区设施的建设和旅游商品的生产与供应，其目的是优势互补、共谋发展。

目前，旅游资源整合的基本方式主要有以下几种：

（1）临时联盟。即独立自主的经营主体在必要的时候结成的联盟。一般情况下，它们独立开发经营，各自享有产权，只是在必须统一行动的时候相互之间结成联盟。例如，相关企业在政府组织下可能自发地结合起来进行旅游产品的联合推介。

（2）契约合作。由政府牵头，在区域之间达成区域旅游合作契约，或者是由一个或几个龙头企业牵头，在相关旅游企业或单位之间签订契约，组成战略联盟。

（3）行政划拨。由政府将隶属于不同部门和单位管理的旅游资源划拨给一个部门或国有企业统一开发经营。

（4）企业兼并。企业在市场规则的作用下，优胜劣汰，自行重组兼并。

（5）股份制改造。在政府的引导下，国有资产和其他资本通过股份制改造共同注入新成立的公司，所有资源归其统一组织开发。

上述几种基本的旅游资源整合模式各有优缺点：临时联盟形式灵活，但约束力差，不适应多数情况；契约合作运作起来有保障，但联盟容易破裂，而且灵活性也较弱；至于行政划拨，政府的强力介入使得联盟的成本过高；企业兼并和股份制改造虽然符合现代经济发展潮流，但在目前市场体系不是很完善的条件下，其整合的制度成本较高。特别是在当前我国多数旅游资源利益主体分割较多、旅游资源的经营主体也较多、旅游信息分散的情况下，上述几种旅游资源整合的模式要么过于限制主体行为，要么整合资源的效果不明显。而旅游电子商务在旅游资源整合中的媒介和桥梁作用表现得较为恰当，特别是BAB模式的旅游电子商务在Agent的作用下，使得旅游资源整合可以做到灵活、方便、低成本，同时对参与整合的资源主体具有一定的约束性。因此，通过BAB旅游电子商务模式整合旅游资源是一种较为便捷有效的方式。

资料来源：刘昱．通过BAB旅游电子商务模式整合河南省旅游资源．河南工程学院学报（社会科学版），2010（2）.

习 题

一、名词解释

1. 模式
2. 旅游电子商务模式

二、简答题

1. 简述旅游电子商务模式的概念。
2. 简述旅游电子商务模式的类型。
3. 用简要的语言描述旅游电子商务模式的特点。

实训演练

旅游电子商务模式

【实训目的】

通过实训了解旅游电子商务模式的概念，了解国内目前比较知名的旅游电子商务网站的情况，并进行旅游电子商务的实际操作和体验。

【实训步骤】

1. 打开浏览器，在百度的“知道”和“百科”栏目中查阅旅游电子商务模式的概念及相关知识。

2. 进入如下网站，自己动手实际体验旅游电子商务的各种模式：

（1）同程网。

（2）去哪儿网。

（3）携程旅行网。

分析比较上述三种类型旅游网站的风格和模式，谈一谈自己的体会。

【实训报告】

1. 写出实训具体的过程。

2. 阐述实训结果，总结实训体会，并对实训结果进行分析。

超级链接

1. 去哪儿网

http://www.qunar.com

简介：去哪儿网是中文在线旅游媒体平台，创立于 2005 年 2 月，为旅游者提供国内外机票、酒店、度假和签证服务的深度搜索，帮助旅游者做出更好的旅行选择。凭借其便捷、人性化且先进的搜索技术，“去哪儿”对互联网上的机票、酒店、度假和签证等信息进行整合，为用户提供及时的旅游产品价格查询和信息比较服务。

2. 驴妈妈网

http://www.lvmama.com

简介：驴妈妈旅游网创立于 2008 年，是中国领先的新型 B2C 旅游电子商务网站，中国最大的自助游产品预订及资讯服务平台。成立之初，驴妈妈旅游网就以自助游服务商定位市场，经过数年的发展，形成了以打折门票、自由行、特色酒店为核心，兼顾跟团游的巴士自由行、长线游、出境游等网络旅游业务，为游客出行提供一站式服务便利。

项目三 旅游电子商务网络和数据库技术

项目目标

课程目标

了解旅游电子商务网络技术和数据库技术的基本概念

掌握旅游电子商务网络技术和数据库技术的基本内容

实践目标

学会旅游电子商务网络和数据库技术的基本技能

掌握旅游电子商务网络和数据库的基本操作

项目导入

通过前面的学习，欧阳逍遥了解了国内旅游电子商务企业的一些基本商务模式，并对旅游电子商务的基本概念有了更深的理解。老师启发欧阳逍遥：除了对旅游电子商务基本概念和模式要有一定的了解之外，更需要进一步掌握旅游电子商务所涉及的技术。电子商务中重要的是技术能力，因为电子商务离开“电子”这个技术手段，“商务”也就无法现代化了。电子商务更重要的是要有技术应用的能力，那么围绕“电子”有哪些技术呢？该从哪里入手去了解和掌握旅游电子商务的技术呢？

项目分析

旅游电子商务涉及的技术很多，可以从旅游电子商务所需要的基本技术入手去探索。既然旅游电子商务是通过计算机和互联网实现的旅游商务活动，那么计算机和互联网的知识和技术就是必需的了。除此之外，旅游电子商务的网站设计技术、网络发布技术、网络营销技术等也是必不可少的。由此可见，旅游电子商务的技术综合性很强，涉及很多的技术环节。

项目实施

本项目中，我们将和欧阳逍遥一起探索旅游电子商务网络和数据库技术。老师帮助欧阳逍遥设计了本项目的探索路径。

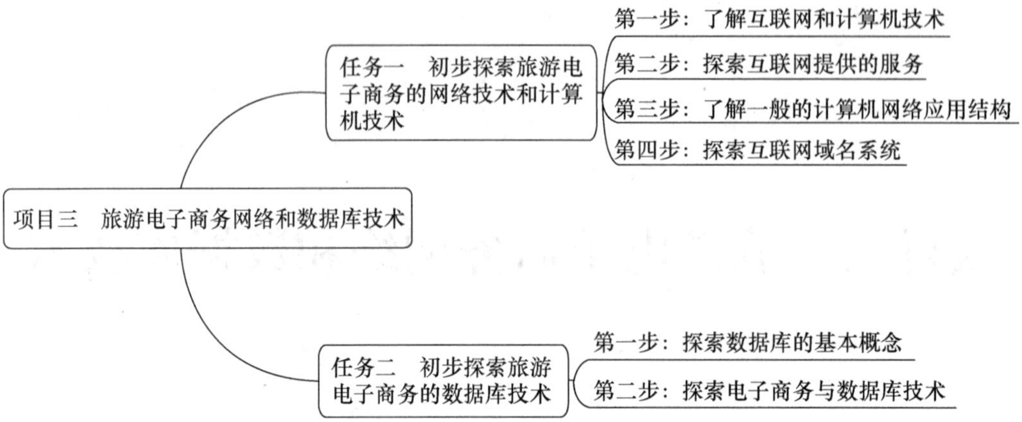

任务一　初步探索旅游电子商务的网络技术和计算机技术

旅游电子商务离不开互联网，更离不开计算机，因此熟悉和了解互联网和计算机的基本技术对于从事旅游电子商务事业而言是非常必要的。我们先和欧阳逍遥一起从互联网和计算机的基本概念入手，逐步深入地探索旅游电子商务所涉及的这些技术。

第一步：了解互联网和计算机技术

1. 计算机网络的概念

计算机网络概念看似很神秘，其实形式很简单，它是指将地理位置不同的、具有独立功能的多台计算机及其外部设备，通过通信线路连接起来，在网络操作系统、网络管理软件及网络通信协议的管理和协调下，实现资源共享和信息传递的计算机系统。一个基本的计算机网络系统如图 3－1 所示。

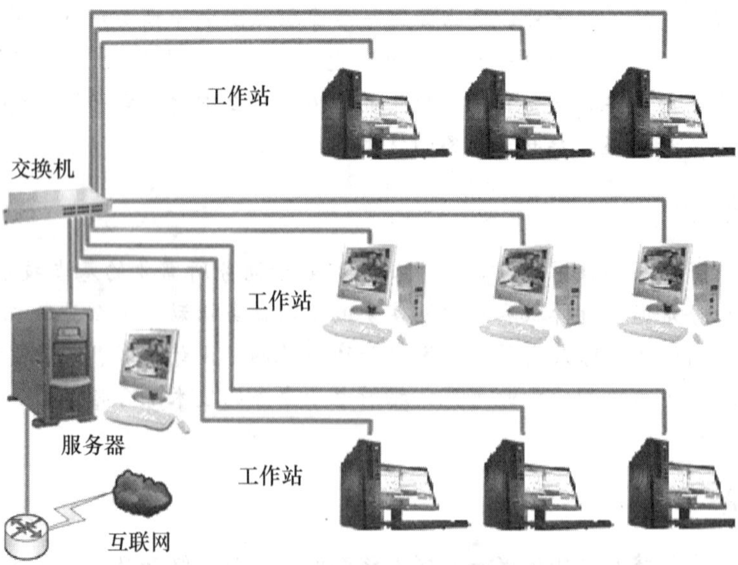

图 3－1　计算机网络系统

计算机网络包含四个主要组成部分：

（1）主机。

主机可以是各种类型的计算机，大到巨型机，小到便携式计算机，向用户提供服务。

（2）工作站。

工作站是各种终端用户在网络中使用的计算机，如台式机、便携式计算机等。用户通过工作站进行网络的互联，并共享在服务器中的网络资源。

（3）通信子网。

通信子网由一些通信链路和节点交换机（也叫通信处理机）组成，用于进行数据通信。

（4）通信协议。

通信协议是主机与主机、主机与通信子网或通信子网中各节点之间通信的依据，是通信双方事先约定好的和必须遵守的规则，是计算机网络不可缺少的组成部分。

2. 计算机网络的类型

计算机网络可以划分为局域网、城域网和广域网，如表 3-1 所示。

表 3-1　计算机网络的基本类型

属性	局域网（LAN）	城域网（MAN）	广域网（WAN）
英文名称	local area network	metropolitan area network	wide area network
覆盖范围	10 千米以内	10～100 千米	几百到几千千米
结构特征	物理层	数据链路层	网络层
典型设备	集线器	交换机	路由器
终端组成	计算机	计算机或局域网	计算机、局域网、城域网
特点	连接范围窄、用户数少、配置简单	可看作是一个大型的局域网，传输速率高，技术先进、安全	主要提供面向通信的服务，覆盖范围广，通信的距离远，技术复杂

局域网是一种在小范围内实现的计算机网络，一般在一个建筑物内，或一个工厂、学校、单位内部，一般为独有的网络。城域网是一种界于局域网与广域网之间，覆盖一个城市的地理范围，用来将同一区域内的多个局域网互联起来的中等范围的计算机网络。广域网用来实现不同地区的局域网或城域网的互联，它的范围很广，可以分布在一个省内、一个国家或几个国家。

局域网、城域网和广域网之间的关系如图 3-2 所示。

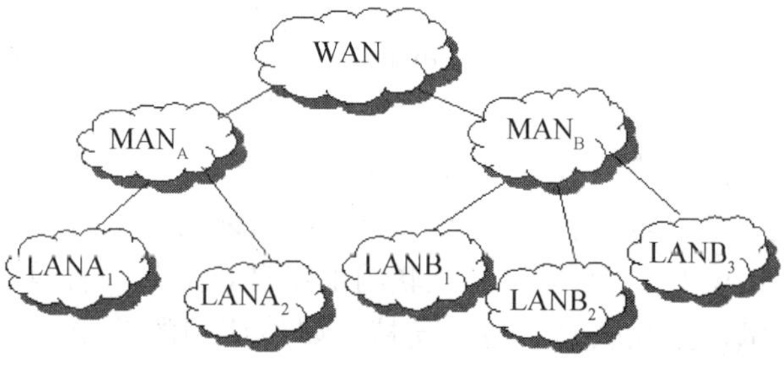

图 3-2　局域网、城域网和广域网之间的关系图

3. 互联网的形成

（1）国外互联网的形成。

因特网（Internet）是目前全球最大的一个计算机互联网，它源于1969年美国国防高级研究计划署（Advanced Research Projects Agency，ARPA）的项目，在ARPA不断发展的同时，其他一些大型的计算机网络也开始组建，采用与ARPA网络相同的通信协议。其中，美国国家科学基金会（National Science Foundation，NSF）的网络对互联网的形成起到了关键的作用。

20世纪80年代末，NSF连接了主要大学的超级计算机中心，逐渐成为全国性的网络，并与其他大型网络互联起来，互联网逐步形成。

（2）国内互联网的形成。

1987年9月20日，钱天白教授在北京计算机技术研究所发出了我国的第一封电子邮件，“Across the Great Wall，we can reach every corner in the world”（越过长城，走向世界），揭开了中国人使用互联网的序幕，中国互联网进入第一个发展阶段。

1994年4月20日，美国互联网的主管部门美国国家科学基金会同意了中国连入互联网的申请。中国科技网成为我国第一个全功能连入互联网的单位，开创了中国互联网发展的第二个阶段。

4. 电子商务的发展历程

伴随着计算机网络的兴起，电子商务也获得了突飞猛进的发展。电子商务并非新兴事物，早在1839年，当电报刚出现的时候，人们就开始了对运用电子手段进行商务活动的讨论。当商务贸易活动开始以莫尔斯码点和线的形式传输的时候，标志着运用电子手段进行商务活动的新纪元的开始。

20世纪70年代以来，电子计算机技术、网络通信技术及相关技术不断发展，它们在社会生活各个领域的应用形成了逐年增长的发展态势，电子商务在与这些技术的互动发展中不断完善和快速提升。

电子商务一般被认为起源于电子数据交换（EDI）。计算机字处理软件和电子表格软件的出现，为标准格式（或格式化）商务单证的电子数据交换开发应用提供了强有力的工具。政府或企业的采购、企业商业文件的处理，从手工书面文件的准备和传递转变为电子文件的准备和传递。随着网络技术的发展，电子数据资料的交换，又从磁带、软盘等物理载体的寄送转变为通过专用的增值通信网络进行传送，近年来又转变为通过公用的互联网进行传送。银行间的电子资金转账（electronic funds transfer，EFT）技术与企事业间电子数据交换技术相结合，产生了早期的电子交易（electronic commerce，EC）。信用卡（credit card）、自动柜员机（automatic teller machine，ATM）、零售业销售终端（point of sale，POS）和联机电子资金转账技术的发展，以及相应的网络通信技术和安全技术的发展，使得B2C与B2B这两种模式的电子商务得到飞速的发展。

1991年美国政府宣布互联网向社会公众开放，允许在网上开发商业应用系统。1993年万维网（world wide web，WWW）在互联网上出现，这是一种具有处理图文声像超文本对象能力的网络技术，使互联网具备了支持多媒体应用的功能。1995年互联网上的商业业务信息量首次超过了科教业务信息量，这既是互联网此后产生爆炸性发展的标志，也是电子商务大规模发展的标志。

具有“商务”概念的电子商务活动是伴随着计算机网络技术的实用化而产生和发展的。进入 20 世纪 90 年代后期，由于个人计算机的广泛应用、互联网的迅速发展、信用卡的普及和电子安全交易协议的制定以及政府的支持与推动，电子商务真正开始发展起来。

小贴士

EDI 是英文 electronic data interchange 的缩写，可译为电子数据交换。它是一种在企业之间传输订单、发票等作业文件的电子化手段。它通过计算机网络将贸易、运输、保险、银行和海关等行业信息，用一种国际公认的标准格式进行传输，是计算机、通信和现代管理技术相结合的产物。国际标准化组织（ISO）将 EDI 描述成“将贸易（商业）或行政事务处理按照一个公认的标准变成结构化的事务处理或信息数据格式，从计算机到计算机的电子传输”。由于使用 EDI 可以减少甚至消除贸易过程中的纸面文件，因此 EDI 又被人们通俗地称为“无纸贸易”。

5. 网络模型和通信协议

在计算机网络中，为使各计算机之间或计算机与终端之间能正确地传输信息，必须在关于信息传输顺序、信息格式和信息内容等方面有一组约定或规则，这组约定或规则即所谓的网络协议。网络协议包含三个要素：语义、语法、规则。语义用来说明通信双方应当怎么做，用于协调与处理控制信息。语法用来规定信息格式、数据及控制信息的格式、编码及信号电平等。规则定义了何时进行通信，先讲什么，后讲什么，讲话的速度等，例如是采用同步传输还是异步传输等。实质上，网络协议是实体间通信时所使用的一种语言。

自 1970 年以来，国外一些主要计算机生产厂商如美国的 IBM、DEC 等都先后推出了本公司的网络体系结构，但它们都属于专用的。为了使不同的计算机厂商生产的计算机能通信，以便在更大范围内建立计算机网络，国际标准化组织信息处理系统技术委员会于 1983 年正式批准“开放系统互联参考模型”（OSI）作为网络体系结构的国际标准。

（1）开放系统互联参考模型（OSI）。

为了实现计算机网络的互联，OSI 把整个网络的通信功能划分为 7 个层次，每个层次完成各自的功能，通过各层间的接口和功能的组合与其相邻层连接，从而实现不同系统之间、不同节点之间的信息传输，如图 3－3 所示。

7	应用层
6	表示层
5	会话层
4	传输层
3	网络层
2	数据链路层
1	物理层

图 3－3　OSI 中的 7 个层次

由图 3-3 可知，整个的网络功能分为 7 个层次，从低到高依次为物理层、数据链路层、网络层、传输层、会话层、表示层和应用层。物理层用于将比特流送到物理介质上进行传输；数据链路层用于传输一帧一帧的信息；网络层用于分组传输和路由选择；传输层用于从端到端经网络透明地传输报文；会话层用于会话的管理和数据传输的同步；表示层用于数据格式的转换；应用层用于与用户应用进程的接口。

相邻的层次通过界面接口相互连接。网络层次间的接口定义了高一层次对低一层次的功能要求，低一层次提供给高一层次的原始操作和服务。或者说，低一层次为高一层次提供了较为低级的服务，作为对高一层次的支持；高一层次的服务是在低一层次所提供的支持的基础上完成的。至于各层次的内部功能的完成过程或方法，与其他层次没有关系。一个复杂的通信过程被分解成许多个简单易行的、规范有序的独立子过程，在各个层次内，依照规范的次序、要求一一完成。

(2) TCP/IP 协议。

除了 OSI 之外，在实际应用中还流行着一些其他网络体系结构，最有名的就是在美国互联网中使用的 TCP/IP (transmission control protocol/Internet protocol)，即传输控制协议/网际协议。TCP/IP 在计算机网络中占有非常重要的地位。这是因为尽管 OSI 在理论上比较完整，但实际上完全符合各层协议的商用产品却很少进入市场，远远不能满足用户的需求。而使用 TCP/IP 协议的产品却大量涌入市场，这就使得 TCP/IP 成为计算机网络体系结构的事实上的标准，有人也称它为工业标准。TCP/IP 在计算机网络中占有非常重要的地位。TCP/IP 协议是一种重要的通信协议，在我们常用的计算机上都有设置，图 3-4 就是我们常见的计算机上的 TCP/IP 协议设置界面。

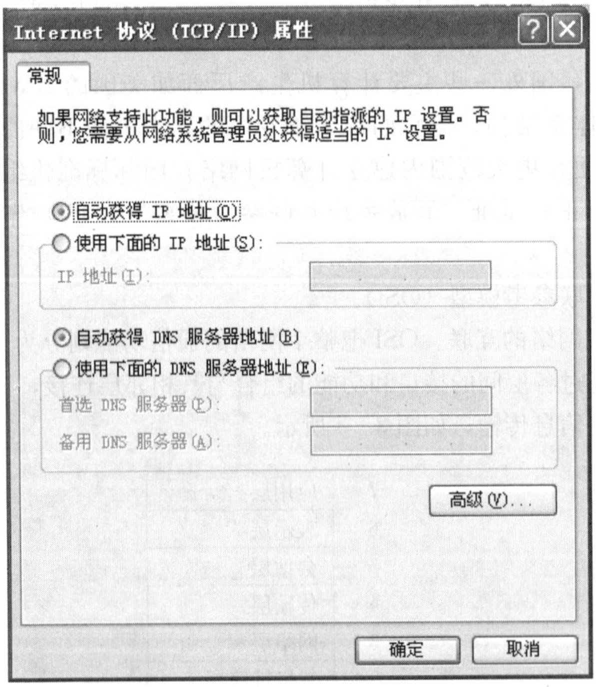

图 3-4　TCP/IP 协议的设置界面

TCP/IP 协议的通信机制如图 3-5 所示。

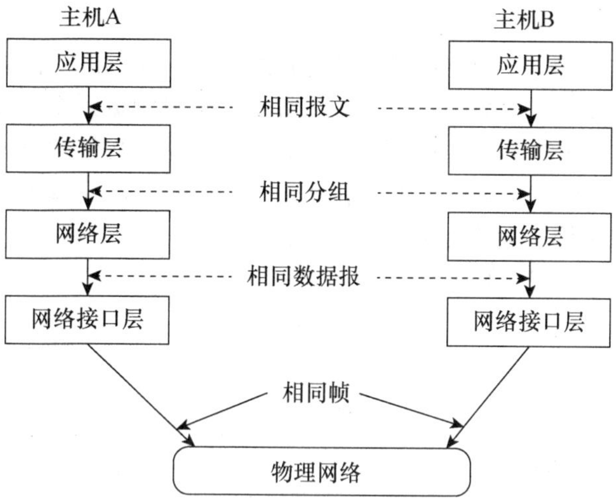

图 3－5　TCP/IP 协议的通信机制

TCP/IP 协议有两个核心协议：

1）TCP 协议。TCP 协议负责文件的传输，在两端建立起对话机制。在发送端发送数据报，在接收端收到之后发出一个反馈信号，若在发送端未收到反馈信号，重新发送。

2）IP 协议。IP 协议是网络之间互连的协议，是为计算机网络相互连接进行通信而设计的协议。在互联网中，它是能使连接到网上的所有计算机网络实现相互通信的一套规则，规定了计算机在互联网上进行通信时应当遵守的规则。任何厂家生产的计算机系统，只要遵守 IP 协议就可以与互联网互连互通。

OSI 与 TCP/IP 协议的对应关系如图 3－6 所示。

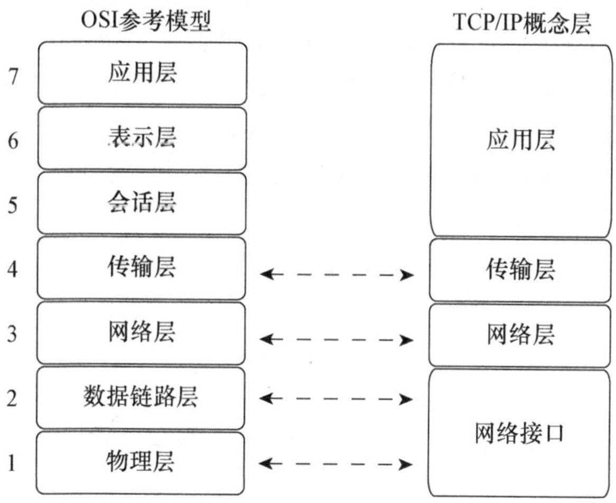

图 3－6　OSI 与 TCP/IP 协议的对应关系

第二步：探索互联网提供的服务

互联网由大量的计算机和信息资源组成，它为网络用户提供了非常丰富的服务。这些服务包括 WWW 服务、电子邮件、远程登录、文件传输、邮件列表、布告栏系统、博客、即时通信等。

1. WWW 服务

WWW 服务，也称万维网服务。WWW 服务以 HTML 语言和 HTTP 协议为基础，能够提供面向各种互联网的服务，以统一用户界面的信息浏览系统。浏览器是用户端计算机上的应用软件，在屏幕上看到的网页是浏览器对 HTML 文件的翻译。常用的浏览器有 IE、Navigator 等。WWW 服务给互联网用户提供了一种非常简单、易用的手段，去查找和获取全球各种组织机构、大专院校、科研院所、公司厂商，甚至个人所提供的共享信息。客户端与服务器的请求与应答沟通如图 3－7 所示。

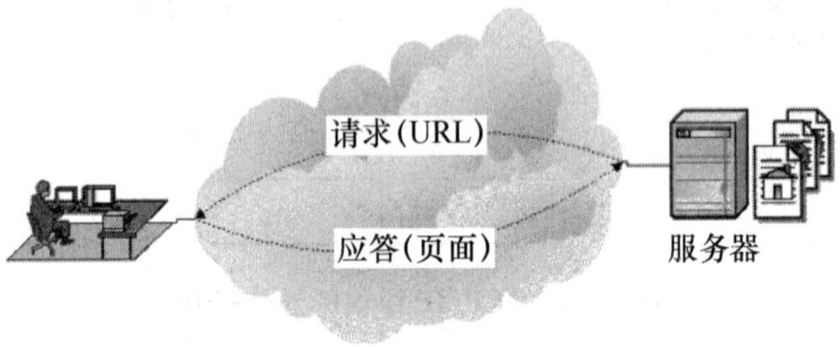

图 3－7　客户端与服务器的请求与应答沟通

互联网服务由专门的服务器提供，每种类型的互联网服务都有自己的服务器类型，如 Mail 服务器、Web 服务器、FTP 服务器、Telnet 服务器等。一个客户软件可以连接多个服务器，如 IE 是多功能的客户软件，但它在有些功能上不如专用的客户软件，如下载专用软件 Flashget 等。

2. 电子邮件

电子邮件（E-mail）服务是一种利用计算机和通信网络传输电子信件等信息的非交互式服务。通过电子邮件服务，用户可以方便、快捷地发送电子邮件；传递文件、图形、图像和语音等信息；查询各种信息资源；加入有关的公告、专题讨论、电子论坛等。与一般邮件相比，电子邮件具有快速、简便、高效、价格低廉等特点。电子邮件不是一种“终端到终端”的服务，发送方和接收方不需要直接连接就能工作。因此，即使对方不在，仍然可以将电子邮件送入对方的邮箱里。电子邮件是用户使用最多的互联网服务之一。电子邮件的运行方式如图 3－8 所示。

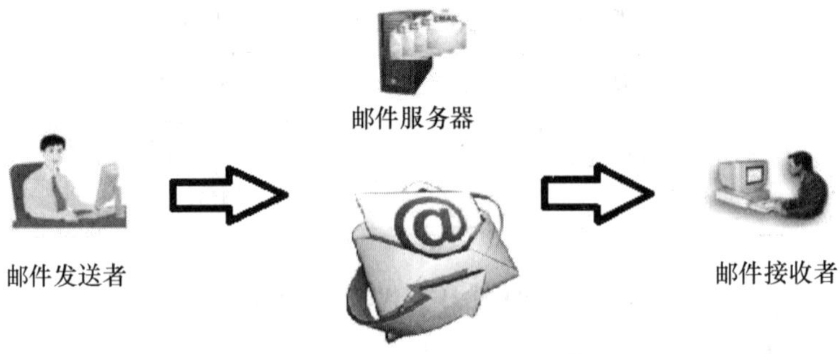

图 3－8　电子邮件运行方式

电子邮箱的地址都有固定的格式，它由两部分组成，中间用“@”隔开。如 tangtai2006@sina.com，其中“@”读作“at”，表示“在”的意思；“@”前面的“tangtai2006”表示用户名（又称作邮箱名），用来作为标识符号；“@”后面的“sina.com”是存放电子邮件的服务器的名字。邮件服务器就是提供电子邮箱，同时提供接收和发送邮件服务的计算机。

以下简要说明免费电子邮箱的申请过程（以126免费邮箱为例）：

（1）打开一个IE窗口，在地址栏中输入http://mail.126.com，进入126免费电子邮箱的首页，如图3-9所示：

图3-9　126邮箱主页

（2）单击页面上的"注册"按钮，出现填写注册信息的页面。

（3）输入"用户名"信息。要注意用户名的选择不要违反网站上关于用户名的规定。填写好用户名后，单击"检测"按钮，如果选择的用户名别人已经用过了，就需要重新选择。重复本步骤直到选择的用户名未被他人使用为止。

（4）选择好用户名后，需要填写相关的个人资料，包括"密码""密码保护问题"等。请仔细阅读网站的提示，并牢牢记住所填写的内容。

（5）填写完毕后，单击"同意'服务条款'和'隐私权相关政策'"按钮。

（6）单击"创建账号"按钮，出现注册成功的页面，说明电子邮箱申请成功。

3．远程登录

远程登录是指在网络通信协议Telnet的支持下，用户的计算机通过互联网成为远程计算机终端的过程。也就是用户把本地计算机通过互联网与远程计算机连接起来，然后使用远程计算机系统的资源或提供的其他服务。使用Telnet可以在网络环境下共享计算机资源，获得信息。通过Telnet，用户不必局限在固定的地点和特定的计算机上工作，通过网络随时可以使用任何地方的任何计算机。

Telnet使用界面如图3-10所示。

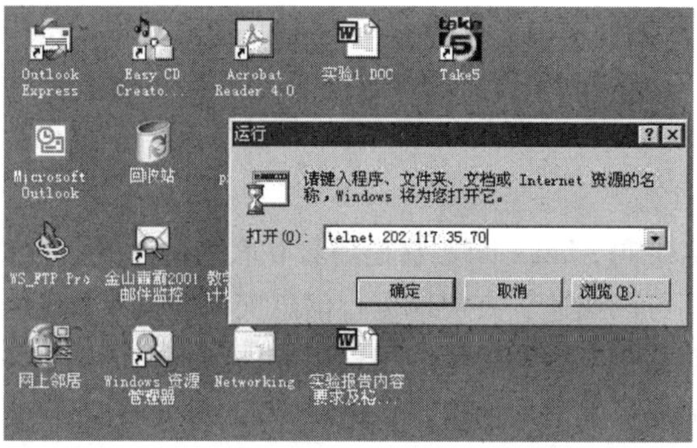

图3-10　Telnet使用界面

4. 文件传输

文件传输服务允许互联网用户将一台计算机上的文件传输到另一台计算机上，也可以说，网络用户可以利用文件传输协议（file transfer protocol，FTP）登录到其他计算机上，下载所需的文件到自己的计算机上，或把自己的文件上传到其他计算机上。使用 FTP 几乎可以传输所有类型的文件：文本文件、二进制可执行文件、图像文件、声音文件、数据压缩文件等。FTP 连接界面如图 3－11 所示。

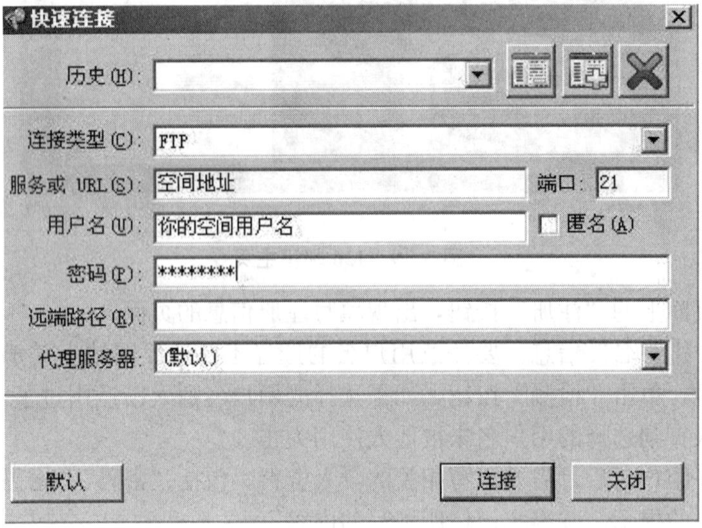

图 3－11　FTP 连接界面

（1）FTP 的上传与下载。

1）上传：把文件从本地计算机传输到 FTP 服务器上。

2）下载：把文件从 FTP 服务器传输到本地计算机上。

（2）普通 FTP 与匿名 FTP。

1）普通 FTP：需要账号和密码。

2）匿名 FTP：不需要账号和密码。

（3）FTP 的使用方式。

1）DOS 方式：使用 FTP 命令。

2）浏览器方式：在地址栏中直接输入相应地址。

3）专用工具方式（CuteFTP、FlashFXP 等）。

5. 邮件列表

邮件列表见图 3－12。

邮件列表的英文名字叫 Mail List，它是随着互联网的发展而出现的一种交流工具，利用它各团体和个人之间可以快速、方便地进行信息交流和发布。

邮件列表可以让对某一专题感兴趣的用户组成一个很大的团体。通过邮件列表就可以收到该邮件列表中任何成员发送的信息。无论用户需要询问什么问题、解决什么问题或者讨论什么问题，都可以在互联网上找到相应的邮件列表。要加入某个邮件列表，只需拥有自己的电子邮箱就可以了。

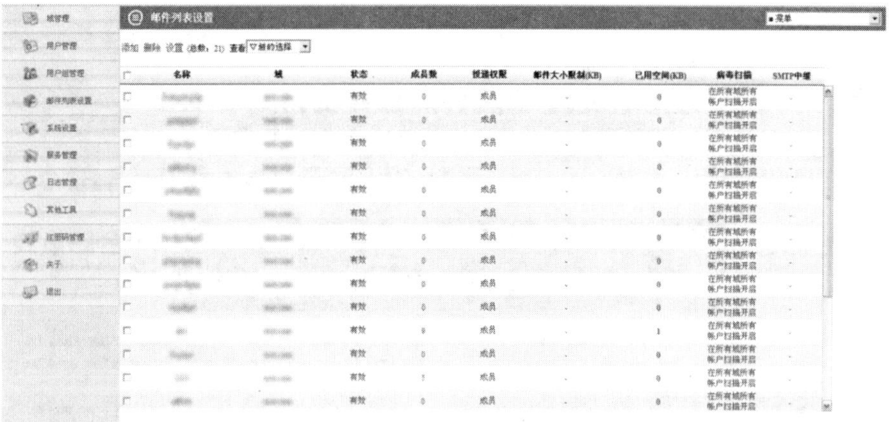

图 3-12　邮件列表

邮件列表还是发布信息、推广自己的有效工具。利用邮件列表可以传输个人站点最新的消息和精彩内容，企业利用它可以发送邮件给订户。

（1）邮件列表的两种基本形式。

1）公告型（邮件列表）：通常由一个管理者向小组中所有成员发送信息，如电子杂志、新闻邮件等。

2）讨论型（讨论组）：所有的成员都可以向组内的其他成员发送信息，也就是发一封公共电子邮件到小组，通过系统处理后，将这封邮件分发给组内的所有成员。

（2）邮件列表的工作原理。

邮件列表是一种建立在普通电子邮件基础之上的服务。使用普通电子邮件服务时，给一个用户发送信息，就在邮件编辑窗口中指定一个收信人的地址；同时向很多人发送信息，就必须在邮件编辑窗口中指定多个收信人的地址。当有大量的收信人地址时，书写地址的工作量就非常大。使用邮件列表时，可以把这些收信人地址看成一个整体，并给这个整体以一个特殊的名字命名，这个名字就代表指定的这些“多个”收信人地址，这样就大大提高了工作效率。

举个例子来说，假设我们要给 John、Rose、Jim 这三个用户发送同样一则信息，按照常规方法，就必须在收信人地址中分别输入代表 John、Rose、Jim 三个用户的电子邮件地址 John@sina.com、Rose@126.com、Jim@163.com。利用邮件列表，只要给 John、Rose、Jim 这三个用户的邮件地址设置一个叫 total 的名字，这个名字就代表这三个人的邮件地址。当给这三个人发送同样的一则信息时，只需要在邮件编辑窗口的收信人地址栏中输入 total，那么，邮件列表管理程序就会自动地把要发送的信息分别邮寄给 John、Rose、Jim 这三个用户。

6．布告栏系统

布告栏系统（bulletin board system，BBS）最初的目的是使计算机可以通过互联网远程传输文件和信息。由于用户需求的发展，BBS 已经不再是一个简单的“布告栏”了，它包括了很多服务，如讨论区、信件区、聊天区、文件共享区等。

BBS 站点地址一般以域名形式出现，这些站点可通过远程登录进行连接，更多的站点采用 WWW 的形式供用户使用。合肥论坛 BBS 界面如图 3-13 所示。

图 3-13　合肥论坛 BBS 界面

7. 博客

博客又译为网络日志等，是一种由个人管理、不定期张贴新的文章的网站。博客最初的名称是 weblog，由 web 和 log 两个单词组成，按字面意思就是网络日记，后来喜欢新名词的人把这个词的发音故意改了一下，读成 we blog，blog 这个词被创造出来。博客的含义："博" 为 "广博"； "客" 不单是 "blogger"，更有 "好客" 之意，看 blog 的人都是"客"。而在中国台湾地区，blog 和 blogger 分别译成 "部落格" "部落客"，认为 blog 本身有社区群组的含义在内，借由 blog 可以将网络上的网友集结成一个大博客，成为一个具有影响力的自由媒体。

博客上的文章通常根据张贴时间，以倒序方式由新到旧排列。一个典型的博客结合了文字、图像、其他博客或网站的链接、其他与主题相关的媒体，能够让读者以互动的方式留下意见。大部分的博客内容以个人为主，有一些博客专注于艺术、摄影、视频、音乐、播客等主题。博客是社会媒体网络的一部分。

现在国内知名的互联网媒体如新浪、搜狐等都开设了博客专栏，尤其是微博（即微型博客）逐渐成为最受欢迎的博客形式。微博的作者不需要写很复杂的文章，而只需要记录 140 字内的心情文字即可。

欧阳逍遥以新浪博客为例，探索了博客的注册方法：

第一步：在新浪网首页顶部，点击"博客"（见图 3-14）。

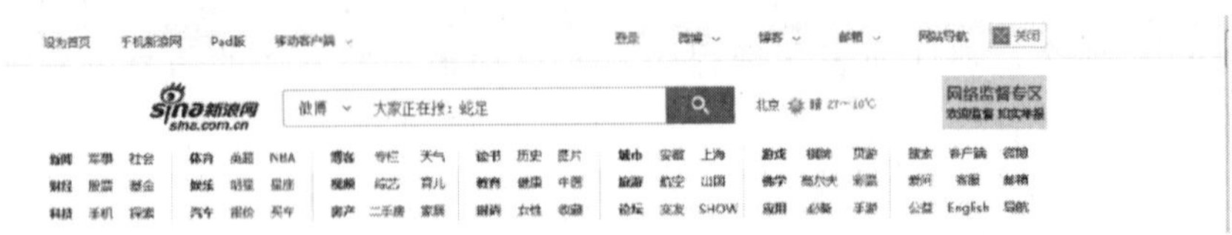

图 3-14　新浪网首页

第二步：选择"手机注册"或"邮箱注册"，并填写注册信息，设置密码（见图 3-15）。

第三步：注册成功后，重回新浪首页登录，输入登录名和密码，在窗口中选上"博客"再点击"登录"（见图 3-16）。

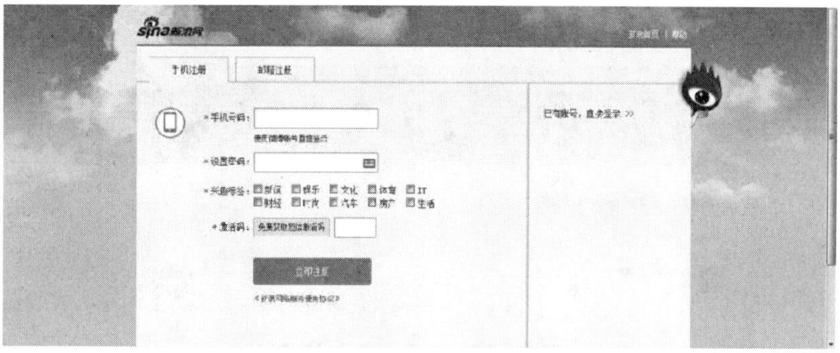

图 3-15　填写注册信息

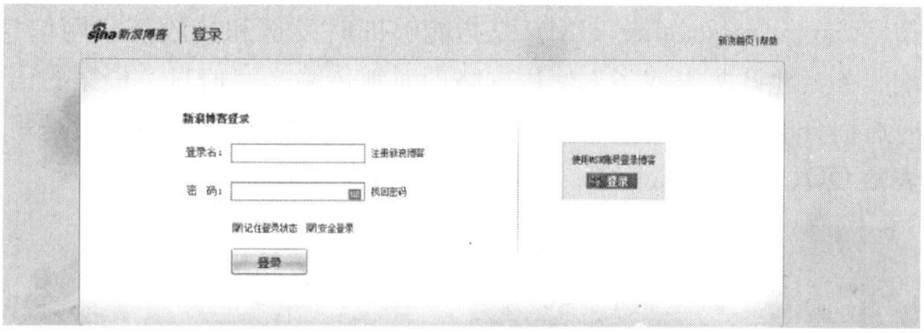

图 3-16　登录新浪博客

第四步：开通新浪博客（见图 3-17）。

图 3-17　开通新浪博客

第五步：注册通行证信息，“个性域名”就填邮箱中@前面的文字，应好记一点（见图 3-18）。

图 3-18　注册通行证信息

第六步：开通成功，进入博客（见图 3－19）。

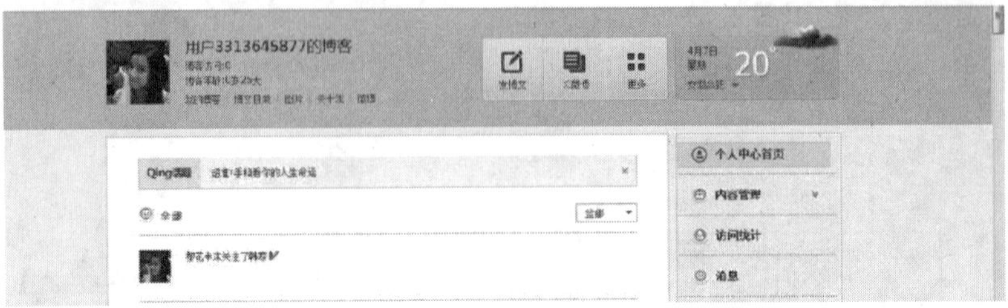

图 3－19　开通并进入博客

8. 即时通信

即时通信（instant messaging，IM）是指能够即时发送和接收互联网信息等的业务。它是一个终端服务，允许两人或多人使用网络即时地传输文字信息、档案、语音与视频进行交流。即时通信分电话即时通信和网站即时通信，电话即时通信的代表是短信，网站即时通信的代表是 QQ、微博、微信等。QQ 和微信界面如图 3－20 所示。

图 3－20　QQ 和微信

自 1998 年面世以来，特别是随着近几年的迅速发展，即时通信的功能日益丰富，逐渐集成了电子邮件、博客、音乐、电视、游戏和搜索等多种功能。即时通信不再是一个单纯的聊天工具，它已经发展成集交流、资讯、娱乐、搜索、电子商务、办公协作和企业客户服务等为一体的综合化信息平台。即时通信不同于 E-mail 之处在于它的交谈是即时的。我们的日常生活已经离不开即时通信了。

第三步：了解一般的计算机网络应用结构

了解了网络的基本概念后，欧阳逍遥对网络应用结构产生了兴趣，老师告诉他，网络应用结构基本上有“客户机/服务器”结构（client/server 结构，C/S 结构）和“浏览器/服务器”结构（browser/server 结构，B/S 结构）两种。

1. 客户机

用于访问服务器资料的计算机称为客户机。多台客户机各自处理相应的功能，共同实现完整的应用。用户使用应用程序时，首先启动客户机通过有关命令告知服务器进行连接以完成各种操作，而服务器则按照此请示提供相应的服务。

计算机网络的主要用途之一是支持共享资源。这种共享是通过相对应的两个独立程序来完成的。每个程序在相应的计算机上运行。一个程序在服务器中，提供特定资源；另一个程序在客户机中，它使客户机能够使用服务器上的资源。

2. 服务器

当一台连入网络的计算机向其他计算机提供各种网络服务（如数据、文件的共享等）时，它就被叫做服务器。服务器是一种高性能计算机，具有很强的处理能力、可靠性、可扩展性和可管理性等特点，作为网络的节点，存储、处理网络上的数据、信息，因此也被称为网络的灵魂。打一个形象的比喻：服务器就像是邮局的交换机，而计算机、笔记本、PDA、手机等固定或移动的网络终端，就如散落在家庭、各种办公场所、公共场所等处的电话机。我们与外界日常的生活、工作中的电话交流、沟通，必须经过交换机，才能到达目标电话。同样如此，网络终端设备如家庭、企业中的计算机上网，获取资讯，与外界沟通、娱乐等，也必须经过服务器，因此可以说是服务器在“组织”和“领导”这些设备。我们常把所有基于网络、提供网络服务的系统都称为服务器。

在互联网上，硬件却通常看不到，这里的“客户机”和“服务器”一般分别指载有相应程序的计算机，一个是要求服务的计算机，另一个是可提供服务的计算机。当用户使用WWW时，要涉及两个不同的程序。一个程序安装在客户机上，它执行用户的鼠标点击操作指令，立即显示链接的网页内容，确保用户的要求得到执行，这个程序叫做WWW客户机程序，比如用户使用的浏览器（IE或Navigator）。另一个程序在服务器上，它对用户的WWW客户机所要求的一切进行满足。

每个客户机是通过虚拟的IP地址实现与互联网间接相连的。因此网卡地址就是指虚拟的IP地址，它与代理服务器的真实IP地址不同，而是由代理服务器根据互联网内部客户机的多少，给定虚拟IP地址的一个范围，并按某种规定分配给每个客户机一个虚拟IP地址，这样便可实现客户机与互联网的间接相连。

3. C/S结构和B/S结构

C/S结构是软件系统体系结构，通过它可以充分利用两端硬件环境的优势，将任务合理分配到client和server来实现，降低了系统的通信开销。C/S结构的优点是能充分发挥客户机的处理能力，很多工作可以在客户机处理后再提交给服务器，这样客户机的响应速度就很快。缺点是客户机需要安装专用的客户端软件；系统软件升级时，每一台客户机都需要重新安装，其维护和升级成本非常高。

B/S结构下，用户工作界面是通过WWW浏览器来实现的，极少部分事务逻辑在browser实现，主要事务逻辑在server实现。相对来说，C/S结构属于“胖”客户机，需要在用户计算机上安装相应的操作软件；B/S结构属于“瘦”客户机，大多数或主要的业务逻辑都存在于服务器上，因此，B/S结构的系统不需要安装客户端软件，它运行在客户端的浏览器之上，系统升级或维护时只需更新服务器端软件即可，这样就大大简化了客户端计算机载荷，减轻了系统维护与升级的成本和工作量，降低了用户的总体成本。B/S结构系统的产生为系统面对无限未知用户提供了可能。当然，与C/S结构相比，B/S结构也存在系统运行速度较慢、访问系统的用户不可控的缺点。典型的C/S和B/S结构如图3-21所示。

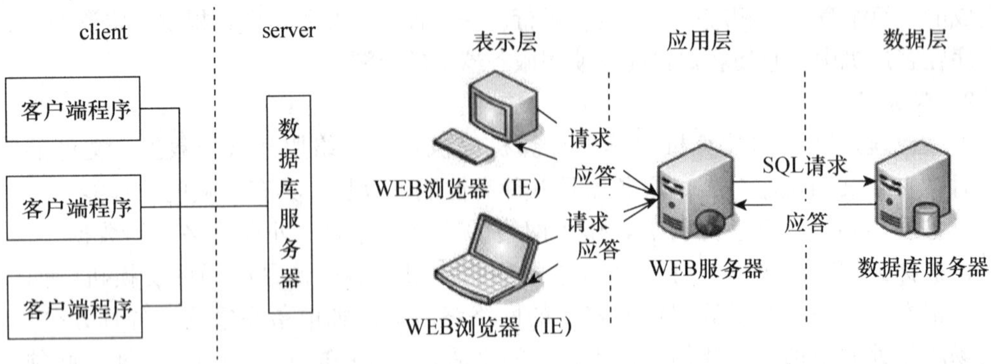

图 3-21　一种典型的 C/S 和 B/S 结构

第四步：探索互联网域名系统

1. IP 地址

互联网上的每台主机都有一个唯一的 IP 地址，IP 地址就像是我们的家庭住址一样。如果你要写信给一个人，你就要知道他的地址，这样邮递员才能把信件送到，发送信息的计算机好比是邮递员，它必须知道唯一的“家庭住址”才不至于把信送错人家。计算机的地址用十进制数字表示。IP 协议就是使用这个地址在主机之间传递信息，也是互联网能够运行的基础。IP 地址是区别互联网上计算机的唯一标志，是一个 32 位的二进制数，在 IPv4 中，IP 地址长度为 32 位，分为 4 段，每段 8 位；IP 地址通常用“点分十进制”表示，每段的数字范围为 0～255，段与段之间用圆点隔开，例如 159.226.1.1 和 127.255.255.255。

2. IP 地址的分类

IP 地址分成五类：A、B、C、D、E。其中 A、B 和 C 类地址是基本的互联网地址，是主类地址，常用的是 B 和 C 两类。IP 地址由两部分组成：一部分为网络地址，另一部分为主机地址，如图 3-22 所示。

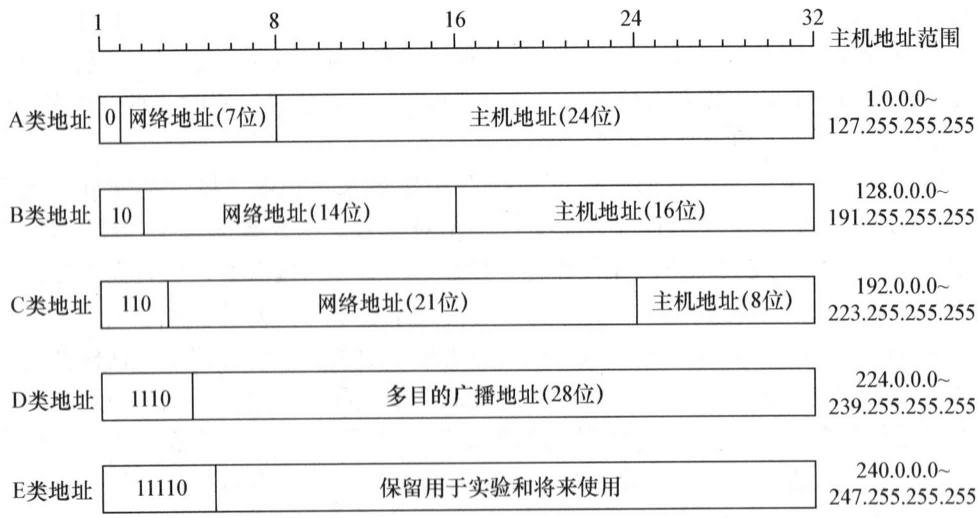

图 3-22　IP 地址分类

3. 域名的概念

由于 IP 地址很难记忆，所以用域名来代替 IP 地址。域名与 IP 地址之间存在对应关系。域名由多个词组成，用圆点分开，位置越靠左越具体。最右边是一级域或顶级域，代表国家或地区，例如我国为 cn，英国为 uk。

（1）域名地址的构成。

如中国科技大学网站和域名构成，如图 3－23 所示。

http://www. ustc. edu. cn/

ustc	edu	cn
中国科技大学	教育机构	中国
子域名	子域名	顶级域名

图 3－23　中国科技大学网站和域名构成

（2）域名的级别。

TCP/IP 协议采用分层次结构方法命名域名。域名由若干个分量组成，各分量之间用“.”隔开，可以划分为“三级域名、二级域名、顶级域名”等。域名只是逻辑概念，并不反映主机所在的物理地点。域名空间的结构如图 3－24 所示。

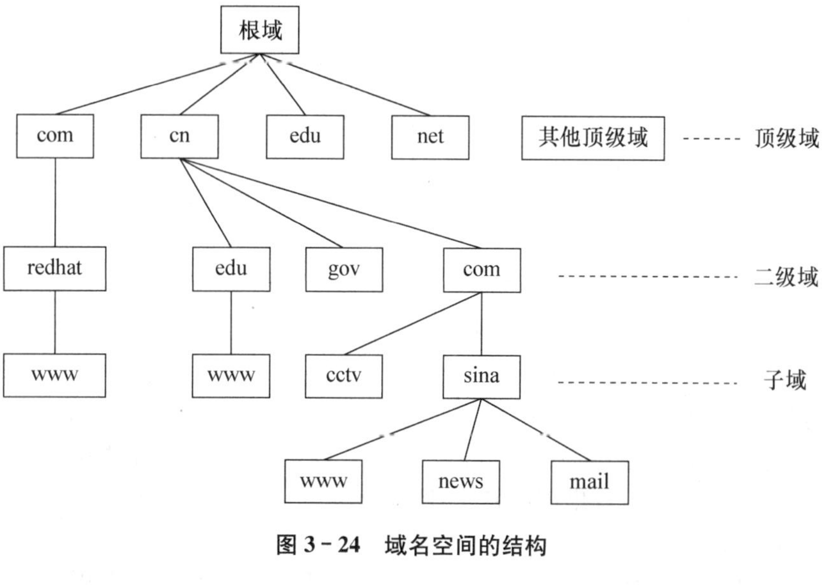

图 3－24　域名空间的结构

（3）域名命名的规则。

1）域名命名是按层次型结构划分的，图 3－23 中最右边的“cn”为顶级域名，剩下的为子域名，且上层包含下层。

2）用“.”将各级域名分隔开。

3）域名从左到右书写，从右到左解释。

4）域名一律使用小写字母，一般不用大写字母。

（4）顶级域名的规则。

所有的顶级域名都由互联网的网络信息中心（Internet Network Information Center，InterNIC）控制，分为两类。

1）组织上的顶级域名。如 com 代表商业机构，mil 代表军事机构等，具体的机构域名如表 3－2 所示。

表 3－2　　机构域名一览表

域名	表示的组织或机构的类型	域名	表示的组织或机构的类型
com	商业机构	firm	商业或公司
edu	教育机构或设施	store	商场
gov	非军事性的政府机构	web	和 WWW 有关的实体
int	国际性机构	arts	文化娱乐
mil	军事机构或设施	arc	消遣性娱乐
net	网络组织或机构	info	信息服务
org	非营利性组织机构	nom	个人

2）地理上的顶级域名。如 cn 代表中国，uk 代表英国，ca 代表加拿大等，如表 3－3 所示。

表 3－3　　常用的国家/地区顶级地理域名

国家或地区	代码	国家或地区	代码
中国内地	cn	德国	ge
中国香港	hk	意大利	it
日本	jp	英国	uk
韩国	kr	加拿大	ca
印度	in	澳大利亚	au
新加坡	sg	法国	fr

4. 域名解析

人们习惯记忆域名，但计算机之间只认识 IP 地址，域名与 IP 地址之间的转换工作称为域名解析，域名解析需要由专门的域名服务器（domain name server，DNS）来完成。域名解析服务器上装有将域名解释为 IP 地址需要的软件和数据，整个过程自动进行。每一个网段上都有域名解析服务器，它负责本网段用户需要的域名转换工作。当 DNS 不能解释时，可向上一级域名解析服务器查询。所以，DNS 是一个分布式数据库系统，可根据部门逐级查询，最后即可查出该域名的 IP 地址。

5. 统一资源定位符

统一资源定位符（uniform resource locators，URL）表明了互联网上资源的位置。

URL 的协议有 HTTP、FTP、Telnet、Mailto 等。URL 格式中“[]”中间的内容可以省略，其中“路径/文件名”省略则默认为主页的位置。

URL 的主要功能是定位信息。URL 是唯一在互联网上标识计算机的位置、目录与文件的命名协议。URL 的举例如表 3-4 所示。

表 3-4　URL 的举例

协议名称	用途	例子
http	超文本	http://www.pku.edu.cn
ftp	FTP	ftp://ftp.etc.pku.edu.cn
news	新闻组	new://news.pku.edu.cn
telnet	远程登录	telnet://www.ustc.edu.cn

6. 域名申请

域名申请就是为互联网上的网站申请一个在网络上使用的名字。域名是现代企业网络策划中重要的组成部分，和企业的名称一样重要，不容忽视。

域名申请流程如下：

(1) 域名查询。首先进行域名查询，看是否有人已经注册过了。如果要检索国际顶级域名，可以在国际互联网络信息中心（http://www.internic.net）查询；如果是检索国内顶级域名，可以在中国互联网络信息中心（CNNIC）（http://www.cnnic.net）（如图 3-25 所示）查询。

图 3-25　中国互联网络信息中心网站

(2) 申请方式。如果是以 web 方式，可以直接在 CNNIC 的网站上注册申请；如果是以 E-mail 方式，把下载的域名申请表格填写完毕后，通过电子邮件寄往 hostmaster@cnnic.net.cn。

(3) CNNIC 系统的语法检查。在提交完注册表后，CNNIC 系统会自动进行语法检查。如果通过，会发送一封电子邮件通知申请者。

(4) CNNIC 系统检查注册情况。如果没有其他单位注册或预注册申请的域名，申请者会收到预注册成功的电子邮件。如果已经有单位注册或预注册申请的域名，申请者会收到预注册失败的电子邮件，需要重新进行注册。

(5) 递交申请材料。在线注册完毕，必须按照 CNNIC 的要求递交申请材料，包括域名注册表、公司介绍信、公司营业执照复印件、申请者身份证复印件等。

（6）注册材料的审核。递交申请表之后，CNNIC 会对申请者的材料进行审核。如果通过审核，会发送给申请者域名已可以使用的邮件。

（7）缴费。在收到已通过审核的电子邮件后，应当在 20 日内通过邮政汇款、银行电汇或直接上门缴纳域名注册费用，如果没有及时缴纳费用，申请者会收到 CNNIC 的暂停通知。CNNIC 在收到注册费用后，就会为申请者开通域名。

（8）CNNIC 将发出域名注册证和发票。至此，域名注册全部完成。

7. 选择域名的方法

（1）简短、切题、易记。选择一个切题、易记的域名是网站成功的重要因素，域名就是网络商标，是用户访问网站的第一通道。一个简短、易记、反映站点性质的响亮域名往往会给用户留下深刻的印象；域名不宜太长，否则难记忆。

（2）与企业密切相关。一个好的域名应该与企业的性质、名称、商标及企业的宣传语一致，这样的域名易记、易找，也能成为网络中的活广告，无形中提升了企业的形象，保护了企业的利益。如果一个企业的域名选得不规范，就不便于记忆、查找，这会在一定程度上给企业造成损失。

8. 域名注册机构

目前，无论是国际域名注册还是国内域名注册，都得通过域名注册代理商进行。国内比较著名的代理商是：中国频道（http://www.chinachannel.com）和中国万网（http://www.net.cn）。

任务二　初步探索旅游电子商务的数据库技术

第一步：探索数据库的基本概念

通过以上环节的学习，欧阳逍遥对互联网的基本概念和计算机网络常识性的知识有了一定的了解。旅游电子商务除了这些基本的内容外，还有一个重要的技术基础，这就是数据库。电子商务离不开数据库的支持，有了数据库的支持，旅游电子商务网站才能提供更好的服务，才能储存和管理大量的旅游信息资源，那么什么是数据库？它有哪些特点？下面让我们和欧阳逍遥一起去探索神秘的数据库世界。

1. 数据库的概念

（1）数据。

数据（data）是科学实验、检验、统计等所获得的和用于科学研究、技术设计、查证、决策等的数值。它是关于自然、社会现象和科学试验的定量或定性的记录。数据可以有不同的形式，包括数字、文字、图形、图像、视频、声音等。可以说，凡是能被计算机处理的对象都可以称为数据。

（2）数据库。

数据库（data base）是按照数据结构来组织、存储和管理数据的仓库，它产生于 20 世纪 50 年代。随着信息技术和市场的发展，特别是 20 世纪 90 年代以后，数据的管理不再仅仅是存储和管理数据，而转变成用户所需要的各种数据管理的方式。数据库有很多类型，从最简单的存储有各种数据的表格到能够进行海量数据存储的大型数据库系统都在各个方面得到了广泛的应用。

在日常工作中，人们常常需要把某些相关的数据放进同一数据库，并根据管理的需要进行相应的处理。例如，人力资源部门常常要把本单位职工的基本情况（职工号、姓名、年龄、性别、籍贯、工资、简历等）存放在一张表中，这张表就可以看成是一个数据库。有了这个数据库，就可以根据需要随时查询某职工的基本情况，也可以查询工资在某个范围的职工人数等。

（3）数据库管理系统。

数据库管理系统（data base management system，DBMS）是一种操纵和管理数据库的大型软件，用于建立、使用和维护数据库。它对数据库进行统一的管理和控制，以保证数据库的安全性和完整性。用户通过DBMS访问数据库中的数据，数据库管理员通过DBMS进行数据库的维护工作。DBMS提供多种功能，支持多个应用程序和用户用不同的方法在同一时刻或不同时刻去建立、修改和查询数据库。

常见的数据库管理系统有Oracle、Sybase、Informix、Microsoft SQL Server、Microsoft Access、Visual FoxPro等，每种产品都有自己的独特功能，在数据库市场上各自占有一席之地。

（4）数据管理技术。

数据管理技术是对数据进行分类、组织、编码、输入、存储、检索、维护和输出的技术。数据管理技术的发展大致经过了以下三个阶段：人工阶段、文件系统阶段和数据库系统阶段。可以说，数据库技术是电子商务的一项重要支撑技术，在电子商务的建设中占有重要的地位。

2. 数据库系统

数据库系统（data base system，DBS）是在计算机系统中引进数据库技术后形成的。数据库系统由数据库、数据库管理系统、应用开发工具（如Delphi、Visual Basic、Visual C++等）、应用系统（用户或专业软件开发人员编写的应用程序）、数据库管理员和用户构成。数据库关注的是数据，数据库管理系统强调的是系统软件，是整个数据库系统的核心，而数据库系统侧重的是整个数据库的运行。

举个简单的例子来说明：每个人都有很多亲戚和朋友，为了保持与他们的联系，我们常常用一个笔记本将他们的姓名、地址、电话等信息都记录下来作为一个通信录，这样要查询某人的电话或地址就很方便。这个“通信录”就是一个最简单的“数据库”，每个人的姓名、地址、电话等信息就是这个数据库中的“数据”。我们可以在这个“数据库”中添加新朋友的“数据”，也可以由于某人的电话变动而修改“数据”。总而言之，我们使用通信录这个数据库是为了能随时查到某位亲戚或朋友的地址、电话等“数据”。当我们的亲戚和朋友不多时，可以很快地从通信录中找到所需的数据，但是当通信录中的数据很多时，也许就要花费不少时间去查找。而将这个通信录数字化，也就是说将它的内容录入到计算机中，那么，即便我们有数以万计的亲戚和朋友，也可以在很短的时间找到他们。这就是数据库的作用。

为了将数据存储在数据库中，通常将描述事物特征的若干个数据组成一个数据记录(record)。例如，通信录中的联系人，可以写成如下形式：

```
联系人(姓名,地址,电话,邮箱)
```

这种形式称为记录型，也就是数据的逻辑结构，它是对“联系人”的抽象描述。其中，“联系人”也称为记录名，通常在关系数据库中也作为基本表的表名。姓名、地址、电话、邮箱等称为字段（field），在关系数据库中也就是各个基本表的表项，对于每个字段可以赋予特定的值，例如：

（李四，万基社区，0571－8888888，ls@163.com）

这就成为一条记录。在关系数据库中，若干条记录便构成一张表。

数据库最直接的优点就是实现了数据独立性。所谓数据独立性，是指数据与用户应用程序之间的独立性，也就是实现了数据与应用程序的分离。对于大多数应用程序而言，必须有后台数据的支持才能运作。然而，这些后台数据是以什么方式存放在物理磁盘上，应用程序并不用关心，甚至当数据库的逻辑结构发生变化时，应用程序也不用更改。

3. 数据模型

数据模型（data model）是数据特征的抽象，是对客观事物及其联系的抽象描述。在数据库系统中针对不同的使用对象和不同的应用目的，可采用不同层次的数据模型。数据模型大致分为两个不同层次。

（1）概念模型。

概念模型也称信息模型，按用户的观点对数据和信息进行建模，是现实世界到信息世界的第一层抽象。

（2）基本数据模型。

基本数据模型按计算机系统的观点对数据和信息进行建模，是概念模型的数据化。

4. 关系数据库

关系数据库是目前应用最广泛，也是最重要、最流行的数据库。数据库模型依赖于数据的存储模式，即数据存储的模式不同，数据库的性质也不相同。以关系模型作为数据的组织存储方式的数据库称为关系数据库。关系数据库采用数学的方法来处理数据库中的数据，是建立在严密的数学基础之上的一种数据组织存储方式。

（1）关系模型。

关系模型的数据关系定义比较复杂，可以把关系模型的数据结构理解为一张二维表格，如表 3－5 所示。

表 3－5　关系模型举例

学号	姓名	电子商务概论	旅游学	总分
09151101	欧阳逍遥	87	91	178
09151102	王师法	93	95	188
09151103	李晋皖	79	88	167
……	……	……	……	……

表格中的每一行代表一个实体，称为记录；每一列代表实体的一个属性，称为数据项。记录的集合称为关系。关系具有如下性质：

1）数据项不可再分（即不可表中套表）。

2）关系中的列是同性质的，称为属性。属性之间不能重名。

3）关系中不能出现相同的记录，记录的顺序不是唯一的。

4）每个关系都有一个主键，它能唯一地标识关系中的一个记录。

5）关系中列的顺序不重要。

（2）关系模型的组成。

关系数据库是以关系模型为基础的数据库，它利用关系来描述现实世界。关系模型由三部分组成：数据结构、关系操作和关系完整性。

1）数据结构。在关系模型中，无论是记录还是记录之间的联系均由单一的结构类型即关系来表示。

2）关系操作。对关系实施的各种操作，包括选择、投影、连接、并、交、差、增、删、改等，可以用代数运算的方式表示，其特点是集合操作。

3）关系完整性。关系完整性包括实体完整性、参照完整性和用户自己定义完整性。实体完整性是保证数据库中记录的唯一性，即每个记录的主键不能为空值，也不能与其他记录的主键相同。参照完整性是保证表与表之间语义上的完整性，即当一个表引用在另一个表中定义的实体，要保证这个实体的有效性。这两种完整性是关系模型必须满足的约束条件，应该由关系系统自动支持。而用户自定义完整性反映了用户的要求，是用户自行定义的。

5. 关系数据库标准语言

关系数据库标准语言是一种非过程语言，非过程语言是有别于过程语言的，对用户而言只要说明“做什么”，即指出需要何类数据，至于“如何做”才能获得这些数据的过程，则不必要求用户说明，而由系统来实现。由于关系数据模型的抽象级别比较高，数据模型本身也比较简单，这就为设计非过程关系数据库语言提供了良好的基础。

目前，关系数据库配备的非过程语言中，最成功、应用最广的首推结构化查询语言（structured query language，SQL），它是一种基于关系代数和关系演算之间的语言，于1974年由柏叶（Boyee）和钱柏林（Chamberlin）提出，并在数据库系统System R上得以实现。由于使用方便、功能齐全、简洁易学，已经成为数据库操作系统的基础，现在几乎所有的数据库都支持SQL。到了20世纪80年代中期，国际标准化组织将SQL定为国际标准，1992年公布了SQL2，随后又在SQL2的基础上引入很多新的特征，产生了SQL3。

SQL有以下几个比较突出的优点：

（1）一体化。SQL可以完成数据库定义、修改、删除，数据更新，数据查询等数据库生命周期中的全部活动，给用户的使用带来很多方便。

（2）灵活。SQL有两种使用方式：一种是联机交互使用，另一种是嵌入某种高级程序设计语言的程序中，这两种方式的语法结构是统一的。这样既给用户带来了灵活的选择余地，又不会带来不一致的困扰。

（3）高度非过程化。与高级编程语言相比，SQL在数据库的操作方面是非常有优势的。使用SQL，用户只需要提出做什么，不用了解实现的细节，复杂的过程均由系统自动完成。

（4）语言简洁，易学易用。

6. 数据仓库

近年来，随着数据库技术的应用和发展，人们尝试对数据库中的数据进行再加工，形成一个综合的、面向分析的环境，以更好地支持决策分析，数据仓库技术（data warehousing，DW）应运而生。作为决策支持系统（decision-making support system，DSS），数据仓库系统包括数据仓库技术、联机分析处理技术（on-line analytical processing，OLAP）、数据挖掘技术（data mining，DM），下面重点阐述数据仓库技术和数据挖掘技术。

（1）数据仓库技术。

数据仓库是一种只读的、用于分析的数据库，常常作为决策支持系统的底层，它从大量的事务型数据库中抽取数据，并将其清理、转换为新的存储格式，即为了决策目标而把数据聚集在一种特殊的格式中。

著名的数据库专家尹蒙（W. H. Inmon）对数据仓库的定义是：数据仓库是支持管理决策过程的、面向主题的、集成的、随时间变化的，但信息本身相对稳定的数据集合。

1）“主题”是指用户使用数据仓库辅助决策时所关心的重点问题。每一个主题对应一个客观分析领域，如销售、成本、利润的情况等。“面向主题”就是指数据仓库中的信息是按主题组织的，按主题来提供信息。

2）“集成”是指数据仓库中的数据不是业务处理系统数据的简单拼凑与汇总，而是经过系统加工整理的相互一致的、具有代表性的数据。

3）“随时间变化”是指数据仓库中存储的是一个时间段的数据，而不仅仅是某一个时刻的数据，所以主要用于进行时间趋势分析。一般数据仓库内的数据时限为5～10年，数据量也比较大，一般为10GB左右。“信息本身相对稳定”是指数据一旦进入数据仓库，一般情况下将被长期保留，变动很少。

数据仓库技术包括很多方面，关键技术有以下几项：

1）数据抽取技术。数据的抽取是数据进入仓库的入口。由于数据仓库是一个独立的数据环境，它需要通过抽取过程将数据从联机事务处理系统、外部数据源、脱机的数据存储介质中导入到数据仓库。数据抽取在技术上主要涉及互连、复制、增量、转换、调度和监控等几个方面。数据仓库的数据并不要求与联机事务处理系统保持实时的同步，因此数据抽取可以定时进行，但多个抽取操作执行的时间、相互的顺序、成败对数据仓库中信息的有效性至关重要。

2）数据存储和管理技术。数据仓库需要对大量数据进行存储和管理，所涉及的数据量比传统事务处理大得多，并且随着时间的推移而累积。从现有技术和产品来看，只有关系数据库能够担当此任。关系数据库经过几十年的发展，在数据存储和管理方面已经非常成熟，非其他数据管理系统可比。目前不少关系数据库系统已支持数据分割技术，能够将一个大的数据库表分散在多个物理存储设备中，进一步增强了系统管理大数据量的扩展能力。

小贴士

计算机常用的存储单位：

位——bit（比特）：存放一位二进制数，即0或1，是最小的存储单位。

字节——byte：8个二进制位为一个字节，是最常用的单位。

计算机存储容量一般用KB、MB、GB、TB、PB来表示，它们之间的关系如下：

1KB=1 024B；
1MB=1 024KB；
1GB=1 024MB；
1TB=1 024GB；
1PB=1 024TB。
其中 $1\,024=2^{10}$。

3）对决策支持查询的优化技术。这个问题主要针对关系数据库而言，在技术上，针对决策支持的优化涉及数据库系统的索引机制、查询优化器、连接策略、数据排序和采样等诸多部分。普通关系数据库采用的索引，对于性别、年龄、地区等具有大量重复值的字段几乎没有效果。而扩充的关系数据库则引入了位图索引的机制，以二进制数表示字段的状态，将查询过程变为筛选过程，单个计算机的基本操作便可筛选多条记录。由于数据仓库中各数据表的数据量往往极不均匀，普通查询优化器所得出的最佳查询路径可能不是最优的。因此，面向决策支持的关系数据库在查询优化器上也做了改进，同时根据索引的使用特性增加了多重索引扫描的能力。

4）数据仓库设计的技术咨询。在数据仓库的实施过程中，有一些更为基本的问题需要解答。它们包括：数据仓库提供给哪些部门使用？不同的部门怎样发挥数据仓库的决策效益？数据仓库需要存放哪些数据？这些数据以什么样的结构存放？数据从哪里装载？装载的频率为多少合适？需要购置哪些数据管理的产品和工具来建立数据仓库？这些问题依赖于特定的数据仓库系统，属于技术咨询的范畴。

事实上，数据仓库绝不是简单的产品堆砌，它是综合性的解决方案和系统工程。在数据仓库的实施过程中，技术咨询服务至关重要，是一个不可缺少的部分，它甚至比购买产品更为重要。目前，数据仓库的技术咨询主要来自数据仓库软件产品的供应商和独立的针对数据仓库技术的咨询公司。

（2）数据挖掘技术。

20 世纪 90 年代以来，随着信息技术和数据库技术的迅猛发展，人们可以非常方便地获取和存储大量的数据。面对海量的数据，传统的数据分析工具（如管理信息系统）只能进行一些表层的处理（如查询、统计等），而不能获得数据之间的内在关系和隐含的信息。为了摆脱“数据丰富、知识贫乏”的困境，人们迫切需要一种能够智能地、自动地把数据转换成有用信息和知识的技术和工具，这种对强有力数据分析工具的迫切需求使得数据挖掘技术应运而生。人们认识到数据库中存储的数据量急剧增大，在大量的数据背后隐藏着许多重要的信息。从海量数据库中挖掘信息的技术，就称为数据挖掘。数据挖掘就是从大量的、不完全的、有噪声的、模糊的、随机的数据中提取隐含在其中的，人们事先不知道的，但又是潜在有用的信息和知识的过程。

从数据库角度看，数据挖掘就是从数据库的数据中识别出有效的、新颖的、具有潜在效用的并最终可理解的信息（如规则、约束等）的非平凡过程。非平凡是一个数学概念，用来描述其复杂程序，即数据挖掘既不是把数据全部抽取，也不是一点儿也不抽取，而是抽取隐含的、未知的、可能有用的信息。

从决策支持的角度看，数据挖掘是一种决策支持的过程，主要基于人工智能、统计学和数据库技术等，能高度自动地分析企业原始的数据，并进行归纳推理，从中挖掘出潜在的模式，使系统能通过这些知识来预测客户的行为，帮助企业的决策者调整市场策略，从而减少风险，辅助做出正确的决策。它是提高商业和科学决策过程质量和效率的一种新方法。

关于数据挖掘，我们来分享一个故事：

沃尔玛超市在美国的一家分店发生过一件这样的趣事，在一个夏季，管理者发现在那段时间里婴儿尿布和啤酒的销量次第拔高，这如果在一般的商店也许就会被忽略过去，但沃尔玛超市的管理者没有轻易放过这个现象。他们立即对这个现象进行了分析和讨论，并且派出了专门的队伍在卖场内进行全天候的守候观察，最后，通过对收集到大量的数据进行分析，这个现象的谜底终于水落石出：原来，购买这两个产品的顾客一般都是年龄在25～35周岁的青年男子，由于孩子尚在哺乳期，所以下班后他们经常都会遵太太的命令到超市里为孩子购买婴儿纸尿裤，每当这个时候，他们大都会为自己顺带买回几瓶啤酒。沃尔玛的管理者立即针对此现象采取了行动：

第一，将卖场内原来相隔很远的妇婴用品区与酒类饮料区的空间距离拉近，减少顾客的行走时间。

第二，根据本地区新婚新育家庭的消费能力的调查结果，对这两个产品的价格进行了再一次的调整，使价格更具有吸引力。

第三，向一些购物达到一定金额的顾客赠送婴儿奶嘴及其他小礼品。

这就是最经典的沃尔玛啤酒和尿布案例。

数据挖掘技术是一个新兴且充满希望的研究领域，在电子商务中，数据挖掘可以实现以下几种功能：

1）客户细分。随着“以客户为中心”的经营理念不断深入人心，分析客户、了解客户并引导客户的需求已成为企业经营的重要课题。通过对旅游电子商务系统收集的交易数据进行分析，可以按各种客户指标（如自然属性、收入、交易额、价值度等）对客户分类，然后确定不同类型客户的行为模式，以便采取相应的营销措施，促进旅游企业利润的最大化。

2）客户获得。利用数据挖掘可以有效地获得客户。比如通过数据挖掘可以发现购买某种商品的消费者是男性还是女性，学历、收入如何，有什么爱好，从事什么职业等。甚至可以发现不同的人在购买该种商品的相关商品后多长时间有可能再购买该种商品，以及什么样的人会购买什么型号的该种商品等。也许很多因素表面上看起来和购买该种商品不存在任何联系，但数据挖掘的结果却证明它们之间有联系。在采用了数据挖掘后，针对旅游目标客户发送的广告的有效性和回应率将得到大幅度的提高，旅游推销的成本将大大降低。

3）客户保持。客户保持是指企业通过努力来巩固及进一步发展与客户长期、稳定关系的动态过程和策略。数据挖掘可以把电子商务客户分成不同的类，在每个类里的客户拥有相似的属性，而不同类里的客户的属性不同。这样就可以给不同类的客户提供完全不同的服务，从而提高客户的满意度。数据挖掘还可以发现具有哪些特征的客户有可能流失，这样挽留客户的措施将更有针对性，费用将下降。

4）交叉销售。交叉销售是一种发现顾客多种需求并满足其多种需求的营销方式，从横向角度开发产品市场，是营销人员在完成本职工作以后，主动积极地向现有客户、市场等销售其他的、额外的产品或服务。交叉销售可以使企业比较容易地得到关于客户的丰富信息，而这些大量的信息对于数据挖掘的准确性来说是有很大帮助的。企业所掌握的客户信息，尤其是以前购买行为的信息中，可能正包含着这个客户决定下一次购买行为的关键，甚至是决定因素。这个时候数据挖掘的作用就会体现出来，它可以帮助企业寻找到这些因素。

5）个性服务。当客户在电子商务网站注册后，客户将会看到带有客户姓名的欢迎词。根据客户的订单记录，系统可以向客户显示那些可能引起客户特殊兴趣的新商品。普通的产品目录手册常常简单地按类型对商品进行分组，以简化客户挑选商品的步骤。然而对于在线商店，商品分组可能是完全不同的，它常常以针对客户的商品补充条目为基础，不仅考虑客户看到的条目，而且还考虑客户购物篮中的商品。

第二步：探索电子商务与数据库技术

数据库技术对于电子商务的支持可以概括为以下两部分：

第一，进行数据的收集、存储和组织。进行数据的收集、存储和组织是传统数据库系统的主要功能。对于参与电子商务的企业而言，数据的来源不仅仅是企业内部管理信息系统，还包括大量的外部数据。数据是企业的重要资源，是决策的依据，是进行各类生产经营活动的基础及结果。

第二，提供决策支持。决策是企业经营成败的关键，而数据库存储的数据就是决策的依据。对于参与电子商务的企业而言，数据库的信息更灵通、过程更规范，从而为决策支持打下了良好的基础。

由于电子商务是利用网络来从事商务活动，网络将时空距离对商务的影响降到了最低，所以参与电子商务的企业所面对的市场是一个全球化的市场。这一点对企业而言，既是机遇又是挑战。一方面，由于电子商务的介入，企业可以得到更多的经济信息，有利于企业的经营；另一方面，由于电子商务交易的全球化，某地区或厂商的价格变动可能会影响到其他地区，甚至会波及全球市场，从而使得电子商务市场变化频繁。这些都加大了企业预测市场动向和规划经营管理策略的难度。在这样的环境中，电子商务就变得更加重要了。企业应该充分利用电子商务的海量数据进行分析，并依据分析结果做出正确的决策，随时调整经营策略，以适应市场的需求。

如果电子商务系统缺少好的决策支持功能，一方面是电子商务海量数据资源的一种浪费，另一方面是参与电子商务企业的一大损失。

1. 数据库与网络技术相结合

随着互联网的不断扩展，当前许多企业纷纷在 Web 上建设自己的网站。企业通过主页介绍自己的情况，提供琳琅满目的产品和优惠的价格并配有详细的专家评论，同时还可以收集顾客的需求信息，提供健全的产品信息。

随着科学技术的发展，Web 技术和数据库技术结合在一起，产生了 Web 数据库。

目前，Web 上的数据主要以 HTML 方式提供，优点是表现能力强、链接跳转灵活、与平台无关，但它又存在数据量大、类型多、缺乏组织和管理等缺点，而且 HTML 文件动态更新特性差，用户很难得到最新的信息反馈。

Web 与数据库相结合，可以集 Web 和数据库的诸多优点于一身。前端有界面友好的 Web 浏览器，后台则有成熟的数据库技术，这样无疑会带给企业一个良好的应用环境。

电子商务应用的前提是企业管理信息系统的广泛应用，而数据库技术是企业管理信息系统的核心技术之一，所以电子商务作为新型的企业经营管理模式，当然也离不开数据库技术的支持。如今，数据库技术正在为推进电子商务应用发挥巨大的作用，将来随着数据库技术的飞速发展，它一定会为优化企业管理模式做出更大的贡献。

2. 常用的数据库开发平台

（1）认识数据库开发平台。

使用数据库开发平台的目的就是建立数据库，将数据库的设计方案付诸实施。

1）数据库服务器。

SQL Server、Oracle、Sybase 等都是大型的数据库开发平台，重点在于后端数据库的管理，它们的数据库都是隐身于后端的“服务器”。主要功能有：强大的数据库引擎，高度的数据安全、备份及还原，不同数据库之间的数据转换等。

2）桌面型数据库软件。

目前，最流行的桌面型数据库软件有 Microsoft Access 和 Visual FoxPro 等，它们都是小型的数据库开发平台，其特点是易学易用，适合建立小型数据库。主要功能有：强大的窗体及报表制作能力、强化数据库的工具和易学易用的操作界面等。

3）多媒体数据库。

多媒体数据库是指能够存储和管理相互关联的多媒体数据的集合。这些数据集合语义丰富、信息量特别大、管理过程复杂，因而要求多媒体数据库能够支持多种数据模型，能够存储多种类型的多媒体数据，并针对多媒体数据的特点采用数据压缩与解压缩等特殊存储技术，同时，要提供对多媒体数据进行处理的功能，包括查询、播放、编辑等，可以将物理存储的信息以多媒体方式向用户表现。

（2）常见的数据库产品。

关系模型自 20 世纪 70 年代被提出后，由于其突出的优点，迅速被商用数据库系统所采用。据统计，20 世纪 70 年代以来新发展的 DBMS 系统中，主要采用的是关系数据模型，其中涌现出了许多性能优良的商品化关系数据库管理系统。

1）DB2。DB2 是 IBM 公司的产品，起源于 System R 和 System R*。支持从 PC 到 UNIX、从中小型机到大型机、从 IBM 到非 IBM（HP 及 SUN 的 UNIX 系统等）各种操作平台。既可以在主机上以主/从方式独立运行，也可以在客户机/服务器环境中运行。其中，服务器平台可以是 OS/400、AIX、OS/2、SUN-Solaris 等操作系统；客户机平台可以是 OS/2 或 Windows、DOS、AIX、SUN Solaris 等操作系统。

2）Oracle。Oracle 公司（甲骨文公司）成立于 1977 年，是全球最大的数据库软件公司，总部位于美国加州的红木滩。Oracle 公司在数据库领域一直处于领先地位。1984 年，首先将关系数据库转到了桌面计算机上。其后在 Oracle 的版本 5 中，率先推出了分布式数据库、客户机/服务器结构等崭新的概念。比较流行的 Oracle 的 11g 版本支持对象技术，成为关系对象数据库系统。目前，Oracle 产品覆盖了大、中、小型机等几十种机型，Oracle 数据库成为世界上使用最广泛的关系数据系统之一。

3）Sybase。Sybase 公司是 1984 年成立的，它推出了支持企业范围的“客户机/服务器体系结构”的数据库。Sybase 把“客户机/服务器体系结构”作为开发产品的重要目标。他们吸取了 INGRES 的研发经验，以满足联机事务处理应用的要求，于 1987 年推出了 Sybase SQL Server。

Sybase 系统目前支持企业内部各种数据库应用需求，如数据仓库、联机事务处理、决策支持系统和小平台应用等。

Sybase 是一个面向联机事务处理，具有高性能、高可靠性的功能强大的关系型数据库管理系统（RDBMS）。Sybase 数据库的多库、多设备、多用户、多线索等特点极大地丰富和增强了数据库功能。因为 Sybase 数据库系统是一个复杂的、多功能的系统，所以对 Sybase 数据库系统的管理就变得十分重要，管理的好坏与数据库系统的性能息息相关。

4）SQL Server。SQL Server 是一个关系数据库管理系统。它最初是由 Microsoft、Sybase 和 Ashton-Tate 三家公司共同开发的，于 1988 年推出了第一个 OS/2 版本。它不断地推出了许多新的特性和关键的改进，使得它成为强大和最全面的数据库管理软件。SQL Server 数据平台可以满足目前数据急剧增长和下一代数据驱动应用程序的通常意义上的需求。

项目评估

经过网络和数据库技术的探索，欧阳逍遥对旅游电子商务的基本技术有了一些概念，对计算机网络、互联网提供的服务、域名、URL、数据库、数据管理系统等有了比较清晰的认识。这为欧阳逍遥做好旅游电子商务打下了良好的技术基础。当然学无止境，老师告诫欧阳逍遥，他所学到的这些知识，还都是一些概念上的内容，必须认真实践，将理论和实践有机结合起来，才能真正有所长进，而且当今计算机和网络的技术变化无穷，要想紧跟这种变化，就要不断地在互联网浩瀚的知识海洋中不断地进取和学习。有道是：路漫漫其修远兮，吾将上下而求索。

思　考

1. 你理解的计算机网络是什么？
2. 旅游电子商务依托的计算机网络是什么概念？
3. 数据库仅仅就是存储数据的仓库吗？

拓展阅读

一、旅游地电子商务网络系统空间结构演化模式

当前，电子商务与旅游两大产业密切结合推动了旅游地向信息化方向快速发展。对旅游地电子商务网络系统空间结构的研究不仅有助于当地旅游部门从空间角度认识旅游电子商务，也有利于该结构的进一步深化和完善。

1. 旅游地电子商务网络系统空间结构的关键要素分析

（1）旅游网络节点。旅游网络节点是指分布在旅游地内外的各种旅游网站。根据业务类型不同，网站节点可分为：一是旅游企业基于自身传统业务发展需求出发而自建的网站，主要开展网络营销和提供实际的旅游服务；二是旅游网络中间商网站，主要提供代理预订、团购旅游产品、站点导航等网络服务；三是旅游公共服务部门建立的网站，它为游客、旅游企业提供政策、法律、第三方认证服务等公共信息服务，对客源地开展统一的旅游地网络形象宣传，接受旅游网络投诉等行业管理事务。

（2）旅游网络客源市场。旅游网络客源市场是指通过互联网进入旅游地电子商务网络

系统的游客或潜在游客长期居住的区域。由于网络游客来自不同的旅游客源地，它们在网络虚拟空间中呈现出一定的空间结构。该结构特征受到地理距离、网络消费行为、经济收入、网络技术先进程度等多种因素影响，具有一定的非均衡的距离衰减性、本地集中性和经济集中性等特征。

（3）网游路径。网游路径是指网络游客在旅游地区内外各类旅游网站或相关网站之间的流动轨迹。从旅游地电子商务网络环境的范围划分，网游路径可分为区内路径和区外路径。其中，区内路径是网络游客在旅游地内部各类旅游网站之间的流动轨迹；区外路径是网络游客通过在区外各类网站与区内网站的链接进入区内电子商务环境之前所经过的流动轨迹，网游路径可用流向和流量两大特征来描述。

（4）旅游地网络入口通道。网络入口通道是网络游客进入旅游地电子商务网络系统的大门，它预示着游客在区域内网络系统搜寻旅游信息的开始，它甚至可以给出区域内旅游资源和旅游机构组织的全景俯览，也可以帮助游客在网络系统中定位。

（5）旅游网络联盟。所谓旅游网络联盟，是指各类旅游网站利用互联网，实现企业间旅游信息共享和业务流程整合，实施统一的网络营销策略，以实现网络商务协同的组织。

2. 旅游地电子商务网络系统的空间结构演化模式

旅游业和电子商务产业环境的发展以及信息技术的变革致使旅游地的电子商务网络系统的发展经历萌芽期、起步期、发展期、成熟期和再优化这五个阶段的，反映的是一地旅游电子商务网络系统逐渐发达、成熟的过程。各网络要素在不同发展阶段也呈现出形态各异的结构组合，它们是建立该系统空间结构演化模式的基础和依据。我们把这一系统的空间结构演化模式分为空白、点状、放射、凝聚、扩展五种结构类型。

（1）空白模式。很多旅游地电子商务活动起点是选择借助区域外知名度高的旅游网站进行“无站点”网络营销，而非直接建设区内网站。对于旅游业欠发达的地区，因为只有极少数旅游景点为人所知，游客的数量不成规模，区内旅游实体顾虑较低的经济收益而不愿建立专门的旅游网站，但区外的网站将这些待探究的景点作为宣传对象发布在网上来迎合探险型游客的需求；同时，某些旅游业发达的地区，部分旅游实体鉴于资金、技术、人才等资源限制，也会去选择合适的区外网络媒介代理宣传本地的旅游信息的方式。

（2）点状模式。当网络游客达到一定规模，网络旅游服务突显一定经济效益，本地信息化水平达到一定程度时，旅游地内出现一些旅游实体主办的网站，这些网站可能是专业旅游网站或综合网站中的旅游栏目。网站主要通过一些简单的宣传方式来提高自身知名度，吸引网络游客的注意，但彼此合作意识差，整个网络系统呈现出零散的点状特征。这种模式下，旅游地的网络游客数量仍然较少，且仅访问区内个别知名度较高的网站。

（3）放射模式。区域内旅游网站数量在不断增加，但自身的信息收集能力和网络服务能力仍然有限。出于自身利益需求，它们通过友情链接等简单的合作方式实现彼此联通，相互推广网站，而网络游客也可以通过这种联通访问多个区内网站，了解更多的旅游信息。在各类旅游网站中，一些知名度高的网站成为网络游客访问旅游地网络的首要入口，并由此向其他网站扩散，在空间结构上呈现以单点或多点为中心，向其他旅游网站放射状模型。

（4）凝聚模式。随着客源市场规模继续扩大，散客也大量出现时，游客对旅游网站的服务类型和质量都有了较高要求。此时，旅游网站的管理者也会认识到单个网站不可能满足游客所需的所有网络服务。他们开始放弃依靠自身提供全面服务的想法，转向明细分工、对外合作的发展道路，即在整个旅游业供应链上明确自己的定位，强化自身专长业务，并通过加强合作的方式实现某项业务活动和信息资源向某一类网站的“凝聚”。

（5）扩展模式。如果客源市场发展到足够广阔时，任何一家网站联盟都不能占领整个区域市场，新的网络联盟不断出现，区外网络联盟组织也纷纷进入本地区。可以说，扩展模式是在凝聚模式基础上形成的，但与之不同的是旅游网络联盟与单个网站之间的竞争日益减少，联盟之间的竞争成为市场竞争方式的主流，这种竞争是网络空间结构在凝聚中的扩展。如北京地区就集中了以北京旅游网等多个门户网站为核心的旅游网络联盟，极大促进了北京旅游电子商务行业的发展。

资料来源：杨建朝，朱菁菁，白翠玲．旅游地电子商务网络系统空间结构演化模式研究．江苏商论，2012（6）.

二、国外的旅游专题数据库

国外的旅游专题数据库建设实践较为丰富。1992年，联合国教科文组织发起“世界记忆工程”，在世界范围内推动文化遗产数字化，以便永久保存，从而使人类记忆更加完整。此后，西方许多发达国家开始了本国文化遗产数字化和旅游专题数据库建设的历程，英、美两国在这方面做了大量工作。

1．美国

“美国记忆”由美国国会图书馆于1995年启动，2000年完成，实现了500万件文献的数字化，集中反映了美国建国200年以来的历史遗产和文化，其中包括旅游风光及建筑艺术遗产专题等。此外，斯坦福大学的“数字米开朗琪罗计划”、布朗大学的“SHAPE”项目等都是将一些重要的作品或文化遗产数字化。

（1）旅游助手、休闲旅游数据库。

旅游助手、休闲旅游数据库的主要内容分为休闲娱乐、旅游观光、旅游饭店等主题，以商情、资讯类信息为主。

（2）国家旅游数据库。

国家旅游数据库由密歇根州立大学旅游学院和国家旅游教育机构联合共建，它主要为旅游教育机构及研究人员服务，内容十分庞大，包括旅游教育资源、旅游网址、旅游出版物、旅游资讯、旅游线路、旅游资源、研究报道等近百个专题。

（3）旅游资源数据库。

为了宣传和保护旅游资源，服务地方经济，美国各州几乎都建有旅游资源数据库。如路易斯安那州旅游数据库，包括了旅游会议、旅游资源、旅游研究、旅游文化、旅游产业等内容。佛蒙特州州立大学图书馆的佛蒙特州旅游数据库，以服务本校教学科研为主，主要内容为本州旅游资源、旅游休闲业、会议论文、旅游研究进展等。犹他州旅游资源库，包含犹他州旅游资源及旅游相关企业和组织。此外，还有威斯康星州旅游数据库、加利福尼亚州的农业旅游数据库等。

（4）餐饮、旅游观光数据库。

该数据库有餐饮、旅游观光全文库（HTC）和索引库（HTI）。它是由EBSCO公司整合下列全球知名的旅游、餐饮、观光数据库而成：

1）美国普渡大学制作的Lodging Restaurant & Tourism Index（LRTI），该数据库收

录始于1985年，包括68种期刊，超过11万篇文章；

2）英国牛津布鲁克斯大学和萨里大学联合制作的 Articles in Hospitality & Tourism（AHT），包括300种期刊，收录始至1984年；

3）美国康奈尔大学制作的 Cornell Hospitality Index（CHI），这个数据库从1995年开始收录，包括143种期刊，近12万篇文章。

整合后HTI资料库将涵盖27万种记录，回溯年限至1979年，其中包括130种来自澳洲、加拿大、德国、中国、荷兰、土耳其及英国的观光、旅馆经营的国际性学术专业期刊等出版物，同时也涵盖了相关全文专著及参考书籍等资源。

（5）其他旅游数据库。

匹茨堡卡内基图书馆费城旅游数据库包括住宿、餐饮、交通、旅游资源、城市导向、旅游论文等内容。北美环境合作委员会（NACEC）制作的可持续发展旅游资源数据库可在线检索，主要介绍了北美旅游服务项目、服务设施及自然保护区的情况。亚太旅游交通运输数据库主要包括了美国亚太地区旅游交通运输及修学旅游等内容。

2. 英国

（1）旅游数字图书馆。

英国的旅游数字图书馆，由国家旅游局统一负责建设，提供了欧洲国家及部分非欧洲国家的旅游资源、政府旅游报告、旅游发展战略、可持续旅游及旅游行业的一些统计数据等。

（2）休闲旅游数据库。

英国的休闲旅游数据库也较多，如斯特拉思克莱德大学图书馆的休闲旅游数据库，伦敦大都市休闲旅游数据库等。

通过对国外这些数据库的浏览、分析，可将其特点简单概括如下：

（1）数据库开放性好、共享度高。国外旅游专题数据库大多可免费检索，并且有很大一部分向社会开放。

（2）建设方式以联合共建为主，鲜有重复建设的情况。

（3）数据库注重设计，形式活泼有趣，实用性较强。国外的旅游专题数据库大多图文并茂，并充分考虑了青年用户使用的特性，尤其注重信息资源在形式和内容上的设计，对用户具有较强的吸引力。

（4）信息资源注重维护，更新速度快。国外旅游专题数据库不仅注重首次投入与建设，而且重视资源后期的维护和更新。特别是那些资讯型数据库，每天都有旅游动态、旅游出行预告及旅游线路推荐等最新信息通报。

资料来源：朱梅芳．国内外旅游专题数据库综述．情报探索，2010（6）．

习 题

一、填空题

1. 计算机网络按网络的覆盖范围可分为________、城域网和________。

2. 互联网为网络用户提供了非常丰富的服务。这些服务包括WWW服务、______、________、文件传输、________、布告栏系统、________、________等。

二、名词解释

1. 数据库

2. 计算机网络

3. 域名

4. IP 地址

三、简答题

1. 试述数据库管理系统的组成内容。

2. 试分析旅游电子商务和互联网发展之间的关系。

3. 你认为旅游网站的域名应该如何设计?

4. 使用数据库系统有什么好处?

5. 什么是 WWW?

实训演练

旅游电子商务网络和数据库技术

【实训目的】

1. 掌握 IE 浏览器的默认访问主页、安全级别、连接方式等的设置。

2. 了解 TCP/IP 协议的功能。

3. 掌握局域网中网络的基本配置方法。

【实训步骤】

1. IE 设置

右击桌面上的 IE 浏览器图标，在出现的快捷菜单中选择“属性”，出现如图 3－26 所示的“Internet 属性”对话框。

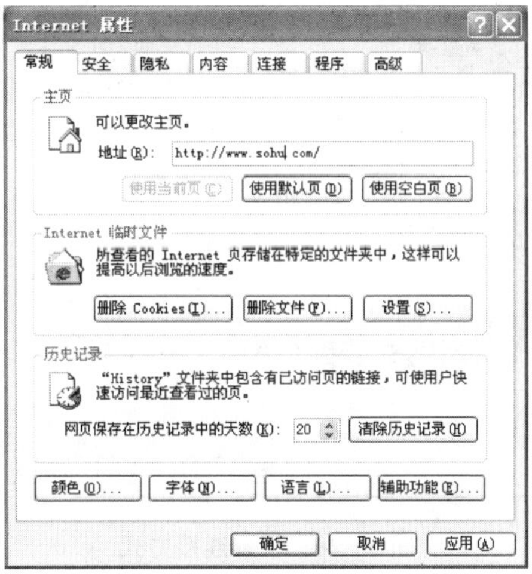

图 3－26　“Internet 属性”对话框

(1) 设置默认访问主页。

“常规”标签中，在“地址”栏输入“http://www.sohu.com”，那么今后打开 IE 浏览器时，就会自动进入设置的网站。

(2) 设置安全级别。

单击“安全”标签，出现如图 3－27 所示的对话框，选择 Internet Web 区域图标，设置不同的安全级别，注意阅读不同的安全性能。

图 3-27 设置安全级别

(3) 设置连接方式。

单击“连接”标签，出现如图 3-28 所示的对话框。

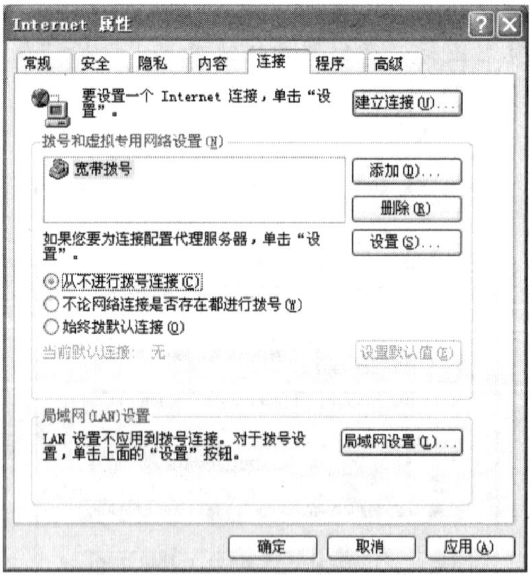

图 3-28 设置连接方式

单击“添加”按钮，可以选择适当的拨号连接方式。

单击“局域网设置”按钮，可以选择“自动检测设置”或根据需要选择“使用代理服务器”。

2. Internet TCP/IP 的配置方法

(1) 鼠标右键单击桌面上的“网上邻居”，选择快捷菜单中的“属性”，打开“网络连接”窗口，鼠标右键单击“本地连接”，选择快捷菜单中的“属性”，打开“本地连接属性”对话框。

(2) 选中列表中的“Internet 协议（TCP/IP）”，单击右边的“属性”按钮，进入“Internet 协议（TCP/IP）属性”对话框（见图 3-29），查看并设置 TCP/IP 地址。

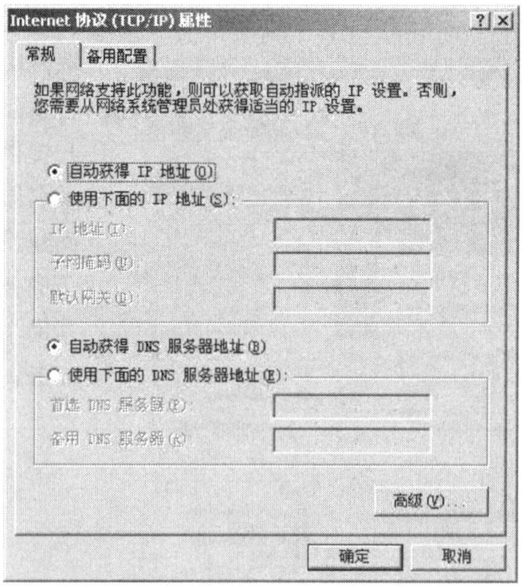

图 3-29　Internet 协议（TCP/IP）属性

【实训报告】

1. 写出实训具体的过程。

2. 阐述实训结果，总结实训体会，并对实训结果进行分析。

超级链接

1. 中国互联网络信息中心

http://www.cnnic.net.cn

简介：中国互联网络信息中心（CNNIC）是经国家主管部门批准，于 1997 年 6 月 3 日组建的管理和服务机构。

中国互联网络信息中心负责管理、维护中国互联网地址系统，引领中国互联网地址行业发展，权威发布中国互联网统计信息，代表中国参与国际互联网社群。

2. 中国万网

http://www.net.cn

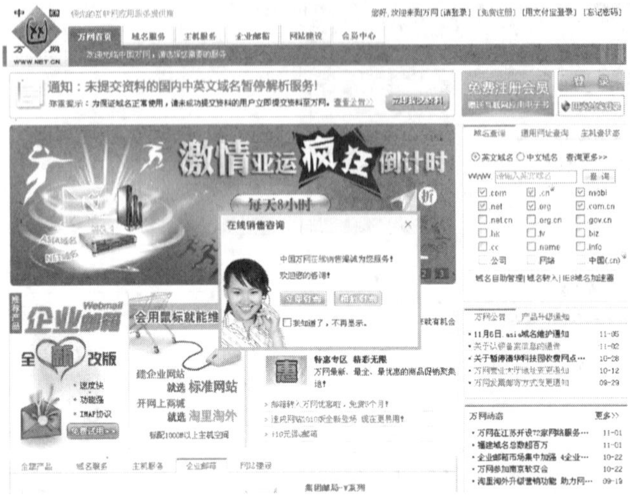

简介：中国万网是中国领先的互联网应用服务提供商，企业网络服务首选品牌。中国万网致力于为企业客户提供完整的互联网应用服务，包括域名服务、主机服务、企业邮箱、网站建设、网络营销以及高端的企业电子商务解决方案和顾问咨询服务，以帮助企业客户应用互联网，实现电子商务，提高企业竞争能力。

项目四　旅游电子商务网站技术

项目目标

课程目标

了解旅游电子商务网站相关的概念与技术

熟悉网页制作过程，以及网页常用的设计元素及设计软件

实践目标

掌握建立旅游电子商务网站的基本技能

项目导入

通过前一项目的学习，欧阳逍遥了解了计算机网络及数据库的一些基本知识，但是对于如何设计一个独特的专业型旅游电子商务网站并不了解，而网站技术是实现旅游电子商务必不可少的环节。欧阳逍遥准备尝试自己去建立一个小型的旅游电子商务网站，为自己将来走向社会从事旅游电子商务积累一定的技术基础。

项目分析

旅游电子商务网站涉及的技术很多，通过上一项目的学习，在计算机网络和数据库的基础上，欧阳逍遥需要从网页的基本概念入手，逐步深入地探索旅游电子商务网站技术。

项目实施

本项目中，我们将和欧阳逍遥一起探索旅游电子商务网站技术。老师帮助欧阳逍遥设计了本项目的探索路径。

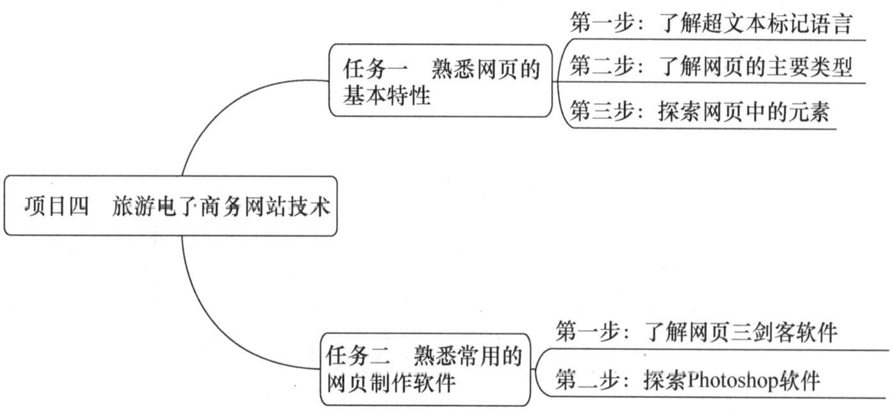

任务一　熟悉网页的基本特性

要想做好旅游电子商务网站，就要首先了解旅游电子商务网站的各种构成要素，下面我们跟随欧阳逍遥一同去探索旅游电子商务网站的奥秘。

在老师的指点下，欧阳逍遥先从网页的基本概念入手，学习网页的基本知识。这涉及超文本标记语言的基本知识、网页的主要类型、网页中的元素等内容，下面我们跟随欧阳逍遥的探索路径一起揭开网页的神秘面纱。

第一步：了解超文本标记语言

HTML是hyper text mark-up language的缩写，中文意思是“超文本标记语言”，用它编写的文件的扩展名是.html或.htm，是可供浏览器解释浏览的文件格式，可以使用记事本、写字板或FrontPage、Dreamweaver等编辑工具来编写HTML文件。HTML是一种专门用于WWW的编程语言，用于描述超文本各个部分的构造，告诉浏览器如何显示文本，怎样生成文档链接等信息。

使用HTML编写的文件之所以被称为超文本文件，就是说页面内除文本外，还包含图片、链接、音频甚至视频等部分。在HTML文件中可以加入图片、音频、视频等网页内容，并且可以从一个文件跳转到另一个文件，与世界各地互联网的网站链接。设计HTML语言的目的是把存放在一台计算机中的文本或图形与另外一台计算机中的文本或图形方便地联系在一起，形成有机的整体，不用考虑具体信息是在当前计算机上还是在网络中的其他计算机上。HTML文本是由HTML命令组成的描述性文本。HTML包括头部（head）、主体（body）两大部分，其中头部描述浏览器所需的信息，而主体则包含所要说明的具体内容。

HTML是网络的通用语言，是一种简单、通用的标记语言，它允许网页制作人建立文本与图片相结合的复杂页面，这些页面可以被网上的任何人浏览，无论使用的是什么类型的计算机或浏览器。图4－1展示了一个简单的HTML的结构。

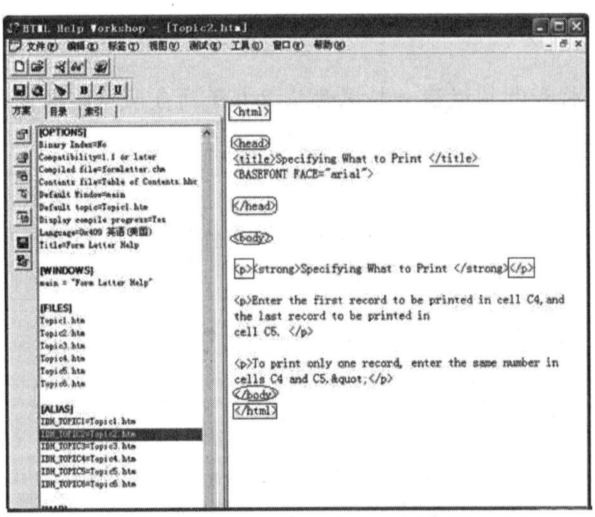

图4－1　HTML的简单结构

建立 HTML 页面不需要用任何专门的软件，只需要一个文字处理器以及 HTML 的基本知识。基础的 HTML 语言非常容易理解，它只不过是组合成一个文本文件的一系列标签。

HTML 语言使用标签对的方法编写文件，既简单又方便，它通常使用〈标签名〉〈/标签名〉来表示标签的开始和结束（例如〈html〉〈/html〉标签对），下面了解一下 HTML 的基本标签。

1. HTML 标签

〈html〉标签放在 HTML 文档的最前边，用来标识 HTML 文档的开始。而〈/html〉标签放在 HTML 文档的最后边，用来标识 HTML 文档的结束，标签必须成对使用。

2. "文件头"标签

〈head〉〈/head〉构成 HTML 文档的开头部分，在此标签对之间可以使用〈title〉〈/title〉、〈script〉〈/script〉等标签对，这些标签对都是描述 HTML 文档相关信息的标签对，〈head〉和〈/head〉标签对之间的内容是不会在浏览器窗口内显示出来的，标签必须成对使用。

3. "文本体"标签

〈body〉〈/body〉构成 HTML 文档的主体部分，在此标签对之间可包含〈p〉〈/p〉、〈h1〉〈/h1〉、〈br〉〈/br〉等众多的标签对，定义的文本、图像等内容会在浏览器窗口中显示出来，标签必须成对使用。

4. "文件标题"标签

在浏览器窗口中，最上边显示的文本信息一般是网页的"标题"，只要在网页的 HTML 代码中的〈title〉〈/title〉标签对之间加入要显示的文本，就可以设置网页的标题了，标签必须成对使用。

5. "换行"标签

上面所讲的都是双标签，即标签只能成对地使用，另外某些标签称为单标签，因为它只需单独使用就能完整地表达意思，最常用的单标签是〈BR〉，它表示换行。

6. "段落"标签

为了排列的整齐、清晰，文字段落之间常用〈P〉〈/P〉来做段落标签。文件段落的开始由〈P〉来标记，段落的结束由〈/P〉来标记，〈/P〉是可以省略的，因为下一个〈P〉的开始就意味着上一个〈P〉的结束。〈P〉标签还有一个属性为 align，它用来指明字符显示时的对齐方式，一般值有 center、left、right 三种。

7. "水平线段"标签

〈HR〉标签可以在屏幕上显示一条水平线，用以分割页面中的不同部分。该标签有四个属性，分别为 size、width、align 及 noshade。

许多单标签和成对标签的开始标签内可以包含一些属性，其语法是：

〈标签名字：属性 1、属性 2、属性 3…〉

各属性之间无先后次序，属性也可以省略（即取默认值），例如单标签〈HR〉表示在文档的当前位置绘制一条水平线，一般是从窗口中当前行的最左端一直画到最右端。当然也可以设置水平线的属性，例如：

〈HR size=3 align=left width="75%"〉

其中 size 属性定义线的粗细，值取整数，默认值为 1；align 属性定义对齐方式，值可以取 left（左对齐）、center（居中，默认值）、right（右对齐）；width 属性定义线的长度，值可以取相对值（由一对引号括起来的百分数，表示相对于充满整个窗口的百分比），也可以取绝对值（用整数表示的屏幕像素点的个数，如 width=300），默认值为“100%”。

第二步：了解网页的主要类型

网页（web page）是通过 WWW 发布的包含有文本、图片、声音和动画等多媒体信息的页面，它是网站最基本的组成单位。众多的网页有机地集合在一起就组成了网站。

一个网页实际上就是一个普通的文本文件。在 IE 浏览器中打开一个网页时，单击“查看”菜单下的“源文件”，就会打开一个记事本窗口，显示该网页源文件的内容。

网页的主要类型有 HTML 类型、CGI 类型、ASP 类型、PHP 类型、JSP 类型、VRML 类型等。

1. HTML 类型

HTML 是利用标记（tag）来描述网页的字体、大小、颜色及页面布局的语言，使用任意的文本编辑器都可以对它进行编辑，与 VB、C++等编程语言有着本质的区别。

对于网页制作的初学者来说，理解 HTML 的工作原理是必要的，但也无须详细地了解每一个标记的作用，因为现在已经有了很多所见即所得的网页编辑软件，如 Dreamweaver 和 Frontpage 等，它们可以快速地生成 HTML 代码，无须一行一行地编写代码了。

2. CGI 类型

公共网关接口（common gateway interface，CGI）是一种编程标准，它规定了 Web 服务器调用其他可执行程序的接口协议标准。CGI 程序通过读取使用者的输入请求从而产生 HTML 网页。CGI 程序可以用任何程序设计语言编写，如 Shell、Perl、C 和 Java 等，其中最为流行的是 Perl。

CGI 程序通常用于查询、搜索其他的一些交互式的应用。

3. ASP 类型

动态服务器主页（active server pages，ASP）是一种应用程序环境，可以利用 VB Script 或 Java Script 语言来设计，主要用于网络数据库的查询与管理。工作原理是当浏览者发出浏览请求的时候，服务器会自动将 ASP 的程序代码解释为标准 HTML 格式的网页内容，再送到浏览者浏览器上显示出来。也可以将 ASP 理解为一种特殊的 CGI。

利用 ASP 生成的网页，与 HTML 相比具有更大的灵活性。只要结构合理，一个 ASP 页面就可以取代成千上万个网页。尽管 ASP 在工作效率方面较之一些新技术要差，但胜在简单、直观和易学，是初学者很好的选择。

4. PHP 类型

超文本预处理器（hypertext preprocessor，PHP）的优势在于其运行效率比一般的 CGI 程序要高，而且是完全免费的，可以从 PHP 官方站点（http://www.php.net）上下载。PHP 在大多数 UNIX 平台、Linux 平台和 Microsoft 公司的 Windows 平台上均可以运行。

5. JSP 类型

JSP（java server pages）与 ASP 非常相似，不同之处在于 ASP 的编程语言是 VB Script 之类的脚本语言，而 JSP 使用的是 Java。此外，ASP 与 JSP 还有一个更为本质的区别：两种语言引擎用完全不同的方式处理页面中嵌入的程序代码。在 ASP 下，VB Script 代码被 ASP 引擎解释执行；在 JSP 下，代码被编译成 Servlet 并由 Java 虚拟机执行。

6. VRML 类型

虚拟实境描述模型语言（virtual reality modeling language，VRML）是描述三维的物体及其连接的网页格式。用户可在三维虚拟现实场景中实时漫游，在使用 VRML 2.0 漫游的过程中还可能受到重力和碰撞的影响，并和物体产生交互动作，可选择不同的视点等。

浏览 VRML 的网页需要安装相应的插件，利用经典的三维动画制作软件 3ds Max 可以简单而快速地制作出 VRML。

第三步：探索网页中的元素

一个网站的第一个网页称为主页（home page）。主页是所有网页的索引页，通过单击主页上的超链接，可以打开其他的网页。正是由于主页在网站中的特殊作用，人们也常常用主页指代所有的网页，将个人网站称为个人主页。网页中的基本元素包括站标、文字、图片、动画、音频和视频、超链接、表格、表单、导航栏、其他元素等。从这个意义上说，网页是一种可以在 WWW 上传输，能被浏览器识别、翻译并能显示的特殊文件。

在设计网页之前，必须先认识一下构成网页的基本元素。只有这样，才能在真正的设计工作中得心应手，并根据需要合理地组织和安排网页的内容，从而达到期望的目标。

图 4－2 是重庆市旅游网的首页，在这个网页中，包含了多种网页基本元素。下面详细介绍一下。

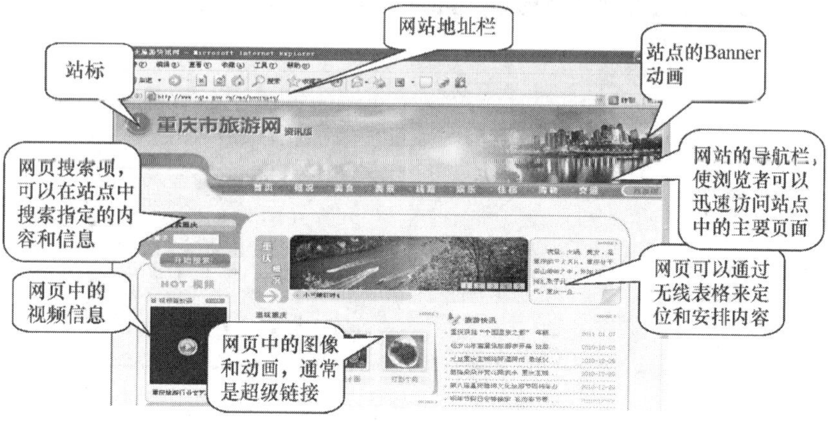

图 4－2　重庆市旅游网的首页

1. 站标

站标（logo）是企业网站的标志，作用是使人看见它就能够联想到企业。因此，网站 logo 通常采用企业的 logo。logo 通常采用带有企业特色和思想的图案，或是与企业相关的字符或符号及其变形，当然也有很多时候采用图文结合的方式。国内著名的新浪网和搜狐网的站标如图 4－3 所示。

图 4-3　站标示例

2. 文字

文字是网页的主体，负责传达信息。文字一直是最重要的信息载体与交流工具，网页中的信息也以文字为主。与图片相比，文字虽然不如图片那样能够很快引起浏览者的注意，但却能准确地表达消息的内容和含义。为了克服文字固有的缺点，人们赋予了网页中文字更多的属性，如字体、字号、颜色、底纹和边框等，通过不同格式的区别，突出显示重要的内容。此外，用户还可以在网页中设计各种各样的文字列表，来清晰表达一系列项目。网站文字如图 4-4 所示。

图 4-4　网站文字示例

3. 图片

图片在网页中具有提供信息、展示作品、装饰网页、表达个人情调和风格的作用，可以在网页中使用 GIF、JPEG（JPG）和 PNG 等格式的图片，其中使用最广泛的是 GIF 和 JPEG 两种格式。下面我们讨论这三种格式在使用上的一些特点。

新浪旅游频道网站中的图片如图 4-5 所示。

图 4-5　网站图片示例

小贴士

图片虽然在网页中起着非常重要的作用，但如果网页上添加的图片过多，不仅会影响网页整体的视觉效果，而且下载速度也将明显下降，可能会导致浏览者因失去耐心而离开网站，因此网页中的图片不宜过大、过多，格式也不宜太复杂。

（1）GIF 格式。

GIF 的英文全称为 graphics interchange format，中文译为图形交换格式。GIF 图片的扩展名是 .gif。现在所有的图形浏览器都支持 GIF 格式。GIF 是一种索引颜色格式，在颜色数很少的情况下，产生的文件极小，它的优点主要有以下几点：

1）支持背景透明。如果将 GIF 图片的背景色设置为透明，它将与浏览器背景相结合生成图片。

2）支持动画。在 Flash 动画出现之前，GIF 动画可以说是网页中唯一的动画形式。GIF 格式可以将单帧的图像组合起来，然后轮流播放每一帧，从而形成动画。很多图形浏览器都支持 GIF 动画。

3）支持图形渐进。渐进是指图片渐渐显示在屏幕上，渐进图片将比非渐进图片更快地出现在屏幕上，可以让浏览者更快地知道图片的概貌。

4）支持无损压缩。无损压缩是不损失图片细节而压缩图片的有效方法，由于 GIF 格式采用无损压缩，所以它更适合于线条、图标和图纸。

GIF 格式的缺点同样相当明显，因为它采用索引颜色格式，而这种索引颜色格式最大的缺点就是它只有 256 种颜色，这对于质量高的图片显然是不够的。

一个典型的 GIF 动画各帧如图 4－6 所示。

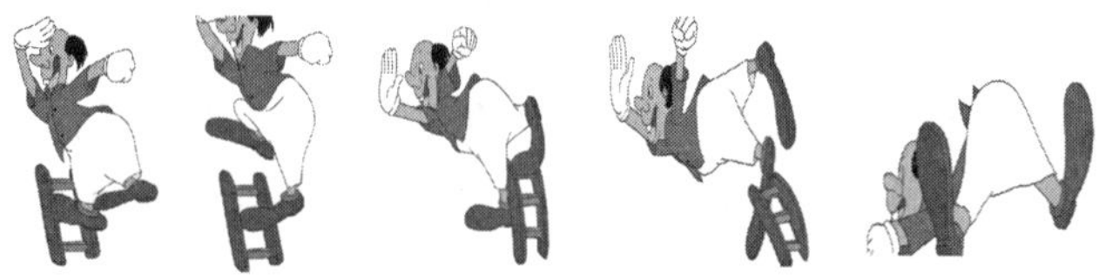

图 4－6　GIF 图片各帧的组合示例

（2）JPEG 格式。

JPEG 的英文全称为 joint photographic experts group，中文译为联合图像专家组。这种格式经常写成 JPG，JPG 图片的扩展名为 .jpg。

JPG 最主要的优点是能支持上百万种颜色，从而可以更好地表现图片。此外，由于 JPG 图片使用更有效的有损压缩算法，从而使文件长度更小，下载时间更短。有损压缩会放弃图片中的某些细节，以减小文件长度。JPG 的压缩比相当高，如果使用专门的 JPG 压缩工具，压缩比可达 180∶1，而且从浏览角度来讲图片质量受损不会太大，这样就大大方便了网络传输和磁盘交换文件。

JPG 格式因为是有损压缩，压缩后图片会产生不可恢复的损失，所以经过压缩的 JPG 图片一般不适合打印，在备份重要图片时最好也不要使用 JPG 格式。除此之外，JPG 也不如 GIF 格式那么灵活，它不支持图形渐进、背景透明，更不支持动画。

图 4－7 是一组典型的 JPG 格式的图片。

图 4－7　JPG 图片示例

（3）PNG 格式。

PNG 的英文全称为 portable network graphic format，中文译为流式网络图形格式。它是 20 世纪 90 年代中期开始开发的图片文件存储格式，其目的是替代 GIF 格式，同时增加一些 GIF 格式所不具备的特性。PNG 是一种位图文件（bitmap file）存储格式，存储灰度图片时，灰度图片的深度可多达 16 位；存储彩色图片时，彩色图片的深度可多达 48 位，并且还可存储多达 16 位的 α 通道数据。

图 4－8 是一组典型的 PNG 格式的图片。

图 4－8　PNG 图片示例

以上三种格式各有优缺点，对于网页制作人员来说，占用的空间越少越好，根据不同的需要，可以将这三种格式搭配使用。

4. *动画*

在网页中使用动画可以有效地吸引浏览者的注意，许多网站的广告都做成动画的形式。图 4－9 中的两幅图片即为动画中的两个画面，使用动画可以输出更多的内容。

图 4－9　携程旅行网 GIF 动画广告

动画是动态的图形，添加动画可以使网页更加生动。常用的动画格式包括动态 GIF 图片和 Flash 动画，前者是用数张 GIF 图片合成简单动画；后者采用矢量绘图技术，生成可带有声音效果及交互功能的复杂动画。

5. *音频和视频*

音频是多媒体网页中的一个重要组成部分。在将音频添加到网页之前，首先要对音频文件进行分析和处理，包括用途、格式、文件大小和质量等。支持网络的音频文件格式很多，主要有 MIDI、WAV、MP3 和 AIF 等。网页制作人员在使用这些格式的文件时，需要考虑的因素包括用途、文件大小、质量和浏览器差别等。不同浏览器对于音频文件的处理方法是不同的，彼此之间很可能不兼容。一般来说，不要使用音频文件作为背景音乐，那样会影响网页的下载速度，可以在网页中添加一个打开音频文件的链接，让音乐变得可以控制。

在网页中也可以插入视频文件，视频文件能使网页变得精彩生动，网页中支持的视频文件格式主要有 Realplay、AVI 和 DivX 等。

图 4-10 就是网页中视频文件的界面。

图 4-10　网页中视频文件的界面

6. 超链接

超链接是一种允许同其他网页或站点进行连接的元素。各个网页连接在一起后，才能真正构成一个网站。“链接”是指从一个网页指向一个目标的连接关系，“超”是指这个目标可以是另一个网页，也可以是相同网页上的不同位置，还可以是一个图片、一个电子邮件地址、一个文件（如多媒体文件、文档或任意文件）、一个程序，或者是本网页中的其他位置。

当浏览者单击超链接时，目的端将显示在浏览器上，并根据目的端的文件类型以不同方式打开。例如，当指向一个 AVI 文件的超链接被单击后，该文件将在媒体播放软件中打开；当指向一个网页的超链接被单击后，该网页将显示在浏览器上。民宿预订平台爱彼迎网页中超级链接的界面如图 4-11 所示。

图 4-11　民宿预订平台爱彼迎（Airbnb）网页中超级链接的界面

7. 表格

在网页中，使用表格可以控制网页中信息的结构布局，精确定位网页元素，使网页元素整齐美观。控制网页中信息的布局方式包括两方面：一是使用行和列的形式来布局文本和图片以及其他的列表化数据；二是使用表格来精确控制各种网页元素在网页中的位置。网页中表格的示例如图 4-12 所示。

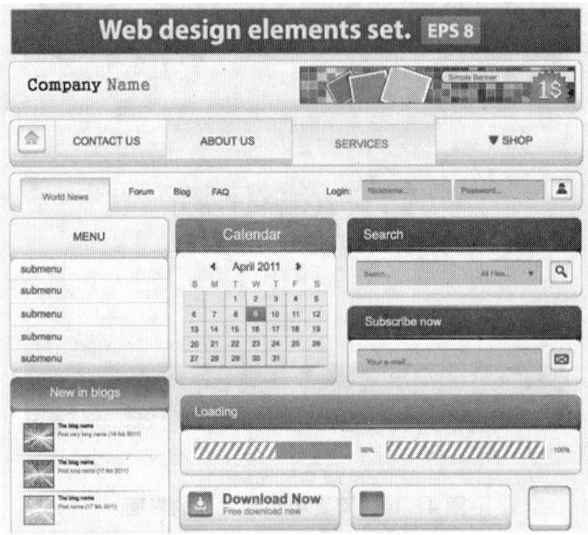

图 4-12　网页中表格的示例

8. 表单

表单类似于 Windows 程序的窗体，用来将浏览者提供的信息提交给服务器程序进行处理。表单是提供交互功能的基本元素，例如问卷调查、信息查询、用户申请及网上订购等，都需要通过表单进行信息的收集工作。

使用超链接，浏览者和站点便建立起一种简单的交互关系，表单的出现使浏览者与网站的交互上升到一个新的高度。网站网页中的表单通常用来接收浏览者在浏览器输入的信息，然后将这些信息发送到目标端进行相关的处理。表单的用途有以下几个方面：

（1）收集联系信息。

（2）接收浏览者要求。

（3）收集订单、货物和费用细则。

（4）获得反馈意见。

（5）让浏览者输入关键字，在站点中搜索相关的网页。

（6）让浏览者注册为会员并以会员身份登录站点。

表单由不同功能的表单域组成，最简单的表单也要包含一个输入区域和一个提交按钮。浏览者填写表单的方式通常是输入文本，选择单选按钮或选中复选框，从下拉列表中选择选项等。

根据表单功能与处理方式的不同，通常可以将表单分为用户反馈表单、留言簿表单、搜索表单和用户注册表单等类型。

网页中表单的示例如图 4-13 所示。

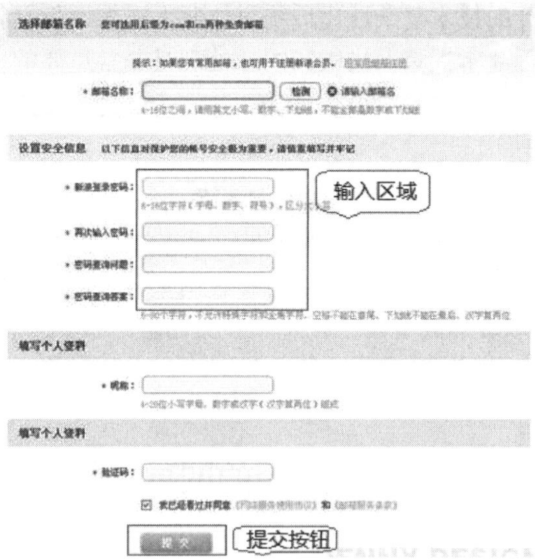

图 4-13　网页中表单的示例

9. 导航栏

导航栏是网站内多个页面的超链接组合，也是网站中所有重要内容的概括，可以让浏览者在最短的时间内了解网站的主要内容。

导航栏是在规划站点结构、开始设计主页时必须考虑的一项内容。导航栏的作用就是要让浏览者在浏览站点时，不会因为迷路而终止对站点的访问。在设计站点中的网页时，可以在站点的每个网页上显示一个导航栏，这样，浏览者就可以方便快捷地转向站点的其他主要网页。

一般情况下，导航栏应放在网页中较为醒目的位置，通常是在网页的顶部或一侧。导航栏既可以是文本链接，也可以是一些图片按钮。网页导航的示例如图 4-14 所示。

图 4-14　网页导航的示例

10. 其他元素

网页中除了以上几种元素之外，还有一些其他的元素，包括悬浮按钮、Java 特效、ActiveX 等各种特效。这些元素使网页生动活泼、乐趣无穷，不仅能点缀网页，而且在网上娱乐、电子商务等方面也有着不可忽视的作用。

综上所述，网页设计的技术复杂性比传统媒体要大得多，但总体来说，文字和图片是构成网页的基本元素，因此掌握页面排版和图片处理是非常重要的。

小贴士

加载项：也称为 ActiveX 控件、浏览器扩展等。加载项向 Web 浏览器中添加了多种功能（如额外的工具栏、动画鼠标指针和弹出广告阻止程序等）。常见的加载项有新浪的 iGame 插件、3721 上网助手等。加载项会使浏览功能增加或变得高效。许多加载项都来自互联网，大多数加载项在下载到计算机之前，都要赋予其相应的权限。

任务二　熟悉常用的网页制作软件

从最简单的记事本、EditPlus 等纯文本编写工具，到 FrontPage、Dreamweaver 等所见即所得的工具都可以作为网页制作工具。表 4－1 列出了一些常用的网页制作、动画制作软件。

表 4－1　　常用的网页制作、动画制作软件

序号	用途	软件名称
1	网页编辑	NoteBook、EditPlus、FrontPage、Dreamweaver
2	图片编辑	PhotoShop、ACDSee、CorelDRAW
3	上传网页	LeapFTP、CuteFTP
4	音乐编辑录制	Audio Editor、GoldWave、WaveCN、Cool Edit Pro、ARWizard
5	Flash 编辑	Flash、FlashMX
6	GIF 动画制作	Ulead GIF Animator、GIF Movie Gear
7	三维字体制作	COOL 3D、3ds Max
8	音乐播放	RealPlayer、Winamp
9	屏幕抓图	HySnapDX、SuperScreen Capture Pro
10	变脸	Morpher、FaceWarp

第一步：了解网页三剑客软件

网页三剑客软件顾名思义是一套强大的网页制作工具，最初是由 Macromedia 公司开发出来的，它由 Flash、Dreamweaver、Fireworks 三个软件组成。之所以称之为三剑客，很大一部分原因是这三种软件能无缝合作进行网站开发。网页三剑客的分工如下：Flash 进行动画制作，Dreamweaver 进行网页制作，Fireworks 进行矢量图形制作和图片处理。较为流行的一种做法是在 Fireworks 中做好主要页面，然后导出，增加 Flash 动画后，在 Dreamweaver 中加以修改、添加链接等，这样便可以制作出一个非常好看的页面。

1．Flash 软件

Flash 是美国 Macromedia 公司所设计的二维动画软件，主要用于设计和编辑 Flash 文档，附带的 Macromedia Flash Player 用于播放 Flash 文档。

Flash 的前身是 Future Splash，是一种早期在网上比较流行的矢量动画插件，自从 Macromedia 公司收购了 Future Splash 后，该产品便改名为 Flash，Macromedia 公司收购后不久就发布了 Shock-Flash 插件，这就是划时代的 Flash 2。此后，Macromedia 公司不断地进行开发，于 2000 年 9 月发布了 Flash 5，Flash 在网络动画编辑领域中的使用频率迅速增加。2002 年 3 月，Macromedia 推出了网络动画编辑软件——Flash MX。2003 年年底，Macromedia 公司又推出了 Flash MX 2004 版本。目前，Macromedia 公司已被 Adobe 公司收购，播放器也更名为 Adobe Flash Player。Adobe 公司的网页（https://www. adobe. com）如图 4－15 所示。

图 4－15　Adobe 公司的网页

Flash 是一种集动画创作与应用程序开发于一身的创作软件，Adobe Flash 为创建数字动画、交互式 Web 站点、桌面应用程序以及手机应用程序开发提供了功能全面的创作和编辑环境。Flash 广泛用于创建吸引人的应用程序，它们包含丰富的视频、声音、图形和动画。可以在 Flash 中创建原始内容或者从其他 Adobe 应用程序（如 Photoshop 或 Illustrator）导入它们，快速设计简单的动画，以及开发高级的交互式项目。设计人员和开发人员可使用它来创建演示文稿、应用程序和其他允许用户交互的内容。Flash 可以包含简单的动画、视频内容、复杂演示文稿和应用程序以及介于它们之间的任何内容。通常，使用 Flash 创作的各个内容单元称为应用程序，即使它们可能只是很简单的动画。用户也可以通过添加图片、声音、视频和特殊效果，构建包含丰富媒体的 Flash 应用程序。Adobe Flash Professional CC 的工作界面如图 4－16 所示。

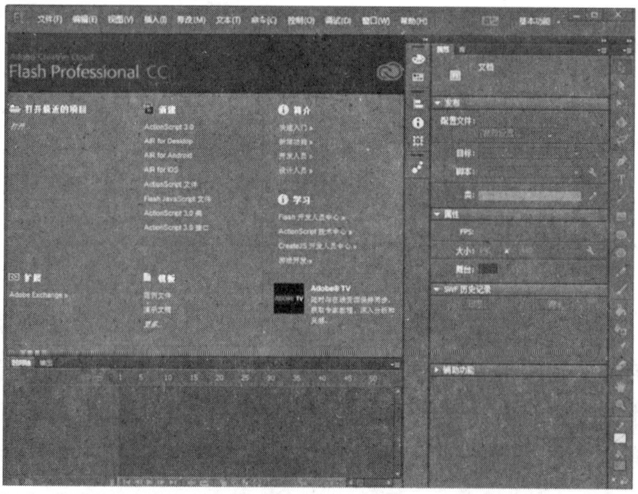

图 4－16　Adobe Flash Professional CC 的工作界面

Flash 是矢量图编辑和动画创作的专业软件。人们使用 Flash 软件主要进行动画制作，在多媒体领域，如交互式软件开发、产品展示等方面，也有广泛的应用。Flash 之所以取得成功，是因为它具有如下特点：

（1）文件小，适于网络传输。Flash 动画采用矢量图形标准，生成的文件极小，却可以生成复杂的效果，因而可以在网络上更快地播放动画，实现交互。另外，利用矢量图形格式创建出的图像及动画可以无限放大或缩小，不会影响清晰度。

小贴士

矢量（vector）：原意为有大小和方向的物理量，例如速度、动量、力等。在 Flash 中所使用的矢量图形就是指通过对节点的位置、线的曲度、面的填空色等各种属性定义来描述的图形。矢量图形最大的优点是：放大或缩小后质量不会发生变化，不会像位图文件一样出现马赛克现象。

（2）实现动画和交互，视觉吸引力强。Flash 提供了多种创建动画的便捷方法，使人们不仅可以看到富有动感的画面，而且还能进行控制。例如，用 Flash 可以创建一个按钮，单击它，可显示信息、播放声音、跳到影片中的不同位置等。

（3）拥有插件方式，浏览快速方便。Flash 的工作方式是插件方式，安装 Shockwave Flash 插件，便可将它嵌入浏览器中，因而，启动浏览器，就可以直接浏览带有 Flash 动画的网页。

小贴士

插件：是计算机软件中的一种特殊程序，它不能单独执行，必须在其他软件的环境下方可调用，例如 Shockwave Flash 就是网页浏览器中的一个插件，有了这个插件，网页浏览器就可以直接播放 Flash 动画了。

（4）使用流式技术，同步实时放映。Flash 插件播放动画时采用的是流式技术。所谓流式技术，是指声音、影像或动画等由音、视频服务器向用户计算机连续、实时传送，用户不必等到整个文件全部下载完毕，而只需经过几秒或十几秒的启动延时即可进行观看。当声音、影像或动画在用户计算机上播放时，文件的剩余部分将在后台从服务器内继续下载。这意味着，即便是大型文件，也几乎可以同步实时放映。

小贴士

流式技术：采用该技术，在播放前无须下载整个文件即可通过网络或互联网传递信息。当使用流式技术处理 Flash 文件时，在开始播放之前，文件的一部分将下载并存储在缓冲区中，这称为缓冲处理。当文件中的其他信息流入 Flash 播放器时，播放器会继续将信息存储到缓冲区中。这样，当互联网信息流中断时，也不会出现较多的停顿或中断。播放器会监视网络情况并自动进行调整，以确保最佳的接收和播放状态。当缓冲区中的信息用尽时，便会觉察到播放出现停顿。如果在 Flash 动画播放前有足够的缓冲信息，并且下载的速度超过播放的速度，那么 Flash 动画就会非常流畅地播放。

（5）可实现影片集成和网页集成。用户可以很容易地将创建好的场景、组件、动画、按钮以及声音等组合在一起，形成交互影片，而且，用户还可以控制每个对象出现的时间、位置以及变化等。Flash 还可以很容易地与 HTML 集成，几乎可以无缝地将它结合到网页中。

（6）可处理声音。在 Flash 中可以方便地导入和编辑声音，既可以使声音独立地连续播放，也可以使声音与动画保持同步。另外还可以给一些控件（如按钮）添加声音，对声音设置淡入和淡出的效果。Flash 处理的声音文件格式众多，如 WAVE、MP3 等。

（7）可绘图和处理文字。在 Flash 中，用户可以自己绘制任何图形，并进行编辑和修改，还可以导入其他图形。Flash 可以对文字的字体、字号、样式、间距、颜色及对齐方式进行各种处理，还可以进行旋转、缩放、倾斜和翻转等变形操作。

（8）具有时间轴特效和行为功能。用户可以对舞台上的任何对象应用时间轴特效，以便快速添加过渡特效和动画，如淡入、飞入、模糊以及旋转。利用行为功能，不必编写一行代码即可给 Flash 内容添加交互性。例如，可以使用行为功能将以下功能包含在内：链接到 Web 站点，载入声音和图形，控制嵌入视频的回放，播放影片剪辑以及触发数据源。

以上这些特点，使得 Flash 被广泛应用于网页和多媒体制作，成为网页设计师和开发者的必备工具。Flash 目前已经逐渐成为一种网络标准。

2. Dreamweaver 软件

Dreamweaver 是美国 Macromedia 公司（该软件现已被 Adobe 公司收购，成为 Adobe Dreamweaver）开发的集网页制作和网站管理于一身的所见即所得网页编辑器，它是针对专业网页设计师特别开发的视觉化网页开发工具，利用它可以轻而易举地制作出跨越平台限制和跨越浏览器限制的充满动感的网页。

由于 Dreamweaver 支持多种浏览器，可跨平台开发网页，实现了可视化动态 HTML 编程，方便地集成了 Flash、ShockWave、ActiveX 等众多外部媒体，加上使用简便、可扩展性强，因此全世界范围内多数专业网页设计师都选用 Dreamweaver 作为网页开发工具。

利用 Dreamweaver 中的可视化编辑功能，可以快速地创建页面而无须编写任何代码。同时，Dreamweaver 提供了强大的设计功能来确保高质量网页的完成，设计环境也使用了层叠样式表（cascading style sheet，CSS）来进行网页样式的统一管理，可以迅速高效地开发出代码简洁、专业规范的站点。不过，如果用户更喜欢用手工直接编码，也可以使用 Dreamweaver 包含的许多与编码相关的工具和功能，并且借助 Dreamweaver，还可以使用服务器语言（例如 ASP、ASP. NET、JSP 和 PHP）生成支持动态数据库的 Web 应用程序。Dreamweaver 是开放式和可扩展的，赋予了用户极大的自由度和灵活性来选择最适合的技术。

现将 Dreamweaver 的特点简要介绍如下：

（1）支持领先 Web 技术。Dreamweaver 支持大多数领先 Web 开发技术的工具进行设计和编码。

（2）具有灵活的编写方式。Dreamweaver 是一款专业的 HTML 编辑器，用于对 Web 站点、Web 页和 Web 应用程序进行设计、编码和开发。无论是用户直接编写 HTML 代码还是在可视化编辑环境中工作，都会提供众多的帮助工具，丰富用户的网页创作体验。

“代码导航器”功能可显示影响当前选定内容的所有代码源，如 CSS 规则、外部 Java Script 功能、Dreamweaver 模板、iframe 源文件等。Dreamweaver Creative Cloud（CC）工作界面如图 4-17 所示。

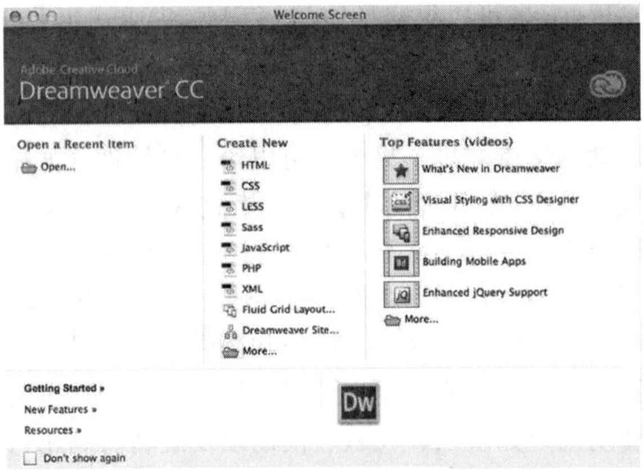

图 4-17　Dreamweaver CC 工作界面

（3）拥有可视化编辑界面。Dreamweaver 是一种所见即所得的 HTML 编辑器，可实现页面元素的插入和生成。可视化编辑环境减少了大量代码的编写，同时也保证了专业性和兼容性，并且可以对内部的 HTML 编辑器和任何第三方的 HTML 编辑器进行实时的访问。无论是用户习惯手工输入 HTML 源代码还是使用可视化的编辑界面，Dreamweaver 都能提供便捷的方式使用户设计网页和管理网站变得更容易。Dreamweaver 可视化编辑界面如图 4-18 所示。

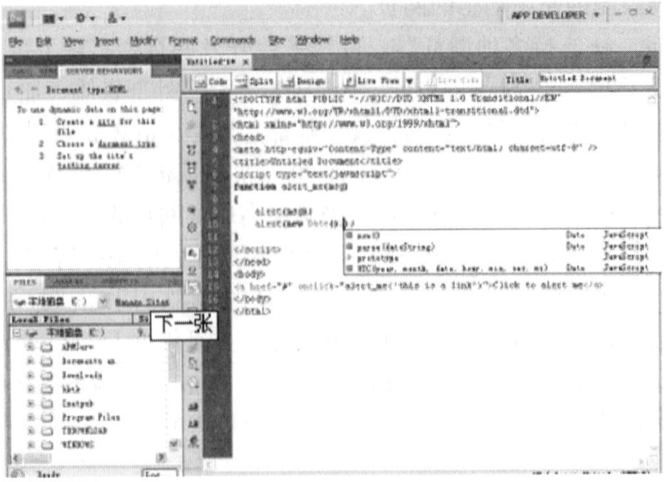

图 4-18　Dreamweaver 可视化编辑界面

（4）CSS 工具拥有更多功能。

1）最佳推荐功能。无须编写代码即可实施 CSS 最佳推荐功能。参考 CSS 最佳推荐功能实现可视化设计，并辅以通俗易懂的实用概念说明，用户可以在支持可访问性和最佳推荐的同时，创建基于 Ajax 的交互性应用。

2）增强功能。使用 Dreamweaver 中增强的 CSS 功能可使用户的网站脱颖而出。借助“设计”和“实时视图”中的即时可视反馈，在“属性”面板中可快速定义和修改 CSS 规则。使用新增的“相关文件”和“代码导航器”功能找到定义特定 CSS 规则的位置。

CSS 样式一直都是网页制作的一个重要环节，网页文本字体、颜色，图像的位置等外观设置都可以通过 CSS 来控制。Dreamweaver 中有强大的 CSS 编辑器，用户可以利用 CSS 面板上的功能，非常轻松地编辑出自己满意的 CSS 样式，从而达到美化网页外观的效果。

小贴士

CSS 是一组格式设置规则，用于控制 Web 页面的外观。通过使用 CSS 样式设置页面的格式，可将页面的内容与表现形式分离。页面的内容存放在 HTML 文档中，而用于定义表现形式的 CSS 规则则存放在另一个文件中或 HTML 文档的某一部分中，通常为文件头部分。将内容与表现形式分离，不仅可使维护站点的外观更加容易，而且可以使 HTML 文档代码更加简练，缩短浏览器的加载时间。

（5）具有强大的 Web 站点管理功能。用户自定义控制不仅可以迅速完成个人网页以及站点的设计，而且 Dreamweaver 的 Roundtrip HTML/JavaScript 行为库以及模板和标签功能也非常适合大型网站的开发。通过与其他群组产品的配合使用以及众多第三方支持，可轻松完成动态发布电子商务网站的构建。FTP 安全保障是 Dreamweaver CS4 的新增功能之一，所有传输的文件完全加密，并阻止越权存取用户的信息、文件内容、用户名和口令。

（6）具有内建的图形编辑引擎功能。改变大小、尺寸、旋转角度或调节明暗度等都不需要离开 Dreamweaver 环境，因为它本身集成了 Fireworks 的基本图形编辑技术。内建的图形编辑引擎功能界面如图 4－19 所示。

图 4－19　Dreamweaver 内建的图形编辑引擎功能界面

（7）具有丰富的媒体支持能力。利用丰富的媒体支持能力可以方便地在网页中加入 Java、Flash、Shockwave、ActiveX 以及其他的媒体文件。而且 Dreamweaver 具有强大的多媒体处理功能，在设计动态 HTML 和 CSS 方面极为出色。它利用 JavaScript 和动态 HTML 语言代码轻松地实现网页元素的动作和交互操作，产生完美的网页效果。Dreamweaver 插入媒体文件的网页如图 4－20 所示。

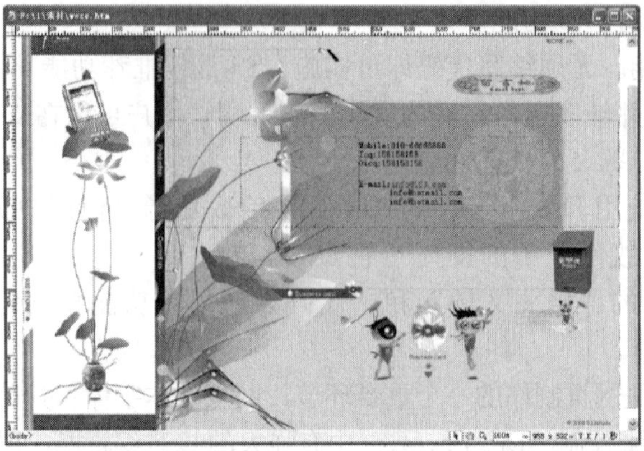

图 4-20　Dreamweaver 插入媒体文件的网页

（8）具有超强的扩展能力。Dreamweaver 还有一个最大的特点就是可以实现功能的扩展。Adobe 公司免费提供了可加强 Dreamweaver 功能的众多插件，用户可以下载所需要的插件，然后将下载的插件安装到 Dreamweaver 中。“扩展管理器”窗口如图 4－21 所示。

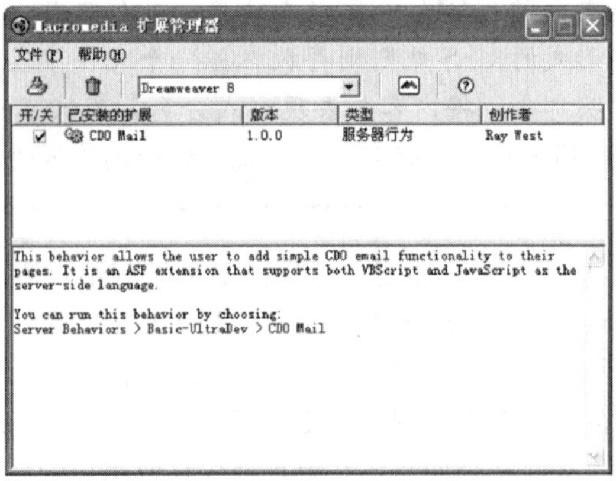

图 4-21　“扩展管理器”窗口

Dreamweaver 可以使一个原来对网页一窍不通的人迅速成为网页制作高手，更可以给专业的网站设计师提供强大的开发工具和创作灵感。利用 Dreamweaver，不必写一行代码，就能够实现 JavaScript、动态 HTML 的特效。

3. Fireworks 软件

Fireworks 是一个强大的网页图形设计工具，用户可以使用它创建和编辑位图、矢量图，还可以非常轻松地做出各种网页设计中常见的效果，比如翻转图像、下拉菜单等。设计完成以后，如果用户要在网页设计中使用，可以将它输出为 HTML 文件，还能输出为可以在 Photoshop、Illustrator 和 Flash 等软件中编辑的格式的文件。

Fireworks 可以加速 Web 的设计与开发，是一款创建与优化 Web 图像、快速构建网站与 Web 界面原型的理想工具。Fireworks 不仅具备编辑矢量图形与位图的灵活性，还提供了一个预先构建资源的公用库，并可与 Photoshop、Illustrator、Dreamweaver 和 Flash 软件集成，在 Fireworks 中将设计迅速转变为模型，或利用来自 Illustrator、Photoshop 和 Flash 的其他资源直接置入 Dreamweaver 中。Fireworks 的主界面如图 4－22 所示。

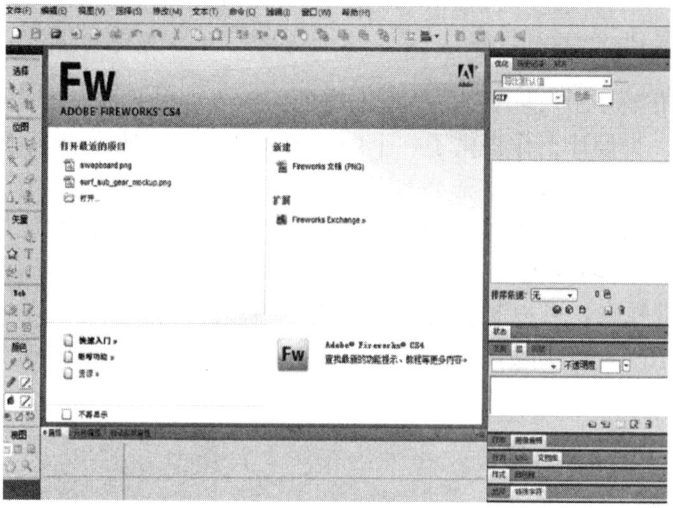

图 4-22　Fireworks 的主界面

Fireworks 的特点如下所述：

（1）可创建和编辑矢量与位图图像。可创建和编辑矢量图像与位图图像，并导入和编辑本机 Photoshop 和 Illustrator 文件。

（2）图像优化。采用预览、跨平台灰度系统预览、选择性 JPEG 压缩和大量导出控件，针对各种交付情况优化图像。

（3）与 Photoshop 和 Illustrator 高效集成。Fireworks 可以方便、快捷地导入 Photoshop 文件，导入时可保持分层的图层、图层效果和混合模式，并可将 Fireworks 文件保存为 Photoshop 格式。在导入 Illustrator 文件时，可保持包括图层、组和颜色信息在内的图形完整性。

（4）快速原型构建。网站和各种互联网应用程序构建交互式布局原型，将网站原型导出至 Dreamweaver。

（5）支持多页。使用新的页面板在单个文档中创建多个页面，并且在多个页面之间共享图层。每个页面都可以包含自己的切片、图层、帧、动画、画布设置，因而可在原型中方便地模拟网站流程。

（6）分层的图层组织方式。采用与 Photoshop 类似的新分层图层结构来组织和管理原型，使用户能方便地组织 Web 图层和页面。

（7）滤镜效果。应用灯光效果、阴影效果、样式和混合模式，增加文本和元件的深度和特性。

（8）公用库。公用库中包含 Web 应用程序、表单、界面和网站中经常用到的图形元件、文本元件和动画，使用它可以迅速开始原型构建过程。

（9）智能缩放。可通过 9 切片智能地缩放矢量或位图图像中的按钮与图形元件，将 9 切片缩放与新的自动形状库相结合，可以加速网站和应用程序的原型构建进度。

（10）简化的 Dreamweaver 和 Flash 集成。复制 Fireworks 中的任意对象，可以直接粘贴到 Dreamweaver 中。Fireworks 文件也可以直接导出至 Flash，导出时可保持矢量、位图、动画和多状态不变，然后在 Flash 中编辑文件，实现简单有效的集成。

第二步：探索 Photoshop 软件

Photoshop（俗称 PS）是 Adobe 公司推出的一款专业的图形图像处理软件，其功能强大、操作便捷，为设计工作提供了一个广阔的表现空间，使许多不可能实现的效果变成了现实。近几年，美术设计、彩色印刷、网页设计、动漫制作、影视制作、广告制作、多媒体制作等诸多数字媒体技术空前发展，Photoshop 被广泛地应用于各技术领域。随着版本的升级，其功能越来越强大和丰富。目前 Photoshop 流行的版本 Creative Cloud 的功能非常强大，可以提供非常专业的图像编辑与处理技术。Photoshop CC 的图像启动界面如图 4－23 所示。较以前的版本，现在的版本整体主体感更强，更有“数码”感。

图 4－23　Photoshop CC 的启动界面

Photoshop CC 有标准版和扩展版两个版本。Photoshop CC 标准版适合摄影师以及印刷设计人员使用；Photoshop CC 扩展版除了包含标准版的功能外，还添加了用于创建及编辑 3D 和基于动画内容的突破性工具。

PhotoShop CC 的特点体现在以下几方面：

（1）出众的绘图效果。

（2）内容感知型填充。

（3）复杂选择简单化。

（4）操控变形精确化。

（5）出众的成像效果。

（6）高效的工作流程。

（7）更出色的媒体管理。

（8）增强的 3D 素材。

（9）更出色的跨平台性能。

在网页设计的过程中，我们进行网站框架和代码设计的同时，还需要用 Photoshop 设计网站的整体形象。整体形象包括网站的导航、背景图片、网站 logo 图片、网站 banner 图片、广告图片等。尤其是在首页设计上，对版面、色彩、图像、动态效果、图标等风格和内容的设计就需要借助 Photoshop 的专业化技术处理完成，使网站呈现出独特的风格和魅力。

项目评估

在本项目中，欧阳逍遥学到了网页和常用的设计软件的基本知识，但是仅有这些知识是不够的，没有实践，这些技术就只是停留在纸面上，只有经过实际的操作，这些知识才能变成真正的技能。欧阳逍遥需要有一定的时间和精力来锻炼自己的能力，老师建议欧阳逍遥去看一些专业的书籍或者上一些专业的网站去了解更深层次的技术，并且自己动手去设计一个简单的网站，实现从理论到实践的提升。

目前所见即所得类型的网站设计工具越来越多，使用起来也越来越方便，所以制作网页已经变成了一件轻松的工作。建立一个网站就像盖一幢大楼一样，它是一个系统工程，有自己特定的工作流程，只要我们遵循一定的步骤和规则，按部就班地一步步进行，就能设计出一个满意的网站。下面我们列举一般的网站设计流程。

1. 确定网站主题

网站主题就是用户建立的网站所要包含的主要内容，一个网站必须有一个明确的主题。特别是对于个人网站，用户不可能像综合网站那样做得内容大而全，包罗万象，所以必须找准一个自己最感兴趣的内容，做深、做透，做出自己的特色，这样才能给浏览者留下深刻的印象。

2. 搜集材料

明确了网站的主题以后，我们就要围绕主题开始搜集材料了。常言道："巧妇难为无米之炊。"要想让自己的网站有血有肉，吸引浏览者，就要尽可能多地搜集材料，搜集的材料越多，以后制作网站就越容易。材料既可以从图书、报纸、光盘上搜集，也可以从互联网上搜集，然后把搜集的材料去粗取精、去伪存真，作为自己制作网页的素材。

3. 规划网站

一个网站设计得成功与否，很大程度上取决于设计者的规划水平，规划网站就像设计师设计大楼一样，图纸设计好了，才能建成一座漂亮的大楼。网站规划包含的内容很多，如网站的结构、栏目的设置、网站的风格、颜色的搭配、版面的布局、文字图片的运用等，只有在制作网页之前把这些内容都考虑到了，才能在制作时胸有成竹，也只有这样，制作出来的网页才能有个性、有特色，具有吸引力。

4. 选择合适的制作工具

尽管选择什么样的工具并不会影响设计网页的好坏，但是一款功能强大、使用简单的软件往往可以起到事半功倍的效果。网页制作过程中涉及的工具比较多，首先就是网页制作工具，目前大多数人选用的是所见即所得的编辑工具，如Dreamweaver、FrontPage等，如果是初学者，FrontPage是首选。除此之外，还有图片编辑工具，如Photoshop、Photoimpact等；动画制作工具，如Flash、COOL 3D、GIF Animator等；网页特效工具，如有声有色等。网上有许多这方面的软件，可以根据需要灵活运用。

5. 制作网页

材料有了，工具也选好了，下面就需要按照规划一步步地把自己的想法变成现实了。这是一个复杂而细致的过程，一定要按照先大后小、先简单后复杂的原则来进行制作。所谓先大后小，就是说在制作网页时，先把大的结构设计好，然后再逐步完善小的结构设计。所谓先简单后复杂，就是先设计出简单的内容，然后再设计复杂的内容，以便出现问题时好修改。在制作网页时要多灵活运用模板，这样可以大大提高制作效率。

6. 上传测试

网页制作完毕，最后要发布到 Web 服务器上，才能够让全世界的朋友观看。现在上传的工具有很多，有些网页制作工具本身就带有 FTP 功能，利用这些 FTP 工具，可以很方便地把网站发布到自己申请的主页存储服务器上。网页上传以后，要在浏览器中打开自己的网页，逐页、逐个链接地进行测试，发现问题及时修改。

7. 推广宣传

网站做好之后，还要不断地进行宣传，这样才能让更多的朋友认识它，提高网站的访问率和知名度。推广的方法有很多，例如到搜索引擎上注册、与别的网站交换链接、加入广告链接等。

8. 维护更新

网站要注意经常维护、更新内容，只有不断地补充新的内容，才能够吸引更多的浏览者。

思 考

1. 旅游电子商务网站的概念是什么？
2. 旅游电子商务网站具有什么特点？
3. 旅游电子商务的网页有什么样的设计风格？

拓展阅读

一、旅游网站的设计

1. 旅游网站的设计原则

（1）网站内容动静结合原则。

旅游目的地信息的详尽程度直接影响着游客对目的地的选择以及在目的地旅游的满意程度，因此建设目的地信息数据库是目的地旅游网站义不容辞的责任。数据库的数据应涵盖旅游业六大要素，所有数据应尽量详细地分类设计，方便游客从不同角度进行搜索，并且可以针对旅游地一年四季景观的变化以及淡旺季的交替，对目的地网站发布的旅游信息进行调整。

（2）旅游服务信息的综合化。

在旅游网站上，既要包括旅游景点信息、交通信息、食宿信息、娱乐信息，还要包括旅游的常识信息提示、旅游保健信息以及其他一些与旅游相关的天气信息、车船机票信息、公路信息、民风民俗信息等，以满足旅游者的需求。同时，旅游网站还应当有与其他相关或者相似旅游地、旅游区、社会组织网站的链接，这种链接要从旅游者的角度考虑，以服务浏览者为目标，设置链接的形式和布局，而不应向商业网站那样做一些霸王广告，让浏览者产生厌恶感。

（3）互动性设计原则。

只有让用户成为网站的主角，才能真正体现网络信息向旅游者服务的特点。旅游者可以将自己对某一景区的感受、印象真实地反映到网络上，当其他旅游者出现问题时，可以通过站内搜索，看是否有答案，也可以在网上发问，由网站浏览者或者管理员进行在线回答，通过这种途径可加强同旅游者之间的互动。此外，部分旅游网站还采用个人博客、RSS新闻组的形式来实现这种互动，这都是未来旅游网站的发展方向。

2. 旅游网站的设计方法

（1）旅游网站整体格调设计。

在设计网站时，应根据旅游地的传统形象和特色，做好网站的整体格调定位，据此设计网站的背景图、背景色彩、背景音乐等。以传统人文旅游资源为主体特色的旅游地，其背景应选用比较传统或具有民族地方风情的图案，如剪纸、戏剧脸谱、年画等；在色彩的选择上也要多选用暖色调，如红色、橙色、黄色等色彩的搭配，可使主页呈现温馨、和煦、热情的氛围。以自然资源为主体特色的旅游地，应选用一些山水画或实景处理图片等作为背景图案；在色彩的选择上可选用冷色调，即青色、绿色、紫色等色彩的搭配，可使主页呈现宁静、清凉、高雅的氛围，也可选用对比色调，即把色调完全相反的色彩搭配在同一个空间里，例如，使用红与绿、黄与紫、橙与蓝等，对比色调搭配可以产生强烈的视觉效果，给人亮丽、鲜艳、喜庆的感觉。

（2）过场页的设置。

有些旅游网站没有过场页，有些网站的过场页就是首页。旅游网站最好有自己的过场页，原因有四：其一，网站有一个过场页可以给人简洁的感觉；其二，旅游地可以通过过场页的设计集中体现自身的资源特色和文化特色；其三，网站有过场页可以使浏览者在欣赏过场页的短暂时间内完成网页的下载，避免由于网络速度问题影响浏览者的心情；其四，可以通过过场页对整个网站进行单项功能模块的分组。网站的过场页对网站形象，特别是旅游网站的形象非常重要，要设计好旅游网站的过场页，除了同样要把握好页面的格调外，还必须把握好以下几点：

1）慎用声音。

内联声音是网页设计者的一个禁地，在过场页中运用声音、视频等元素，更要特别注意。因为过多地使用声音会使下载速度很慢，同时并不会带给浏览者多少好处。首次听到某种声音可能会很有趣，但是多次以后肯定会让人觉得不耐烦。使用声音前，应该仔细考虑声音元素将会给网站带来什么效果和评价。

2）慎用插件。

在Web过场页设计中，如果过分依赖于一些特别的插件，会降低网站的整体吸引力。如果浏览者没有找到所要找的插件，将不得不到其他站点去下载，这样浏览者有可能就不会再返回来浏览网页内容了。

3）速度优先。

许多旅游网站在设计过场页的时候，会选择使用Flash动画，这样能够运用多种角度来反映旅游地的景色和形象。然而这会造成许多网络速度、运算速度比较慢的计算机很容易耗尽系统资源，使网站的浏览变得异常困难，产生长时间等待的后果。因此，应该给无意于欣赏网站过场页的用户一个跳过过场页内容下载的选择。

3. 网站内容模块的设计

（1）整合网站功能模块。

浏览者浏览旅游网站主要是去找寻关于旅游地的旅游资讯、景点介绍、接待服务等内容，因此从浏览者的角度考虑，旅游网站宜将旅游服务资讯与旅游行政资讯两个功能模块相剥离，使网站的设计更有针对性，网站发布的信息更具有条理性。

（2）确定网站资讯信息。

如前所述，由于旅游业的综合性特点，在设计旅游网站时要遵循信息综合化的原则。为旅游者提供全方位的信息。此外，在设计网站的内容时应注意一些细节性的东西。要将自然信息与人文信息的内容结合起来联合发布，既有展示自然风光、历史遗存的信息，又有展示地方民风民俗、社会生活、服务特色的信息，通过这样的组合才能够树立起旅游地的完整形象。

（3）增添网站及时服务功能。

在网站上增添网上在线答疑、在线预订、在线服务等功能，使游客在对旅游地景区、景点、交通、住宿等有问题时，可通过在线答疑的方式解决；有预订门票、酒店的服务需要时，网站也能够完成在线预订、在线服务的工作。这样有利于树立旅游地良好的旅游接待服务形象。

4. 旅游形象信息展示互动化

通过各种网络软件平台，给浏览者一个发言的机会，让旅游者可以将自己对旅游地的看法、对旅游地的感受通过各种途径展示出来。这样可以实现两个效果：一是可以让旅游者在总结自己对旅游地看法的同时，使旅游地的形象在头脑中有更深刻的记忆；二是可以通过旅游者留言内容对旅游地进行形象的展示，使其他旅游者受到感染和影响，依靠心理学中的情绪的外部扩散性来影响其他的旅游者，使更多的人对旅游地产生积极的、良好的形象感知。

资料来源：何秀芬，杜艳艳. 浅谈旅游网站设计. 中国市场，2010（18）.

二、国外网站设计创意欣赏

1. Experience Washington

网址：http://www.experiencewa.com，首页见图 4－24。

图 4－24

2. SmarterTravel

网址：https://www.smartertravel.com，首页见图 4-25。

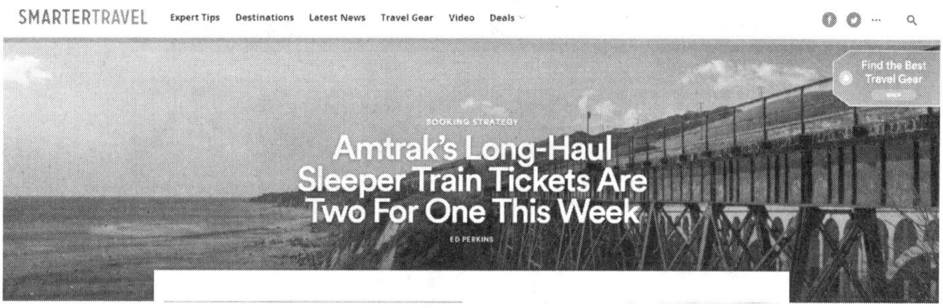

图 4-25

3. Jacksonville Landing

网址：http://www.jacksonvillelanding.com，首页见图 4-26。

图 4-26

4. Expedia

网址：https://www.expedia.com，首页见图 4-27。

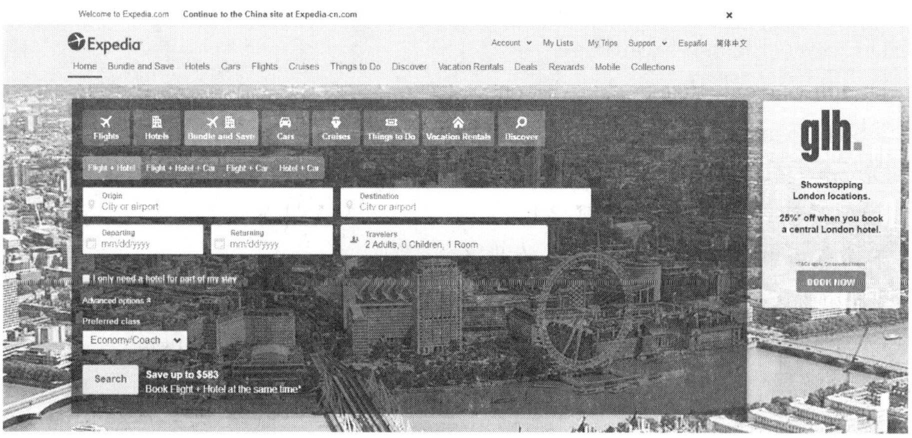

图 4-27

5. Travelocity

网址：https://www.travelocity.com，首页见图 4-28。

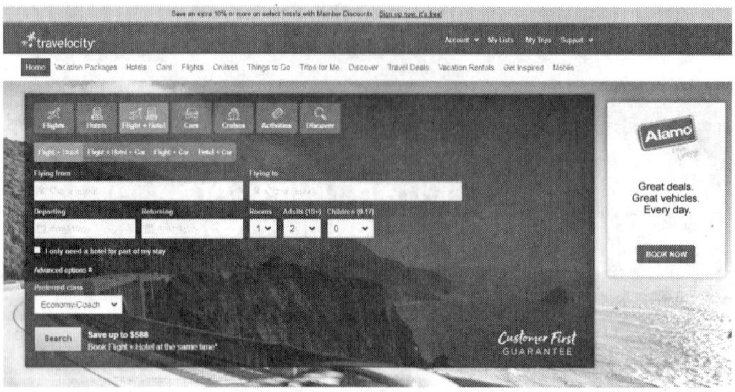

图 4-28

6. Monterey

网址：http://www.montereybayaquarium.org，首页见图 4-29。

图 4-29

习 题

一、选择题

1. 被人们称为制作网页“三剑客”的是（　　）。

A. Dreamweaver、Director、Flash

B. Director、Flash、FrontPage

C. Dreamweaver、Fireworks、Flash

D. Dreamweaver、Fireworks、Photoshop

2. Dreamweaver 是（　　）软件。

A. 图像处理　　B. 网页编辑　　C. 动画制作　　D. 字处理

3. 下面各项中不是网页设计工具的是（　　）。

A. FrontPage 2000　　B. Visual Basic

C. Dreamweaver MX 2004　　D. Netscape Designer

二、名词解释

超文本标记语言

三、简答题

1. 网站设计的素材有哪些?
2. 你认为应该如何设计一个旅游电子商务网站?
3. 网站的分类有哪些?
4. 网页设计大体分为哪两个方面?
5. 什么是网页的主题?
6. 在动手制作网页时，一定要考虑好哪几个方面的问题?

实训演练

旅游电子商务网站技术

【实训目的】

通过实训体验旅游电子商务网站的设计方法，并进行一定的实际操作，学会简单的网站设计技术。

【实训步骤】

1. 熟悉网站制作需要的基本知识和技术。

2. 进入“超级链接”栏目所介绍的专业网页制作指导网站，观看视频教程，逐步了解网站的制作技术。

3. 准备网页制作工具，并动手制作一个简易的旅游电子商务网站，要有自己的创意，图文并茂、主题突出。可以参考以下步骤（以 FrontPage 为例）：

（1）第一阶段。

1）设计网站主题，确定网站风格。

2）学会空间使用。

3）学会文本、图片、表格的插入，超链接的设置。

4）准备相关材料（包括文本、图片、动画）。

5）站点及首页创建与保存。

6）站点及 HTML 文档的创建与保存。

（2）第二阶段。

1）美化网站首页，修饰网页。

2）充实网站内容。

3）学会 FrontPage 中的文本段落及编号设置等。

4）学会 FrontPage 中的图片外设置及热点设置。

5）学会 FrontPage 中的表格操作（设置单元格属性、单元格的拆分与合并、单元格的插入与删除、复制表格、编排管理表格）。

6）学会 FrontPage 中的书签的操作。

（3）第三阶段。

1）学会 FrontPage 中的表单操作（插入表单、插入文本域、设置表单及表单对象属性）。

2）学会 FrontPage 中的框架操作（插入框架、设置框架属性、文本编辑、建立链接、保存框架源文件）。

3）学会 FrontPage 中的动态效果制作（设置动态效果、设置屏幕提示、设置网页过渡效果等）。

4）能够综合运用 FrontPage 的网页基本属性的设置、网页组件的插入及设置、网页元素在网页中的定位和设置等。

【实训报告】

1. 写出实训具体的过程。

2. 阐述实训结果，总结实训体会，并对实训结果进行分析。

超级链接

1. 天极网

http://www.yesky.com/

简介：天极网是中国首家 IT 消费门户，成立于 1997 年 2 月。天极网以“引领数字消费”为理念，面向广大的 IT 消费者和爱好者，提供 IT 产品的应用、评测、软件下载、群乐社区等资讯内容和互动平台。天极网是体现企业产品价值、引导用户实现精准购买的核心专业网络媒体。

天极网中提供了内容翔实、种类繁多的网站设计素材与教程。

2. 模板王

http://www.mobanwang.com/

简介：模板王是提供网页模板下载、交流、咨询的网络平台，致力于打造中国最大的免费网页模板下载基地。

3. 网易学院

http://tech.163.com/school/

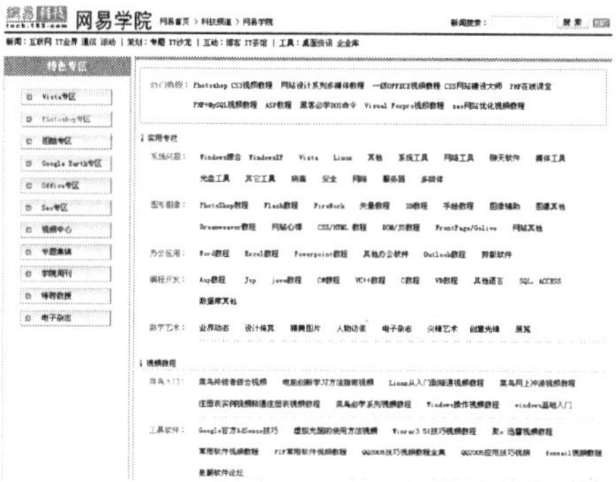

简介：网易是中国领先的互联网技术公司。在开发互联网应用、服务及其他技术方面，网易始终保持国内业界的领先地位。网易利用最先进的互联网技术，加强人与人之间信息的交流和共享，实现“网聚人的力量”。

网易学院汇集了网页设计流行软件的各种教程，手把手地教浏览者学会这些软件的操作。

4. 硅谷动力

http://www.enet.com.cn/eschool/

简介：硅谷动力是中国最具影响力的IT门户网站之一。硅谷动力致力于提供IT信息与商务服务。

硅谷动力提供了网页设计“三剑客”的详细教程。

项目五　旅游电子商务支付

项目目标

课程目标

理解旅游电子商务支付的内涵

了解旅游电子商务支付的各种形式及运作特点

理解电子商务与安全电子支付、网络金融的关系

实践目标

熟悉旅游电子商务支付的各种实际应用

能自己动手在旅游电子商务网站完成在线支付

项目导入

实施旅游电子商务的过程中较关键的环节就是电子支付环节，它直接关系到最终交易的成败。欧阳逍遥在淘宝网曾经有过购物经历，因此对于电子支付的概念并不陌生，但是仅靠这一点感性认识是远远不够的，他认为电子支付并非那么简单，里面包含很多内容。本项目中，我们和欧阳逍遥一起去探索旅游电子商务支付。

项目分析

电子商务支付涉及电子商务交易的诸多当事人，包括消费者、厂商和金融机构，它通过信息网络，使用安全的信息传输手段，采用数字化方式进行货币支付或资金流转。在电子商务中，支付过程是整个商务活动中非常重要的一个环节，同时也是电子商务中准确性、安全性要求最高的环节，涉及很多技术。欧阳逍遥首先从电子支付的基本概念和形态入手，逐步深入地了解旅游电子商务支付的各项内容和技术。

项目实施

本项目中，我们将和欧阳逍遥一起探索旅游电子商务支付。老师帮助欧阳逍遥设计了本项目的探索路径。

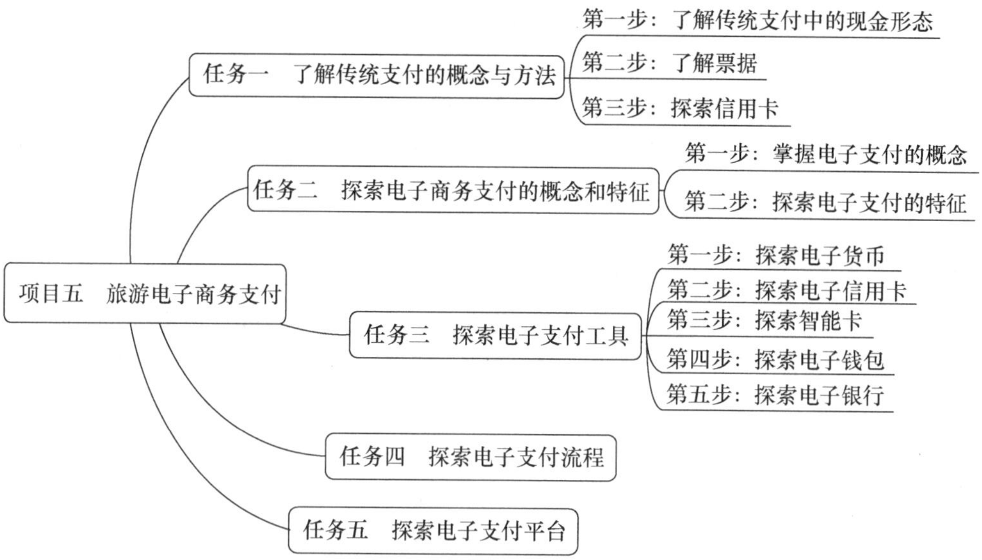

任务一　了解传统支付的概念与方法

在研究电子支付方式之前，欧阳逍遥觉得有必要对传统的贸易支付方式进行简单的了解，即对传统的支付方式进行一次再认识。

第一步：了解传统支付中的现金形态

现金支付是每个人都非常熟悉的支付方式。现金有两种形式，即纸币和硬币，它是由各国政府授权的银行发行的，如图 5-1 所示。

图 5-1　人民币纸币和硬币

在现金交易中，买卖双方处于同一位置，而且交易是匿名进行的，卖方不用了解买方的身份，现金就是最好的身份证明，因为现金本身是有效的，其价值是由发行机构加以保证的，用不着由买方来认同。加之现金具有使用方便和灵活的特点，因此在日常生活中多数交易是通过现金来完成的。在这种现金交易中，交易方式在程序上非常简单，通俗地说就是“一手交钱，一手交货”。交易双方在交易结束后马上就可以实现交易目的：卖方用货物换取现金，买方用现金买到货物。现金交易流程图如图 5-2 所示。

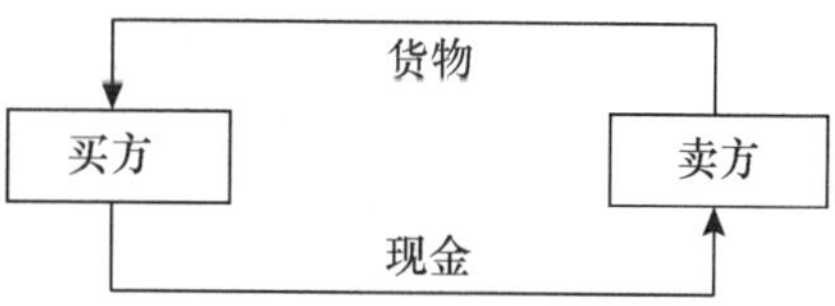

图 5-2　现金交易流程图

现金交易方式的缺点主要表现在两方面：第一，受时间和空间的限制，不在同一时间、同一地点进行的交易，就无法采用现金交易的方式来完成。第二，现金的面额固定，在进行大宗交易时，如果携带大量的现金，首先携带很不方便，其次会产生很多不安全因素。因此某些场合不适宜采用现金交易方式。人们现在需要更能适应现代生活节奏与方式的交易方法。

第二步：了解票据

票据交易方式就是在现金交易方式不能满足支付需求后产生的。票据一词，可以从广义和狭义两种意义上来理解。广义的票据包括各种记载一定文字、代表一定权利的文书凭证，如股票、债券、货单、汇票、车船票等，人们笼统地将它们称为票据。狭义的票据是一个专用名词，专指《中华人民共和国票据法》（以下简称《票据法》）所规定的票据，主要是指汇票、本票和支票三种。汇票是出票人委托他人于到期日无条件支付一定金额给收款人的票据；本票是出票人自己于到期日无条件支付一定金额给收款人的票据；支票则是出票人委托银行或其他法定金融机构于见票时无条件支付一定金额给收款人的票据。因此，票据就是出票人依据《票据法》发行的、无条件支付一定金额或委托他人无条件支付一定金额给收款人或持票人的一种文书凭证。银行承兑汇票如图 5－3 所示，银行支票如图 5－4 所示。

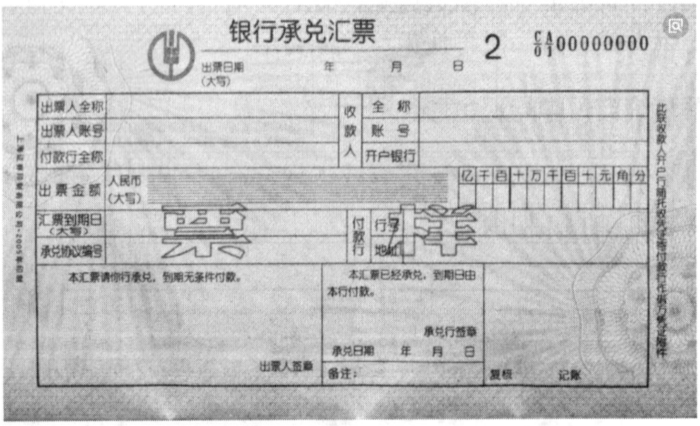

图 5－3　银行承兑汇票

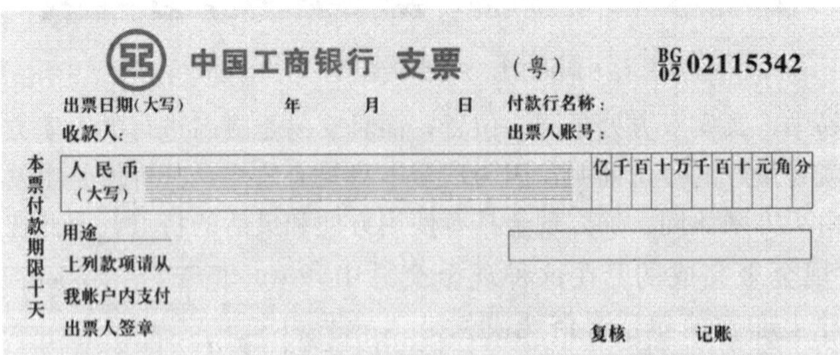

图 5－4　银行支票

在商业交易中，尤其是在对外贸易活动中，买卖双方往往分处两地或者分处不同的国家，一旦成交就要向外地或外国支付款项等。在这种情况下，如果直接用现金交易，就会给买卖双方带来许多不便。如果采取在一地将现金转化为票据，再在另一地将票据转化为现金，以票据的转移代替现金的转移，就完全可以避免上述现金交易带来的麻烦和不便。一般的支票交易流程图如图 5－5 所示。

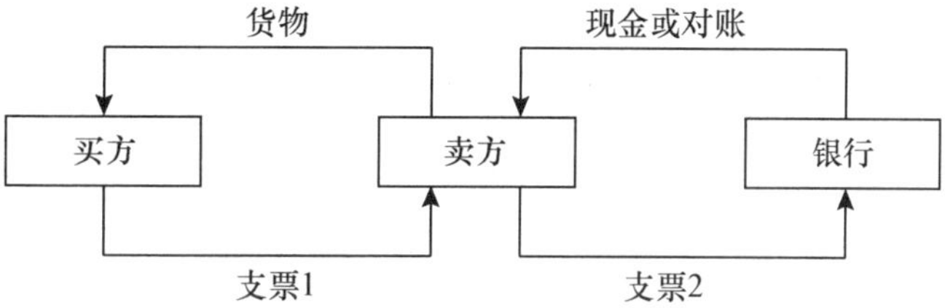

图 5－5　支票交易流程图

在三种票据中，支票、汇票的交易流程大体相同，本票则有所不同。汇票、支票是由卖方通过银行处理的，而本票则是由买方通过银行处理的。不管怎样，票据交易可以异时、异地进行，打破了现金交易同时、同地的局限性，大大增加了买卖实现的机会。同时，票据所有的汇兑功能也使得大宗交易成为可能。当然，票据本身也存在一定的不足，如存在票据的真伪、遗失等问题。

第三步：探索信用卡

信用卡最早诞生于美国。1915 年，美国的一些百货商店和饮食业主为招揽生意，在一定范围内给顾客发放信用筹码，顾客可以在这些发行筹码的百货商店及其分店赊购商品，约定时间付款。这种方便顾客的新方法对笼络顾客、扩大销售起到了明显的作用。1946 年，美国狄纳斯俱乐部和运通公司等开始发行旅游、娱乐信用卡。1952 年，美国加利福尼亚富兰克林国民银行首先发行信用卡，到了 1959 年，美国已经有 60 多家银行发行信用卡。计算机的发明与普及推广，极大地推动了信用卡业务的发展，跨越了国家界限，世界各国掀起了信用卡业务的高潮。20 世纪 80 年代后，在美国、加拿大、日本、西欧等国家，信用卡已成为一种普遍的支付工具，逐步取代现金和支票，大到买房置地、旅游购物，小到使用公用电话、乘坐公共汽车都采用信用卡结算。

我国的信用卡发展是从 1978 年中国银行广东省分行代理香港东亚银行信用卡业务开始的，伴随着我国金融体系改革开放的不断深化，信用卡在我国也得到了快速的发展。1985 年 3 月 1 日，中国银行珠海分行发行了我国第一张信用卡——人民币中银卡。1986 年 6 月 1 日，中国银行北京分行发行了第一张人民币长城卡，同年 10 月，中国银行总行指定长城卡为中国银行系统的信用卡，并在全国各地发行。1987 年 10 月，中国银行加入万事达（MasterCard）国际组织，并于 1988 年 6 月发行第一张外汇长城万事达卡（见图 5－6）。1987 年 10 月，中国银行加入维萨（VISA）国际组织，并于 1989 年 8 月发行了第一张长城维萨卡。国有的其他商业银行如工商银行、建设银行、农业

图 5－6　信用卡

银行也相继发行了自己的信用卡，分别为牡丹卡、龙卡、金穗卡。我国的信用卡业务到了一个全新的发展时期。

信用卡一般是一张长 85.60 毫米、宽 53.98 毫米、厚 1 毫米的塑料卡片（尺寸大小是由国际标准化组织 ISO 7810、7816 系列的文件制定的），由银行或信用卡公司依照用户的信用度与财力发给持卡人，持卡人持信用卡消费时无须支付现金，待结账日时再行还款。2006 年 2 月 28 日全国人民代表大会常务委员会关于信用卡的解释规定，信用卡是指由商业银行或者其他金融机构发行的具有消费支付、信用贷款、转账结算、存取现金等全部功能或者部分功能的电子支付卡。

信用卡主要有以下两个特点：第一，多功能。不同的信用卡，功能和用途各不相同，但主要有四种功能，即转账结算功能、消费借贷功能、储蓄功能和汇兑功能。第二，高效便捷。由于银行为持卡人和特约商户提供高效的结算服务，这样消费者就乐于持卡购物和消费，同时也给消费者带来了更多的便利。利用信用卡结算还可以减少现金流通量，简化收款手续，十分灵活方便，避免了携带现金的不便。信用卡交易流程如图 5－7 所示。

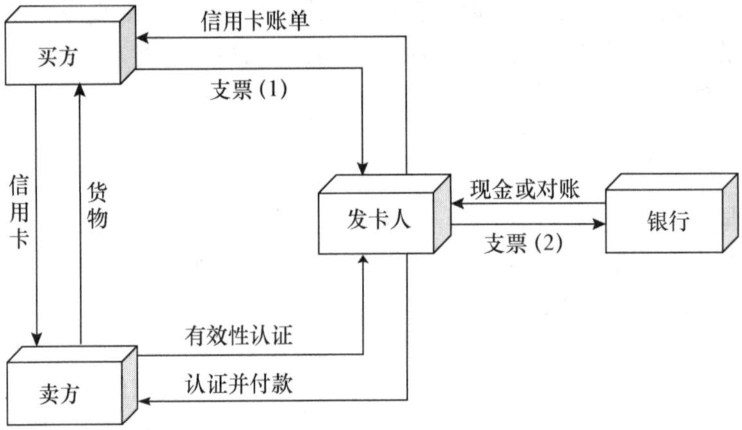

图 5－7　信用卡交易流程

使用信用卡的方式有以下几种：

1. POS 机刷卡

在 POS 机上刷卡（见图 5－8）是目前最常见的信用卡使用方式，是一种联网支付的方式。刷卡时，操作员应首先查看信用卡的有效期和持卡人姓名等信息。然后，根据发卡人以及需要支付的货币种类选择相应的 POS 机，将磁条式信用卡的磁条在 POS 机上划过，或者将芯片式信用卡插入卡槽，连通银行等支付网关，输入相应的金额。远程支付网关接收信息后，POS 机会打出刷卡支付的收据（至少是两联），持卡人检查支付收据上的信息无误后应在此收据上签字。操作员核对收据上的签名和信用卡背后的签名后（包括姓名完全相符和笔迹基本相符），将信用卡及刷卡支付收据的一联给

图 5－8　POS 机刷卡

持卡人，至此，POS机上的刷卡程序完成。

2. RFID机拍卡

在RFID机上拍卡（见图5－9）感应是一种新型的信用卡使用方式，也是联网支付方式的一种。拍卡时，操作员应首先查看信用卡的有效期和持卡人姓名等信息。然后，根据发卡行以及需要支付的货币种类选择相应的拍卡机，输入相应的金额，将信用卡平放于感应器上方不多于10cm的地方。RFID机感应到信用卡后会发出讯号声响，然后继续运作程序，远程支付网关接收信息后，打印机（如已连接）会打出拍卡支付的收据，但与以往之方式不同，持卡人无须签字，更快捷，更方便。

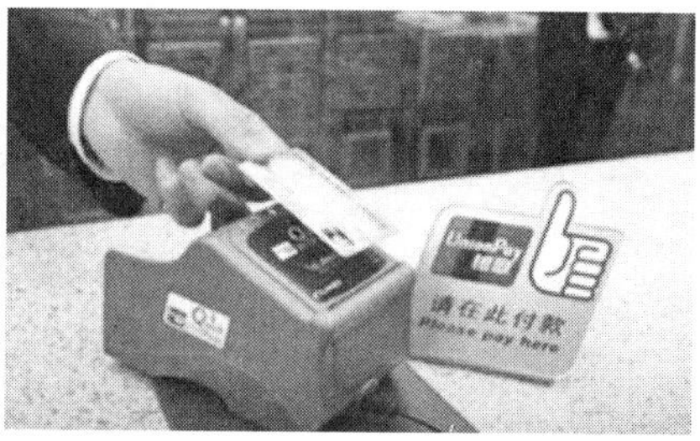

图5－9　RFID机拍卡

3. 手工压单

手工压单（见图5－10）通常在没有POS机或不能联网的情况下使用。压单操作必须有压敏复写式的直接签购单（至少是两联）和电话。压单前的检查工作与使用POS机时相同。操作员用压单设备将信用卡上凸起的卡号、姓名等印到签购单上，并书写金额、日期等信息，然后拨打收单银行授权专线电话，报出卡片信息申请授权，并将获得的授权码书写在签购单上，持卡人确认无误后签字。操作员核对签名后，将信用卡及签购单的一联交给持卡人，至此，手工压单程序完成。授权电话通常是即时拨打，但在某些通信不畅或信用度良好的地区，会遇到商户压卡客户签字后便交付商品完成交易的情况，授权会在日后完成。这样作为商户可能会遭受到信用卡诈骗的风险，因为如果客户使用无效卡支付，不立即申请授权码便无法马上发现。

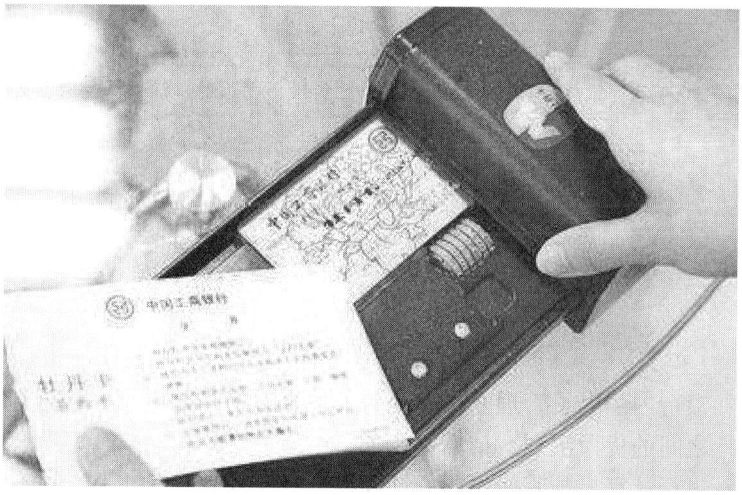

图5－10　手工压单

4. 预授权

预授权一般用于支付押金，即冻结一部分信用卡的可用额度当作押金。预授权和手工压单的过程类似，但是商家要求用户预授权相应的金额，不是要求支付，也不需要压单，只需要出具收到押金的凭证即可。一般预授权会在结账的时候由商家取消。如果商家忘记取消，可以打电话给商家要求取消，或者等待银行自动取消预授权。

任务二　探索电子商务支付的概念和特征

了解了现金、票据、信用卡这些支付工具后，欧阳逍遥决定再去探索现代的支付概念和特征。

第一步：掌握电子支付的概念

电子支付（electronic payment）是以计算机和通信技术为手段通过计算机网络系统以电子信息传递形式实现的货币支付与资金流通。电子支付系统指的是消费者、厂商和金融机构之间使用安全电子手段把支付信息通过信息网络安全地传送到金融机构或相应的处理机构，以实现货币支付或资金流转的支付系统。电子支付系统是电子商务活动的基础，人们只有在建立可信的电子支付系统的基础上，才能真正地开展电子商务活动。

电子支付方式的出现要早于互联网，电子支付系统的发展与电子银行（electronic banking）的发展密切相关。从历史的角度看，电子支付系统经历了五个发展阶段，如图 5－11 所示。

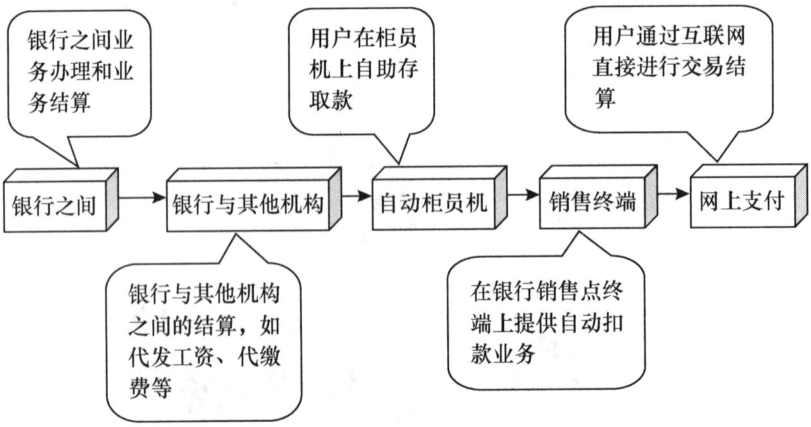

图 5－11　电子支付的不同发展阶段

第一阶段：银行内部电子管理办法系统与其他金融机构的电子系统连接起来，如利用计算机处理银行之间的货币汇划、结算等业务。

第二阶段：银行计算机与其他机构的计算机之间实现资金的汇划，如代发工资、代缴费等。

第三阶段：通过网络终端向客户提供各项自助银行服务，如 ATM 系统。

第四阶段：利用网络技术为客户在商户消费时提供自动扣款服务，如 POS 系统。

第五阶段：网上支付方式迅速发展，电子货币可随时随地通过互联网直接转账、结算，形成电子化支付环境。

第二步：探索电子支付的特征

那么，电子支付到底有哪些分类和形态呢？欧阳逍遥通过查找网络资料，将其归纳成如图 5-12 所示的几种分类和形态。

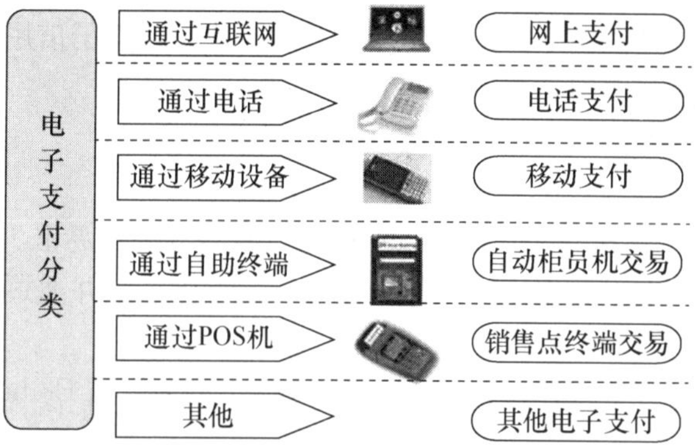

图 5-12　电子支付的不同分类和形态

与传统的支付方式相比，电子支付具有以下几方面的特征：

（1）电子支付是采用先进的技术，通过数字流转来完成信息传输的，它采用数字化的方式进行款项支付；传统的支付方式则是通过现金的流转、票据的流转及银行的汇兑等物理实体的流转来完成款项支付的。

（2）电子支付的环境是基于一个开放的系统平台之中的；传统支付则是在较为封闭的系统中运行的。

（3）电子支付使用先进的通信手段，如互联网；而传统支付使用的则是传统的通信媒介。电子支付对计算机软、硬件设施的要求很高，一般要求有联网的计算机、相关的软件及其他一些配套设施；而传统支付则没有这么高的要求。

（4）电子支付具有方便、快捷、高效、经济的优势。客户只要拥有一台能上网的计算机，便可以足不出户，在很短的时间内完成整个支付过程，可以跨时空、跨地域。

（5）电子支付目前还存在一些需要解决的问题，主要是安全问题，如防止黑客入侵、防止内部作案、防止密码泄露等。

电子商务支付系统如图 5-13 所示。

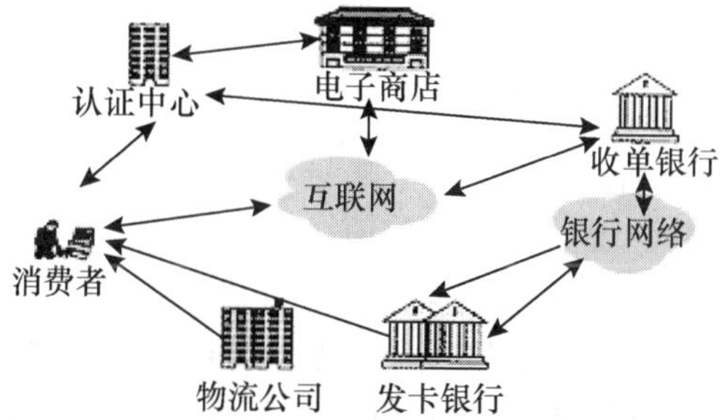

图 5-13　电子商务支付系统

任务三　探索电子支付工具

随着计算机技术的发展，电子支付工具越来越多，这些支付工具各有特点和运作模式，适用于不同的交易过程。下面详细了解一下电子货币、电子信用卡、智能卡、电子钱包和电子银行等的概念和应用。

第一步：探索电子货币

电子货币（electronic money）是指以电子化机具和各类交易卡为媒介、以计算机技术和通信技术为手段、以电子数据流形式存储在银行计算机系统并通过计算机网络以信息传递形式实现流通和支付功能的货币。

电子货币包括电子现金（E-cash）和电子支票（E-check 或 E-cheque）等形态。

1. 电子现金

电子现金券和电子现金系统如图 5－14 所示。

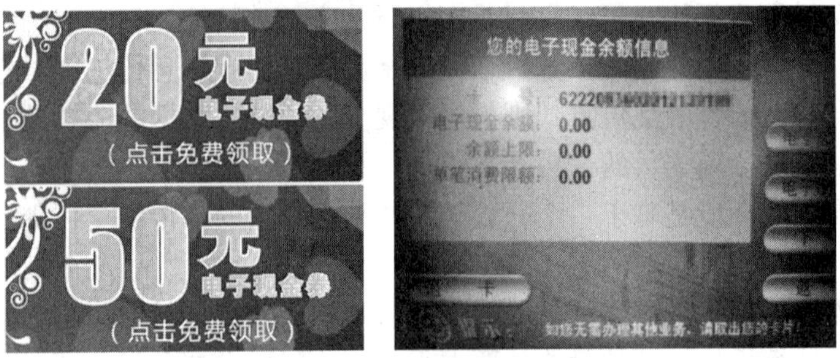

图 5－14　电子现金券和电子现金系统

（1）电子现金的特点。

1）E-cash 银行负责用户和厂商之间资金的转移。

2）身份验证是由 E-cash 本身完成的。

3）匿名性。

4）具有现金特点，可以存、取、转让，适用于小的交易量。

电子现金支付方式存在的一些缺点：只有少数商家接受电子现金，而且只有少数几家银行提供电子现金开户服务；成本较高；存在货币兑换问题；风险较大。

（2）电子现金的支付过程。

电子现金的一般支付过程可以分为四步：

1）用户在 E-cash 发布银行开立 E-cash 账号，用现金服务器账号中预先存入的现金来购买电子现金证书，这些电子现金就有了价值，并被分成若干“硬币”，可以在商业领域中进行流通。

2）使用计算机电子现金终端软件从 E-cash 银行取出一定数量的电子现金存在计算机中。

3）用户与同意接收电子现金的厂商洽谈，签订订货合同，使用电子现金支付所购商品的费用。

4）接收电子现金的厂商与电子现金发放银行之间进行清算，E-cash 银行将用户购买商品的钱支付给厂商。

电子现金的支付过程如图 5－15 所示。

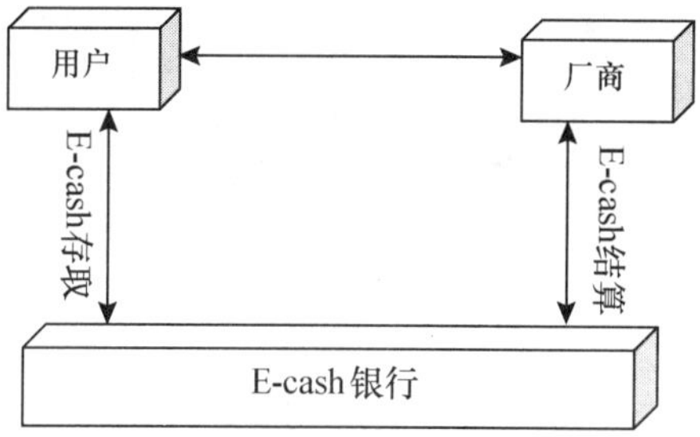

图 5－15　电子现金的支付过程

2. 电子支票

电子支票是纸质支票的电子替代物，它与纸质支票一样是用于支付的一种合法方式，它使用数字签名和自动验证技术来确定其合法性。电子支票是一种借鉴纸质支票转移支付的优点，利用数字传递将钱款从一个账户转移到另一个账户的电子付款形式。电子支票的支付是在与厂商及银行相连的网络上以密码方式传递的，多数情况下使用公用关键字加密签名或个人身份证号码（PIN）代替手写签名。用电子支票支付，事务处理费用较低，而且银行也能为参与电子商务的厂商提供标准化的资金信息，因而是最有效率的支付手段。

使用电子支票进行支付，用户可以通过计算机网络将电子支票发向厂商的电子信箱，同时把电子付款通知单发到银行，银行随即把款项转入厂商的银行账户。这一支付过程在数秒内即可实现。然而，这里面也存在一个问题，那就是：如何鉴定电子支票及电子支票使用者的真伪？因此，就需要有一个专门的验证机构来对此做出认证，同时，该验证机构还应能够对厂商的身份和资信提供认证。

图 5－16 为美国运通易世通电子旅行支票样本。

图 5－16　美国运通易世通电子旅行支票样本

第二步：探索电子信用卡

前面我们已经介绍了信用卡的概念，在传统的支付工具中，信用卡是一种非现金交易付款的方式，是简单的信贷服务。而电子信用卡（见图 5－17）是在传统信用卡的基础上发展而来的，不仅可以实现传统形式上的交易，而且可以完全在网络上实现电子化、数字化的交易，如实现网上银行业务中的信用卡支付等。

图 5-17　电子信用卡

电子信用卡具有快捷、方便的特点，卖方可以及时通过发卡机构了解持卡人的信用度，避免了欺诈行为的发生。由于使用电子信用卡需要通过互联网进行信息传输，因此在技术上需要保证传输的安全性和可靠性。利用安全电子交易协议（SET）保证电子信用卡卡号和密码的安全传输，在信用卡进行支付的过程中，也需要认证客户商家以及信用卡发放机构的身份，防止抵赖行为的发生。而从持卡人的角度来讲，网络支付被认为是信用卡的几种支付方式中风险最大的一种，因为黑客等可能使用网络钓鱼、窃听网络信息、假冒支付网关等手段窃取用户资料。为了确保支付的安全，进行网络支付时，需要输入卡号、信用卡有效期、网上交易密码，有时还需要输入姓名、网页随机生成的验证码等。必要时，还可以使用物体与硬件结合的方式进行支付确认，如中国工商银行提供 U 盾等进行硬件上的确认，如图 5-18 所示。

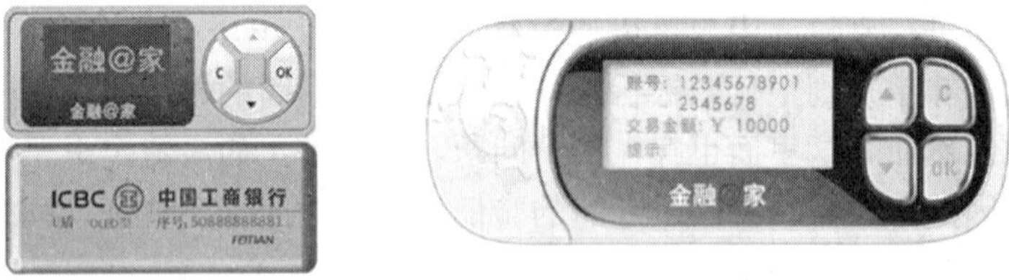

图 5-18　U 盾

电子信用卡具有制造成本低、信息保存可靠性高、开发方便、应用灵活和小型化等特点，电子信用卡与电子信用卡机——小型专用微机相配套可广泛应用于各种有价证券、无价证券、信用证明等场合，也可用于一些分散系统的数据信息采集。

第三步：探索智能卡

智能卡（smart card）内嵌有微型芯片，它可以存储和记录持卡人的信息，并可以对这些信息进行一定处理。智能卡包含一个 RFID（无线射频识别器）芯片，所以它不需要与读写器进行任何物理接触就能够识别持卡人。

智能卡是 IC 卡（集成电路卡）的一种，是在法国问世的。20 世纪 70 年代中期，法国罗兰·莫雷诺（Roland Moreno）公司采取在一张信用卡大小的塑料卡片上安装嵌入式存储器芯片的方法，率先开发成功 IC 存储卡。经过 30 多年的发展，真正意义上的智能卡，即在塑料卡上安装嵌入式微型控制器芯片的 IC 卡，是由摩托罗拉和 Bull HN 公司于 1997 年研制成功的。

在美国，人们更多地使用 ATM 卡（见图 5－19）。智能卡与 ATM 卡的区别在于两者分别是通过嵌入式芯片和磁条来储存信息的。但由于智能卡存储的信息量较大，存储信息的范围较广，安全性也较好，因而逐渐引起人们的重视。

图 5－19　ATM 卡

在我国，随着金卡工程建设的不断深入发展，智能卡已在众多领域获得广泛应用，并取得了令人瞩目的成绩。目前智能卡已在金融、电信、社会保障、税务、公安、交通、建设及公用事业、石油石化、组织机构代码管理等许多领域得到广泛应用，这对提高各行业及地方政府的现代化管理水平，改变人们的生活模式和提高生活质量，推动国民经济和社会信息化进程发挥了重要作用。

第四步：探索电子钱包

电子钱包（electronic wallet）是用户用于进行安全网络交易特别是安全网络支付并且储存交易记录的特殊计算机软件或硬件设备。电子钱包能够存放电子现金、信用卡账号、电子零钱、个人信息等。使用电子钱包的用户通常要在相关银行开立账户。在使用电子钱包时，将电子钱包通过有关的应用软件安装到电子商务服务器上，利用电子钱包服务系统就可以把自己的各种电子货币或电子金融卡上的数据输入进去。在发生收付款时，用户只要单击一下相应项目（或相应图标）即可完成。

在电子商务服务系统中设有电子货币和电子钱包的功能管理模块，叫作电子钱包管理器（wallet administration），顾客可以用它来改变保密口令或保密方式，用它来查看自己银行账号上收付往来的电子货币账目、清单和数据。电子商务服务系统中还有电子交易记录器，用户通过查询记录器，可以了解自己都买了什么物品，购买了多少，也可以把查询结果打印出来。

第五步：探索电子银行

电子银行（electronic bank）是以计算机技术为手段、以网络平台为基础、以银行业务为对象实现的银行业务的电子化运作形式。电子银行又称为网上银行或虚拟银行。根据中国银行业监督管理委员会 2006 年 3 月 1 日施行的《电子银行业务管理办法》中的有关定义，电子银行业务是商业银行等银行业金融机构利用面向社会公众开放的通信通道或开放型公众网络，以及银行为特定自助服务设施或客户建立的专用网络，向客户提供的各种银行业务的服务。电子银行业务主要包括利用计算机和互联网开展的网上银行业务，利用电话等声讯设备和电信网络开展的电话银行业务，利用移动电话和无线网络开展的手机银行业务，以及其他利用电子服务设备和网络、由客户通过自助服务方式完成金融交易的业务，如利用自助终端、ATM（见图 5－20）等。电子银行是金融创新与科技创新相结合的产物。

电子银行有两种运行的架构方式：一种是由一家银行总行统一提供一个网址，所有交易均由总行的服务器来完成，分行只是完成接受现场开户申请以及发放有关软硬件工作；另一种是以各分行为单位设有网址，互相连接，客户交易均由当地服务器完成，数据通过银行内部网络连接到总行，总行再将有关数据传送到其他分支机构服务器，完成交易过程。第一种模式以中国工商银行、中国银行和中信银行为代表；第二种模式则为中国建设银行、招商银行所采用。

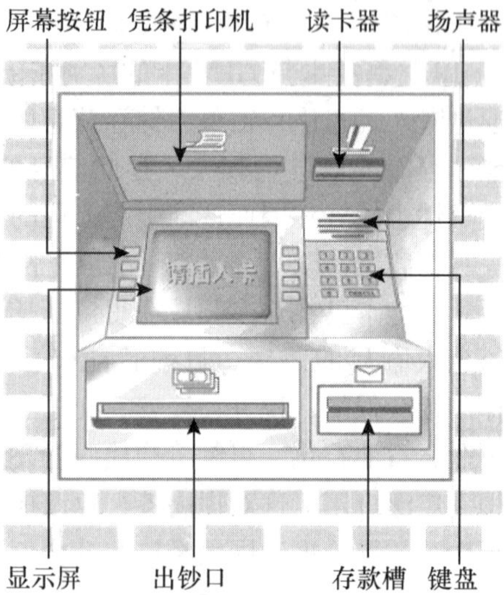

图 5－20　ATM

电子银行按是否有具体的物理营业场所划分，可以分为纯虚拟电子银行和与传统银行结合的电子银行两种。

安全第一网络银行（Security First Network Bank，SFNB）（见图 5－21），又称为虚拟网络银行或纯虚拟电子银行，是于 1995 年 10 月 18 日成立的世界首家网络银行。这类网络银行一般只有一个具体的网络办公场所，没有现实中的分行、营业柜台、营业人员。

图 5－21　世界首家网络银行 SFNB

与传统银行结合的电子银行是由传统银行发展而来的网络电子银行。这类银行是传统银行的分支机构，是原有银行利用互联网开设的银行分站。它相当于传统银行新开设的一个网点，但是又超越传统的形式，因为它的地域比原来的更加宽广。客户通过互联网就可以办理原来的柜台业务。这类网络电子银行占电子银行的绝对比例。

下面，我们以国内几家著名的银行为例，介绍一下它们的电子银行业务。1999 年，中国银行（http://www.boc.cn）就推出网上银行服务系列产品。网上银行业务是中国银行为客户提供银行服务的新手段。它以现有的银行业务为基础，利用互联网技术为客户提供综合、安全、实时的金融服务。中国银行是中国国际化和多元化程度最高的银行，为 50 多个国家和地区的客户提供全面的金融服务。中国银行网站主页如图 5－22 所示。

招商银行（http://www.cmbchina.com）是我国较早推出网上银行的银行之一。1997 年，深圳招商银行在互联网上推出自己的主页及网上银行业务，在国内外引起了很大反响，受到客户的广泛称赞。1999 年年底，深圳招商银行的网上银行正式运行，其功能主要包括个人银行系统、网上支付系统、网上证券系统、网上商城系统等。目前，招商银行网上银行的业务水平已居国内领先地位。招商银行网站主页如图 5－23 所示。

图 5－22　中国银行网站主页

图 5－23　招商银行网站主页

中国建设银行（http://www. ccb. com）和中国工商银行（http://www. icbc. com. cn）等也都拥有网上银行业务，提供 24 小时不间断服务。

我国银行的主管机构中国人民银行对电子支付系统的建设一直十分重视。从 1989 年开始，先后发起了三项大型系统工程和若干其他工程，以促进网上银行建设的发展。如 1989 年，开始了电子联行系统工程，1991 年开始设计建立国家现代化支付系统，1993 年又开始了旨在降低现金流通在支付结算中所占比重的金卡/银行卡工程。目前，中国人民银行、中国工商银行、中国银行都在积极参与电子商务工程的建设，在“统一品牌、联合建设”方针的指导下，由中国人民银行联合各家商业银行共同出资、共同建设统一的金融品牌安全认证中心，并授权中国人民银行的银行卡总中心负责认证中心的运作和管理。但从目前的情况来看，我国网上银行开通的服务基本上还是比较初级的内容，是传统业务的延伸。随着网上银行业务发展速度的加快，未来会有更多的银行业务在网上实现。

任务四　探索电子支付流程

电子支付的工作流程如图 5－24 所示。

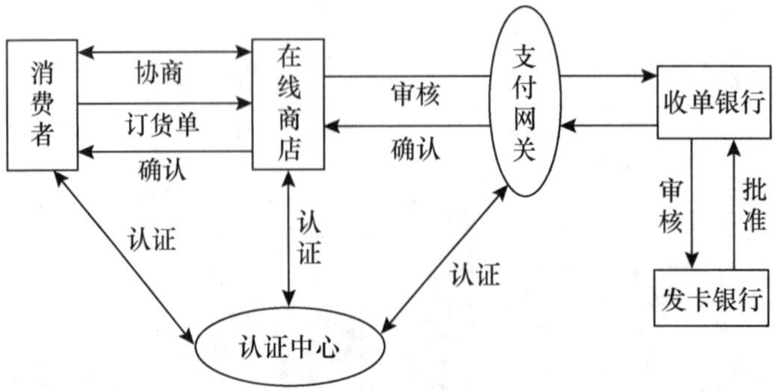

图 5－24　电子支付的工作流程

由图 5－24，可将整个电子支付的工作流程分为下面七个步骤：

（1）消费者利用自己的计算机通过互联网选定所要购买的物品，并在计算机上输入订货单，订货单上需包括在线商店、购买物品名称及数量、交货时间及地点等相关信息。

（2）通过电子商务服务器与有关在线商店联系，在线商店做出应答，告诉消费者所填订货单的货物单价、应付款数、交货方式等信息是否准确，是否有变化。

（3）消费者选择付款方式，确认订货单，签发付款指令。此时开始启动认证。

（4）在认证中，消费者必须对订货单和付款指令进行数字签名。同时利用双重签名技术保证商家看不到消费者的账号信息。

（5）在线商店接受订货单后，向消费者所在银行请求支付认可。信息通过支付网关到收单银行，再到发卡银行确认。批准交易后，返回确认信息给在线商店。

（6）在线商店发送订货单确认信息给消费者。消费者端软件可记录交易日志，以备将来查询。

（7）在线商店发送货物或提供服务并通知收单银行将钱从消费者的账号转到在线商店账号，或通知发卡银行请求支付。

任务五　探索电子支付平台

在了解了电子支付的有关内容后，欧阳逍遥对我国目前的电子支付情况有了一定的了解，在这个基础上，欧阳逍遥想要对电子支付做些更深层次的了解，老师建议他上网去了解一些国内著名的支付平台，并对其运作进行分析。

欧阳逍遥首先在网上看到这样的资料：2005 年年初，阿里巴巴的 CEO 马云在瑞士达沃斯世界经济论坛上预言："2005 年将是中国电子商务的安全支付年。"2005 年 7 月 11 日，全球知名的电子支付公司 PayPal 便高调进入中国，在上海建立其全球第 14 个本地化网站"贝宝"，直接对阵中国淘宝网的"支付宝"。

"有 E-mail 便能收付款"的口号由 PayPal 带到国内。PayPal 成立于 1998 年年底，中文称为"贝宝"，它将用户的信用卡账号与其 E-mail 地址绑定，使网上用户只需通过 E-mail 地址便可以安全、便捷地收付款。PayPal 一年多后便登陆纳斯达克，2002 年被美国著名在线电子商务企业 eBay 收购。

与此同时，国内也迅速涌现了一大批支付公司，比如上海快钱（99bill）公司、专注移动支付的上海捷银（SmartPay）公司、北京易宝（YeePay）公司等。一时间，以“pay”（中文意思是支付）为名字后缀的支付公司让人眼花缭乱。

从1998年招商银行率先推出网上银行业务之后，人们便开始接触到网上缴费、移动银行业务和网上交易。这个阶段，银行无疑是网上支付的主导力量，随着网上银行业务的发展，银行类的企业开始介入支付领域。北京首信、上海环迅、网银在线等诸多具有较强银行接口技术的服务商，在银行基础支付层提供的统一平台和接口的基础上，提供网上支付通道，就像一个电源插线板一样，前后分别连接商家和银行，通过与银行的二次结算获得分成。这类支付网关型模式是目前国内比较成熟的支付平台。而自身拥有庞大的用户群体的大型电子商务公司，比如易趣、淘宝网、慧聪网等，纷纷自建支付平台，将支付模式推向第二个阶段。早在PayPal进入中国之前，2004年10月，易趣便联合国内多家金融机构推出其诚信支付工具“安付通”。而淘宝网也在2004年推出了“支付宝”，并成立专门的支付公司。无论是支付宝还是贝宝，都提出了“你敢用，我就敢赔”的口号，对买卖双方实行全额赔付。这种模式的实质是以支付公司作为信用中介，在买家确认收到商品前，代替买卖双方暂时保管货款。这种担保使得买卖双方的交易风险得到控制，突出解决交易中的安全问题。但无论是贝宝还是支付宝，作为支付平台来讲，服务于母公司电子商务主营业务是其第一要义，其发展也取决于母公司平台的大小。

随着电子商务突飞猛进的发展，独立的第三方支付公司大批涌现。第三方垫付模式，是支付公司为买家垫付资金，或如快钱等公司设立虚拟账户的模式。通过买卖双方在交易平台内部开立的账号，以虚拟资金为介质（当然这些虚拟资金也是要用人民币来充值的）完成网上交易款项支付，使支付交易只在支付平台系统内循环。

从支付手段上看，国内的第三方电子支付公司已经形成了网上支付、电话支付和移动支付多手段的结合。用户可以选择通过拨打固定电话、通过借记卡或者手机短信的形式进行支付。

欧阳逍遥将在网上收集的有关国内几个著名的支付平台的信息整理如下。

1. 支付宝

支付宝（www.alipay.com）（见图5-25）是浙江支付宝网络科技有限公司开发的独立第三方支付平台，由阿里巴巴集团创办，致力于为中国电子商务提供“简单、安全、快速”的在线支付解决方案。

图5-25　支付宝

支付宝公司从 2004 年建立开始，始终以“信任”作为产品和服务的核心。不仅从产品上确保用户在线支付的安全，同时让用户通过支付宝在网络间建立起相互的信任，为建立纯净的互联网环境迈出了非常有意义的一步。

自 2004 年成立以来，支付宝已经与超过 200 家金融机构达成合作，为近千万小微商户提供支付服务，拓展的服务场景不断增加。支付宝也受到了更多用户的喜爱，截至 2015 年 6 月底，实名用户数已经超过 4 亿。在覆盖绝大部分线上消费场景的同时，支付宝也正在大力拓展各种线下场景，包括餐饮、超市、便利店、出租车、公共交通等。目前，支持支付宝的线下门店超过 20 万家，出租车专车超过 50 万辆。支付宝的国际拓展也在加速。目前，境外超过 30 个国家和地区，近 2 000 个签约商户已经支持支付宝收款，覆盖 14 种主流货币。2013 年，支付宝开始支持韩国购物退税。2014 年，支付宝将退税服务扩展到欧洲。在金融理财领域，支付宝为用户购买余额宝、基金等理财产品提供支付服务。目前，使用支付宝支付的理财用户数超过 2 亿。

2. 快钱

快钱（http://www.99bill.com）（见图 5－26）是目前国内独立的第三方支付企业，最早推出基于 E-mail 和手机号码的综合电子支付服务，总部位于上海，在北京、广州等地设有分公司。

图 5－26　快钱

快钱拥有领先的独立电子支付及清结算系统，专注于为各类行业和企业提供安全、便捷的综合电子支付服务。目前，快钱支付产品丰富、覆盖人群广泛，推出了包括人民币支付、外卡支付、神州行卡支付、联通充值卡支付、VPOS 支付等众多支付产品，支持互联网、手机、电话和 POS 机等多种终端；行业解决方案覆盖航空、保险、教育和零售等行业。

2004 年成立至今，快钱已覆盖逾 4.3 亿个人用户，以及 500 余万商业合作伙伴，对接的金融机构超过 100 家。公司总部位于上海，在北京、广州、深圳等 40 多地设有分公司，并在南京设立了金融服务研发中心。2014 年，快钱与万达集团达成战略控股合作，共同打造以实体产业为依托的互联网金融平台。

3. 网银在线

网银在线（http://www.chinabank.com.cn）（见图 5－27）是于 2003 年 6 月在中关村注册的高新技术企业。自成立以来，凭借强大的技术实力和良好的服务理念，以“电子支付专家”为发展定位，联合中国银行、中国工商银行、中国农业银行、中国建设银行、招商银行等国内各大银行，以及 VISA、MasterCard、JCB 等国际信用卡组织，致力于为国内中小型企业提供完善的电子支付解决方案。

图 5－27　网银在线

网银在线是中国领先的电子支付解决方案提供商之一，致力于为国内用户提供完善的电子支付解决方案。网银在线也是国内主要的预付费卡提供商之一。在北京，已经有包括悠唐生活广场在内的上千家商场、超市、餐馆和网银在线达成了合作关系。通过网银在线，用户可以享受到便捷、安全而且实惠的预付费购物体验。

网银在线通过了支付行业内最为严格、级别最高的 PCI DSS 国际安全认证。PCI DSS 国际安全认证对于支付企业内部软硬件配置、网络架构、运营操作体系以及安全机制等方面提出了全面的要求，从存储、处理和传输各个环节对持卡人的数据信息进行最高级别的保护。

数据显示，近几年来，中国电子支付行业的发展已经进入快速增长期。在这个阶段，规范性将成为影响整个行业发展的关键因素。作为目前国际上最为权威的安全认证体系，PCI DSS 的推广对于中国的电子支付行业发展有着非常积极的促进价值。

通过 PCI DSS 国际安全认证，说明网银在线在支付系统的安全性方面达到了国际要求，这也意味着用户在使用网银在线服务的时候，拥有了国际水准的安全保证。

4. 银联支付

中国银联（http://www.chinapay.com）（见图 5－28）是经中国人民银行批准的，由八十多家国内金融机构共同发起设立的股份制金融机构，于 2002 年 3 月 26 日成立，总部设在上海。

“银联在线”是中国银联倾力打造的互联网业务综合商务门户网站，致力于为广大银联卡持卡人提供“安全、便捷、高效”的互联网支付服务。

“银联在线”依托具有中国自主知识产权、国内领先的银联 CUP Secure 互联网安全认证支付系统和银联 EBPP 互联网收单系统，构建了银联便民支付网上平台、银联理财平台、银联网上商城三大业务平台，为广大持卡人提供公共事业缴费、通信缴费充值、信用卡还款、跨行转账、账单号支付、机票预订、基金理财和商城购物等全方位的互联网金融支付服务。

图 5-28　中国银联

银联便民支付网上平台的业务范围包括信用卡跨行还款、水电燃气缴费、移动电话及固定电话缴费充值等业务。

银联理财平台的业务范围包括基金直销业务、银行理财产品销售业务等。

银联网上商城平台精选国内及境外银联认证的优质商户，为持卡人提供万余种商品的网上购物支付服务。

随着业务覆盖范围、应用领域的不断扩大，“银联在线”正受到越来越多发卡银行、收单银行、商户和广大持卡人的欢迎。未来，中国银联将依托安全、稳定、可靠的转接与清算服务系统，完整配套的业务规范、技术标准及专业化服务体系，日益完善的网上支付风险防控流程，强大的技术研发与系统运营能力，积极努力，加强创新，不断满足日益多元化、个性化的网上支付需求，携手产业各方，共同推动中国电子支付行业快速、健康发展。

5. 贝宝（PayPal）

PayPal（https://www.paypal.com）（见图 5-29）成立于 1998 年，总部在加利福尼亚州的圣何塞，于 2002 年由 eBay 收购。PayPal 是安全便捷的在线收付款方式。PayPal 提供的服务包括通过信用卡、银行账户、买家信用或账户余额付款，同时不会透露用户的财务信息。

图 5-29　贝宝

PayPal 已经迅速成为全球领先的在线支付解决方案提供商，通过 PayPal 提供的跨地区、跨币种和跨语言的付款服务，用户可以在全球范围内开展电子商务。

6. 易宝（YeePay）

易宝（http://www.yeepay.com）（见图 5－30）是北京通融通信息技术有限公司 2003 年 8 月创立的专业从事多元化电子支付一站式服务的平台。

图 5－30　易宝支付

易宝支付自运营以来，一直致力于为广大商家和消费者提供“安全、简单、快乐”的专业电子支付解决方案和服务。

在立足网上支付的同时，易宝支付不断创新，首家推出电话支付，将互联网、手机、固定电话整合在一个平台上，使电子支付实现了“网上线下”全覆盖，并以随需应变、量身定制为原则，陆续推出了航旅、游戏、网上购物、教育考试等行业的专用支付解决方案。目前签约的大中型商家包括百度、搜狐、易趣、当当、慧聪、九城、盛大、完美世界，以及海南航空、深圳航空、四川航空、南航电子商务公司等。

易宝支付在电子支付领域创新而务实的风格、领先的技术和负责任的爱心企业公民形象，深得银行等合作伙伴认同，已与 IBM、中国工商银行、招商银行、VISA 国际信用卡组织、中国联通、上海电信等建立了战略合作伙伴关系。

易宝支付作为行业支付专家，2006 年便首创了行业支付模式，陆续推出了网上在线支付、非银行卡支付、信用卡无卡支付、POS 支付、基金易购通、一键支付等创新产品，先后为游戏娱乐、航空旅游、电信移动、行政教育、保险、基金、快消连锁、电商物流等众多行业提供了量身定制的行业解决方案，为产业转型及行业变革做出了积极贡献。易宝支付在航空旅游、游戏娱乐、行政教育等多个领域保持领先地位。2011 年 5 月，易宝支付获得首批央行颁发的支付牌照；2012 年 3 月，获得证监会颁发的基金销售支付结算许可证；2013 年 10 月，获得国家外汇管理局批准的跨境支付业务许可证。面对如今的移动支付大潮，易宝支付创新推出移动支付产品“一键支付”，发布了针对 O2O 行业的解决方案之一掌柜通，助力华为钱包打造生态体系，在移动支付领域持续保持领先地位。2016 年，易宝支付成为首批苹果公司认证通过的安全支付服务提供商，支持商户 App 实现 Apple Pay 服务，助力国航成为国内首家支持 Apple Pay 的航空公司。

项目评估

通过对旅游电子商务支付全面的探索，欧阳逍遥对旅游电子商务支付的概念有了更深刻的了解。旅游电子商务在实施过程中必然要经过在网上询价、报价、预订、支付等一系列与资金流活动密切相关的过程。

老师为欧阳逍遥提供了国际旅游组织发布的一份蓝皮书 *E-Business for Tourism*，这份文件中提到，旅游和电子商务是天生的伙伴。在传统旅游业中，支付方式往往是通过前台支付来完成的，刚刚起步的旅游电子商务自然也采用这种方式。随着旅游电子商务的发展，旅游电子支付的需求不断扩大。比如，随着电子客票的推行，越来越多的旅客会从“电话订票，送票付款”的传统方式，过渡到“网上支付，实时出票”的全数字化方式。在酒店预订方面，尽管旅游者大多在前台付款，而在旅游高峰期，多数酒店都要求旅游者有信用卡担保或付预订金，由此产生了电子支付的需求。与此同时，全国广泛推行的“交通一卡通”，某些旅游景点推出的基于信息化技术的卡式门票或者数字门票，以及电子支付方式的多样化和迅速普及，也对旅游电子商务活动中电子支付的需求产生了一定的推动作用。

旅游电子商务活动中电子支付的成功取决于两个方面：一是信用体系的建立，即通过商家信用认证、信用凭证上传、支付信用度累计和用户监督（评价）相结合的办法，尽可能确保商户的诚信和信息的真实；二是引入诚信支付工具，确保用户在享受到服务后再正式支付费用，进一步减少旅游者交易风险。这种模式建立后，旅游活动的吃、住、行、游、购、娱都将可以在此模式上发展，从而使旅游活动更加方便和安全。

思　考

1. 旅游电子商务支付的概念是什么？
2. 旅游电子商务支付应如何操作？请列出一般性流程。

拓展阅读

一、电子支付在全球的发展

近几年来，得益于电子商务的推广和计算机网络技术的进步，我国电子支付业迅猛发展，数据显示，从 2005 年到 2012 年，电子支付呈现爆发式增长态势，交易额连续几年翻番增长。

1. 电子支付的概念与特征

2005 年 10 月，中国人民银行公布《电子支付指引（第一号）》，规定：“电子支付是指单位、个人直接或授权他人通过电子终端发出支付指令，实现货币支付与资金转移的行为。电子支付的类型按照电子支付指令发起方式分为网上支付、电话支付、移动支付、销售点终端交易、自动柜员机交易和其他电子支付。”电子支付与传统的支付方式相比具有以下特征：一是数字化的支付方式。电子支付是采用先进的技术通过数字流转来完成信息传输的，而传统的支付方式则是通过现金的流转、票据的转让以及银行的汇兑等物理实体的流转来完成款项支付的。二是开放的系统平台。电子支付的工作环境是基于一个开放的系统平台（如因特网）之中，而传统支付则是在较为封闭的系统中运作。三是先进的通信手段。电子支付使用的是最先进的通信手段，如因特网、外联网，而传统支付使用的则是传统的通信媒介。四是明显的支付优势。电子支付具有方便、快捷、高效、经济的优势。

2. 国外和我国电子支付的发展

（1）美国电子支付的发展。

在美国，真正意义上的电子支付只有大约 50 年的历史，纸质支票长期占据着主导地位，直到 2003 年电子支付才从交易笔数上超过纸质支票。1950 年，Diners Club 发行了第一张现代信用卡；1958 年，美国银行推出了 BankAmericard（VISA 卡的前身）；1969 年数家加州的银行联合以 MasterCharge 卡（即现在的 MasterCard）加入了竞争。1984 年，LANDMARK 发行了第一张借记卡。借记卡相对于信用卡，其涉及的环节较少，支付交易指令和信息经过终端和 EFT（electronic funds transfer）系统网络到达发卡行完成交易资金的划拨。随着 20 世纪 90 年代初互联网在美国的兴起，1994 年世界上第一个互联网支付公司 Cyber Source 在硅谷创立，除提供网关支付处理外，还有反欺诈和网上支付安全方面的服务。Cyber Source 在 2009 年处理了总额 1 200 亿美元的支付交易，占美国整个电子商务交易额的 1/4。互联网的蓬勃发展还在 1999 年催生了以虚拟账户为基础的PayPal 公司，为网上的大量中小企业和个人提供了一个低门槛的安全收付服务并有效促进了电子商务的发展。特别是在 2003 年并入 e-bay 后，PayPal 支付服务快速增加，2009 年交易额达到 710 亿美元。

（2）欧洲电子支付的发展。

整体上，欧洲用户是世界上最活跃的网络用户群。北部欧洲，包括英国、德国和北欧国家，60%～80%的互联网用户进行网络购物。英国是世界领先的电子商务国家，2011 年英国网民线上消费额达到 680 亿英镑，较 2010 年增长 16%。法国、意大利和西班牙，网购者数量在互联网用户中所占比例相对较低，但新的网购者数量正迅速增长。东部欧洲，尽管目前电子商务的交易规模较小，消费额较低，但中东部欧洲国家电子商务的发展潜力很大。2011 年，欧盟 27 国近 58%的互联网用户通过网络进行购物，与 2010 年相比增长了 57%，比 2009 年增长了 54%。欧洲各国偏好的支付方式各不相同。在德国，预付卡增长最为迅速，2011 年预付卡金额增长了 15%，而借记卡、签账卡、信用卡和商店卡的增速均为 3%～5%。在法国，消费者在网上购物时偏好使用银行卡，包括 Carte Bleue 卡、专用卡或商店卡，信用卡支付占所有支付方式的 80%。在英国，网上购物最频繁使用的支付方式是信用卡，占网上交易总额的 40%，借记卡占 35%，PayPal 是第三大常用的支付方式，其他支付方式共占 4%。在挪威，卡是最常使用的网络支付方式，通过 Bank Axess 进行的网上银行转账也可以用来进行网络支付，COD（货到付款）和电子钱包的使用则不太普遍。在丹麦，绝大多数的网上支付通过信用卡和借记卡进行，其中大部分使用丹麦全国借记卡品牌 Dankort，Dankort 既可以在线下 POS 使用，也可以线上使用，其他支付方式还包括网上银行、COD 等。

3. 我国电子支付的发展

近年来，在电子商务大潮的推动下，我国电子支付业务迅速发展，不仅仅是产品创新、渠道多元化，参与主体也在增加。从市场情况看，2012 年我国互联网支付业务交易规模达 36 589.1 亿元，同比增长 66%（数据来源：艾瑞咨询报告），互联网支付市场规模庞大；从支付渠道看，电子支付已不限于ATM、POS、网银、电话等传统渠道，随着信息技术的发展，手机支付、电视支付等新兴支付方式不断涌现，任何一个带着信息传输和集成的设备都可能成为一个支付终端；从支付产品看，电子支付已成为社会基础服务，电子支付已覆盖航旅、教育、生活、服务、娱乐、公共事业等众多领域，任何一个涉及资金转移和流动的行为都可能成为一个支付产品；从参与主体看，电子支付参与主体日益增多，第三方支付公司逐渐成为电子支付市场的重要力量，数据显示，2012年61.3%的中国网民使用第三方支付完成在线支付，仅次于网上银行直接支付（数据来源：艾瑞咨询报告）。

在我国，网络及电子商务的发展使客户需求、消费方式都发生了巨大变化，居民对电子支付业务的需求日益高涨。各类金融机构、非金融机构纷纷介入电子支付领域，参与主体不断增多，银行面临着激烈的竞争。电子支付业务降低了银行经营成本，并以虚拟网点的方式形成业务扩张，对于银行吸引维系客户、提升竞争力等有着重要意义。金融产品未来发展方式是介质趋于单一化，而功能趋于多元化，这要求银行在设计电子支付产品时，立足客户体验，注重支付业务终端化发展趋势。

资料来源：丁爱琴．电子支付发展现状、面临问题与应对策略研究．金融纵横，2013（6）；刘洋．电子支付发展对我国金融电子化的影响．河北金融，2013（10）．

二、我国电子支付发展现状与未来趋势

快速发展的电子信息技术，相应地推动了我国互联网的发展，使之以较快的姿态稳步发展。作为一个新兴产业，电子支付早在国家提出“互联网＋”体系概念前就已被大众所熟知。而移动支付的出现无疑掀起了新一轮的电子支付革新浪潮。我们的生活在支付宝与微信支持手机收付后，发生了巨大变化，但日趋激烈的移动支付平台间的相互竞争，不断暴露出电子支付市场中的问题和隐患。

1. 电子支付的基本概念

电子支付其实就是一种一般等价交易的崭新模式，是包括厂商、金融机构以及消费者在内的从事电子商务交易的当事人，以信息网络为媒介，通过具有较高安全性的信息传输方式和手段，利用数字化形式进行的货币支付、资金流转，从而实现货币和商品的交易。电子支付是近年来非常时兴的新型支付手段。2005年10月，中国人民银行就电子支付的基本定义对外公布，至此国内电子支付的定义也得到了统一。

2. 国内电子支付发展的现状分析

（1）银联支付系统。

电子支付是从银联衍生而来的，其之所以受到诸多客户的关注，主要是因为资本雄厚且拥有完善的银行网点布局以及最早的电子支付理念，因而其客户群体不仅多且相当稳定。这种支付系统作为一种交易转接清算平台，是以银联卡为基础的，客户所拥有的全部类型银联卡能够在这一系统平台实现交易与支付。相关资料显示，截止到2016年年末，全国人均持有卡的数量接近4张，卡均消费金额在10 106元左右，同比增长了17.69%。当然，这和银联业务能力的增强有很大关系。近年来，不断兴起的第三方支付平台，如支付宝、微信支付等，促使银联也相继推出了“超级网银”与“闪付”两大创新业务。而这无疑在很大程度上为银联支付占据更大的市场份额提供了巨大支持。

（2）第三方支付平台。

2005年，阿里巴巴的CEO马云在瑞士达沃斯世界经济论坛上首次提出了我国第三方支付平台的概念。历经10年的快速发展，到2016年第一季度，一个交易规模在59 703亿元人民币的庞大市场已经形成。其中63.41%的市场被支付宝所占据，而23.03%为财付通，在我国第三方移动支付中，以上两者分别位居第一和第二位。电子商务的特点决定了货物流与现金流在交易过程中是异步分离的，而最容易违背道德与协议、破坏等价交换原则的一方往往都是先收受对价的一方。因此先支付对价的一方就会受制于人，而处于弱势地位，交易风险也由其承担，这就是长时间以来电子商务一直无法取得较好发展的主要原因。随着第三方支付平台的出现，这一问题得到了有效解决。比如，支付宝就创新地提出了“担保交易”，其交易流程如下：第一，消费者将网络商品拍下，并将资金支付给卖家，这时由支付宝冻结这笔资金；第二，支付宝向卖家通知支付结果；第三，卖家发货，消费者在收到货物后完成支付确认；第四，支付宝向卖家账户内打入托管的货款。如此一来就让交易双方互不信任的问题得到了有效解决，对我国电子商务的繁荣发展起到了积极推动作用。

（3）NFC手机支付系统。

NFC支付的一个显著特点就是安全性高，支付速度快。这个由飞利浦半导体公司与索尼公司研制的近场通信技术被苹果、华为、三星等手机制造商运用于手机制造过程中。2016年，Apple Pay在大陆上线，短短两天绑定的银行卡就有300多万张，用户对其的热情高涨。紧随苹果公司的脚步，三星公司也推出了Samsung Pay，而中国本土具有竞争力的手机厂商，如华为、小米等也在NFC支付上跃跃欲试。

3. 我国电子支付的未来发展趋势

（1）移动支付将成为行业热点。

我国的移动电话用户到2012年年底已超过了11亿，3G用户达到了3.2亿。但是移动支付的业务量却和庞大的手机用户规模不相称。相较于互联网支付，现阶段，我国才刚刚开始使用移动支付。面对巨大的手机用户规模与市场发展空间，未来，手机继通信、娱乐等功能以外的一个重要功能就是移动支付，整个行业的热点也一定会被移动支付所占据，特别是移动支付中的近场支付势必会有一个很大的突破。

（2）效率更高。

现阶段，人们的生活节奏越来越快，特别是在一、二线城市。而电子支付的出现就让快节奏生活人群的需求得到了满足。如今，人们生活中的方方面面均有电子支付的影子，银联支付与第三方支付能够让生活的各种便捷需要得到满足，比如最常见的水电费缴纳，这样就让生活效率大大提高。在可预见的未来，借助电子支付，势必会有更多的小企业、私营个体业主以及个人经营者让消费者享受到高效消费体验。而日益普及的电子商务也必然会激励电子支付手段的更新与成长，从而变得更加高效与健全。

（3）安全性更强。

长时间以来，大家均认为制约电子支付发展的一个重要因素就是安全性问题，而各个企业最关注的问题就是支付安全问题。银联支付的形式为线上支付U盾＋支付密码，线下支付密码与签名方式可使交易安全得到充分保证。U盾这一支付工具具有很高的安全性，其利用硬件加密的方法能够将黑客、木马病毒的攻击隔绝在外，但若用户在支付完成后长期未将U盾从电脑移除，就会让不法分子有机会入侵。线下刷卡支付方面，因为传统磁条信用卡被复制的概率较大，不法分子可利用对客户信用卡的复制，破解其支付密码对客户银行卡进行盗刷。为了将这一问题解决，各个银行正在积极推广具有IC芯片的信用卡，这种信用卡不仅安全性更高，且很难被复制。第三方支付主要通过密码验证和平台担保相配合的模式来对支付安全予以保证。手机木马病毒与手机丢失的用户支付信息泄露是第三方支付面临的主要威胁，而第三方支付的便捷性让这种威胁的严重性进一步扩大。NFC支付的最大卖点就是其较高的安全性。比如，Apple Pay采用安全芯片、动态令牌、指纹验证相配合的安全模式。用户的银行卡信息以加密的形式在安全芯片中储存，支付过程需对动态生成的“令牌”与用户指纹信息进行核对，就算交易中的“令牌”被截获也不能将用户的银行卡信息进行还原，因此目前公认的最安全的支付形式就是NFC支付。

总之，随着智能手机的普及与手机网民数量的不断增多，以支付宝、微信支付为代表的第三方支付会更加大范围地使用，这与其支付的便捷性和支付成本低廉有很大关系，未来第三方移动支付会越来越普遍，相关部门还需进一步考虑加强支付安全性，创设一个安全、安心的支付环境给广大移动支付者。

资料来源：王亮．关于我国电子支付发展现状与未来趋势的探讨．全国流通经济，2018（1）．

习 题

一、选择题

1．目前，电子支付最关键的问题是（　　）。

A．技术问题　　B．安全问题　　C．成本问题　　D．观念问题

2．以数字形式流通的货币是（　　）。

A．电子支票　　B．支票　　C．现金　　D．电子现金

3．中国第一家网上银行是（　　）。

A．招商银行　　B．中国银行　　C．中国工商银行　　D．中国建设银行

二、判断题

1．电子支付的技术设计是建立在对传统的支付方式的深入研究基础上的。（　　）

2．随着计算机技术的发展，电子支付的方式越来越多。这些支付方式可以分为三大类：一类是电子货币类，如电子现金、电子钱包、电子汇款（EFT）、电子划款等；一类是电子信用卡类，包括智能卡、借记卡、电话卡等；还有一类是电子支票类。这些方式各有自己的特点和运作模式，适用于不同的交易过程。（　　）

3．Digicash是可记录的匿名电子现金支付系统，主要特点是设置分级货币服务器来验证和管理电子现金，使电子交易的安全性得到保证。（　　）

4．在现金交易中，买卖双方处于同一位置，而且交易是匿名进行的。卖方不需要了解买方的身份，因为现金本身是有效的，其价值由发行机构加以保证。现金具有使用方便和灵活的特点，因此很多交易都是通过现金来完成的。（　　）

5．根据支票处理的类型，电子支票可以分为两类：一类是借记支票（credit check），即债务人向银行发出支付指令，以向债权人付款的划拨；另一类是贷记支票（debit check），即债权人向银行发出支付指令，以向债务人收款的划拨。（　　）

6．电子商务的实现必须由两个重要环节组成：一是交易环节，二是支付环节。前者在客户与销售商之间完成，后者需要通过银行网络来完成。（　　）

三、简答题

1. 什么是电子支付？与传统的支付形式相比它有什么特点？
2. 就目前行业现状而言，电子支付还存在哪些缺陷？
3. 电子现金的支付过程是什么？
4. 网络银行有什么特点？主要业务有哪些？

实训演练

旅游电子商务支付

【实训目的】

通过实训了解电子商务支付的基本概念，了解国内目前比较知名的电子支付网站的情况，并进行电子支付的实际操作和体验。

【实训步骤】

1. 光大银行专业版和大众版演示

（1）光大银行专业版的页面首先为一个登录页面，而大众版直接进入“一键通”页面。

（2）专业版和大众版页面所提供的服务不同，也就是链接不同。比如专业版有“阳光e缴费”，而大众版没有。

（3）专业版和大众版相比服务更加丰富。

2. 招商银行网上银行流程演示

一网通网上支付是招商银行提供的网上即时付款服务。通过一网通网上支付，可以在网上任意选购众多与招商银行签约的特约商户所提供的商品，足不出户，即可进行网上消费。服务特色：全国联网，可以在任何一家招商银行特约商户消费付款；拥有多种支付工具，满足各种消费需求；具有强大的安全保障。

【实训报告】

1. 写出实训具体的过程。
2. 阐述实训结果，总结实训体会，并对实训结果进行分析。

超级链接

1. 支付宝

https://www.alipay.com

简介：支付宝（中国）网络技术有限公司是国内领先的独立第三方支付平台，由阿里巴巴集团创办。支付宝致力于为中国电子商务提供“简单、安全、快速”的在线支付解决方案。

2. 快钱

https://www.99bill.com

简介：快钱是国内领先的独立电子支付企业，旨在为各类企业及个人提供安全、便捷和保密的综合电子支付服务。

项目六　旅游电子商务的网络营销

项目目标

课程目标

理解旅游电子商务网络营销的概念和内涵

了解旅游电子商务网络营销的基本方法

学会网络营销策略制定和网络广告策划

实践目标

学会旅游电子商务网络营销的技能

能自己动手实现旅游电子商务网站的营销策划

项目导入

旅游电子商务网络营销是做好旅游电子商务的一个重要环节，欧阳逍遥在接触并学习了旅游电子商务网络技术后，觉得有必要将自己开发的旅游电子商务网站推销出去，让别人能通过自己的网站了解自己所要推介的旅游产品。那么到底如何做好旅游电子商务的网络营销呢？在本项目中，我们将和欧阳逍遥同学一起，去探索如何实现旅游电子商务的网络营销。

项目分析

旅游电子商务的网络营销主要是通过旅游网站等平台，借助计算机技术、网络技术、通信技术等手段实现旅游商品及服务的营销。国内的旅游专业网站有的只有简单的企业介绍，更多的是停留在门户阶段，内容主要包括国内主要的旅游路线、景点介绍、常识和游记作品等。有的旅游网站旅游信息不能及时、全面地更新，与旅游消费者的网络交互性不强，因而这些旅游网站的访问量不尽如人意。如何做好旅游电子商务的网络营销，让旅游消费者能通过旅游电子商务网站有效地了解和参与旅游商务是旅游电子商务网站经营者必须面对的问题。我们可以先从网络营销的基本概念入手，逐步深入地了解旅游电子商务网络营销的各项内容和技术。

小贴士

门户：英文为portal，原意是指房屋的正门或主要出入口，现多指互联网的网站首页，是集成了该网站多样化内容服务的Web站点，是进入网站各分支页面的主页面。通俗地讲，就是网上浏览者的出发地点，人们经由它进入网络世界，也可以将它看作上网的“启动港”，即上网第一站。

项目实施

本项目中，我们将和欧阳逍遥一起探索旅游电子商务的网络营销。老师帮助欧阳逍遥设计了本项目的探索路径。

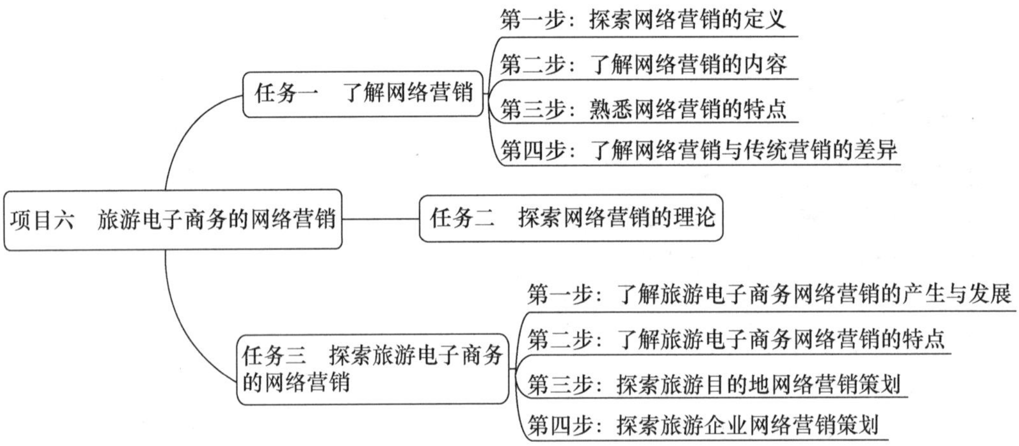

任务一　了解网络营销

第一步：探索网络营销的定义

欧阳逍遥通过阅读相关教材和上网搜寻，发现迄今为止，学术界对于网络营销还没有一个统一的定义。在国外使用的词有cyber marketing、Internet marketing、network marketing、E-marketing等。这些不同的词没有本质上的区别，只是从不同的角度反映网络营销的特点，而网络营销的概念和内涵也在不断发展之中。cyber marketing主要是指在计算机上构成的虚拟空间进行营销；Internet marketing是指在互联网上开展营销活动；network marketing是指包括互联网在内的可在计算机网络上开展的营销活动，这些网络可以是专用网，也可以是增值网；E-marketing是目前比较习惯和较多采用的表述方法，E是electronic的缩写，表示电子化、信息化、网络化的含义，既简洁又直观明了，而且与电子商务（E-business）、电子虚拟市场（E-market）等进行对应，所以E-marketing是指在电子化、信息化、网络化环境下开展的营销活动。

综合起来，可以将网络营销定义为：企业以现代营销理论为基础，通过互联网技术和计算机技术开展的营销活动。网络营销是企业整体营销战略的一个组成部分，作为企业经营管理手段，是企业电子商务活动中最基本和最重要的网上商业活动。营销的核心是商家与客户的沟通。网络营销是对传统营销的扩展和延伸，并不能完全替代传统营销。

欧阳逍遥在了解了网络营销的概念后，继续对网络营销概念涉及的一些问题进行深入讨论。

1. 网络营销不是孤立存在的

网络营销是企业整体营销战略的一个组成部分，网络营销活动不可能脱离一般营销环境而独立存在，在很多情况下网络营销理论是传统营销理论在互联网环境中的应用和发展。对于不同的企业，网络营销所处的地位有所不同。以经营网络服务产品为主的网络公司，更加注重网络营销策略，而在传统的企业中，网络营销通常只是处于辅助地位。由此也可以看出，网络营销与传统市场营销之间并没有冲突，但由于网络营销依赖互联网应用环境而具有其自身特点，因而有相对独立的理论和方法体系。在企业营销实践中，往往是传统营销和网络营销并存。

2. 网络营销不等于网上销售

网络营销是为最终实现产品销售、提升品牌形象的目的而进行的活动。网上销售是网络营销发展到一定阶段的产物，但并不是唯一结果，因此网络营销本身并不等于网上销售。这可以从三个方面来说明：

(1) 网络营销的目的并不仅仅是促进网上销售，很多情况下，网络营销活动不一定能实现网上直接销售的目的，但是可能促进网下销售的增加，并且提高顾客的忠诚度。

(2) 网络营销的效果表现在多个方面，例如提升企业的品牌价值、加强与客户之间的沟通、拓展对外信息发布的渠道、改善对顾客的服务等。

(3) 从网络营销的内容来看，网上销售也只是其中的一部分，并且不是必须具备的内容，许多企业网站根本不具备网上销售产品的条件，网站主要是作为企业发布产品信息的一个渠道，通过一定的网站推广手段，实现产品宣传的目的。

3. 网络营销不等于电子商务

网络营销和电子商务是两个紧密相关却又有明显区别的概念，两者很容易混淆。电子商务的内涵很广，其核心是电子化交易，电子商务强调的是交易方式和交易过程的各个环节。网络营销的定义已经表明，网络营销是企业整体营销战略的一个组成部分，无论是传统企业还是基于互联网开展业务的企业，都需要网络营销。但网络营销本身并不是一个完整的商业交易过程，而是为了促成交易提供支持的一个过程。因此它是电子商务中的一个重要环节，尤其在交易发生之前，网络营销发挥着主要的信息传递作用。网络营销和电子商务的这种关系也表明，发生在电子交易过程中的网上支付和电子交易之后的商品配送等问题并不是网络营销所能包含的内容。同样，电子商务体系中所涉及的安全、法律等问题也不适合全部包括在网络营销中。

4. 网络营销不应被称为“虚拟营销”

“在互联网上，没有人知道你是一条狗”，这是一句广为流传的话，最早出现在 1993 年彼得·斯坦纳发表在美国著名杂志《纽约客》的一幅漫画中，以此来说明互联网的虚拟性。一些文章中喜欢用“虚拟营销”来描述网络营销，其实这是不合适的。因为，所有的网络营销手段都是实实在在的，而且比传统营销方法更容易跟踪和了解消费者的行为。例如，借助于网站访问统计软件，可以确切地知道网站的浏览者来自什么地方，在多长的时间内浏览了哪些网页，用户来自什么 IP 地址，企业发出的电子邮件有多少用户打开，有多少用户点击了其中的链接，还可以确切地知道下订单的用户的详细资料，利用专用的顾客服务工具，甚至可以同浏览者进行实时交流。

5. 网络营销是对网上经营环境的营造

开展网络营销需要一定的网络环境，如网络服务环境、上网用户数量、合作伙伴、供应商、销售商、相关行业的网络环境等。网络营销环境为企业开展网络营销活动提供了潜在用户，也是向用户传递营销信息、建立顾客关系、进行网上市场调研等各种营销活动的手段和渠道。企业的网络营销活动也是整个网络环境的组成部分，开展网络营销的过程，就是与这些环境因素建立关系的过程。这些关系发展好了，网络营销才能取得成效。例如，网站推广常用的搜索引擎营销和网站链接策略的实施，就是和搜索引擎服务商以及合作伙伴之间建立良好关系的过程。因此，网络营销是对企业网上经营环境的营造过程，也就是综合利用各种网络营销手段、方法和条件并协调它们之间的关系，从而更加有效地实现企业的营销目标。

由于网络营销的内涵和方式都是在不断发展演变的，关于网络营销的定义和理解也只能适用于一定的时期。随着时间的推移和技术的进步，这种定义或许不能够反映新时期的实际状况。我们要根据网络营销环境的发展，在具体实践中根据具体的状况加以灵活运用。

第二步：了解网络营销的内容

网络营销作为新的营销方式和营销手段，内容非常丰富。一方面，网络营销针对新兴的网络市场，要及时了解和把握网络市场的消费者特征和消费者行为模式的变化，为企业在网上市场进行营销活动提供可靠的数据分析和营销依据。另一方面，网络营销作为在互联网上进行的营销活动，它与传统营销的目的是一致的，传统营销中的商品品牌、价格、渠道和促销等要素都会在网络营销中体现，但与传统营销相比，它又有很多变化。

网络营销通常包含的内容如图 6－1 所示。

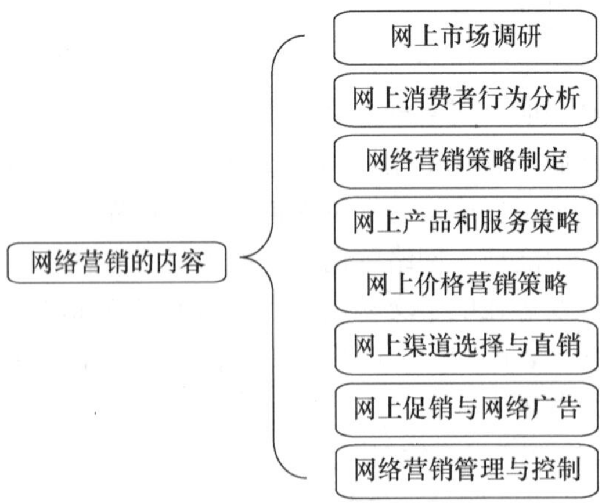

图 6－1　网络营销的内容

第三步：熟悉网络营销的特点

网络营销的特点可以归纳为以下几个方面：

1. 跨时空

由于互联网能够超越时间约束和空间限制进行信息交换，因此使得脱离时空限制达成交易成为可能，企业有更多的时间和更大的空间进行营销，可每周 7 天、每天 24 小时不间断地随时随地地提供全球性营销服务，以达到占有更大市场份额的目的。

2. 多媒体

互联网可以传输多种形式的信息，如文字、声音、图像等（见图 6-2），可以充分发挥营销人员的创造性和能动性。

图 6-2 互联网中多媒体信息的形式

3. 交互式

在互联网中，可以通过网络沟通工具实现供需互动与双向沟通。例如，可以通过网络进行消费者满意度调查、在线问题解答等活动。这种交互功能为商品信息发布、商品销售以及商品的售后服务等提供了最佳交互工具。

4. 个性化

互联网上的促销可以做到一对一的、理性的、消费者主导的、非强迫性的、循序渐进式的，而且是低成本与个性化的，避免了推销员的干扰，并通过交流与交谈和消费者建立长期良好的关系。

5. 成长性

互联网网民数量快速成长并遍及全球，网民的购买力强而且具有很强的市场影响力，因此网络营销是一种极具开发潜力的市场渠道。

6. 整合性

通过网络，可以把各个独立的营销系统综合成一个整体，以产生协同效应。这些独立的营销工作包括广告、直接营销、销售促进、包装、赞助和客户服务等。通过以网络工具为基础，立足客户营销需求的准确把握，对客户进行整合式营销，营销优势能够得到最大限度的发挥，获得最大的回报。

7. 超前性

互联网是一种功能强大的营销工具，它兼具渠道、促销、电子交易、互动顾客服务以及市场信息分析与提供的多种功能。它所具备的一对一营销功能，符合定制营销与直复营销的未来趋势。

8. 高效性

计算机网络可储存大量的信息，供消费者查询，可传送的信息数量与精确度远超过其他媒体，并能根据市场需求及时更新产品或调整价格，因此能及时有效地了解并满足顾客的需求。

9. 经济性

通过互联网进行信息交换，代替以前的实物交换，一方面可以减少企业印刷与邮递成本，可以无店面销售，免交房屋租金，节约水电与人工成本；另一方面可以减少由于多次物物交换带来的损耗。

10. 技术性

网络营销是建立在以高技术作为支撑的互联网的基础上的，企业实施网络营销必须有一定的技术投入和技术支持，改变传统的组织形态，提升信息管理部门的功能，引进懂营销与计算机技术的复合型人才，未来才能具备市场的竞争优势。

第四步：了解网络营销与传统营销的差异

网络营销作为一种全新的营销方式，具有很强的实践性，它的发展速度是前所未有的。21世纪是信息世纪、网络世纪，营销必将走向信息化和网络化。随着我国市场经济发展的国际化、规模化，国内市场必将更加开放，更加容易受到国际市场的冲击，而网络营销的跨时空性无疑会对整个营销产生巨大影响。

1. 对传统营销策略的影响

传统营销依赖层层严密的渠道，并附以大量人力与广告投入，这在网络时代将成为巨大的负担。

2. 对传统营销方式的冲击

随着网络技术迅速向宽带化、智能化、个性化方向发展，用户可以在更广阔的领域内实现声、图、像一体化的多维信息共享和人机互动功能。

3. 对营销组织的影响

互联网带动企业内部网的蓬勃发展，使得企业内外沟通与经营管理均需要依赖网络作为主要的渠道与信息源。其影响包括：业务人员与直销人员减少，组织层次减少，经销代理与分店数量减少，渠道缩短，虚拟经销商、虚拟门市、虚拟部门等企业内外部虚拟组织增多。这些影响与变化，都将促使企业对于组织再造工程的需要变得更加迫切。企业内部网的兴起，改变了企业内部作业方式以及员工学习成长的方式，企业组织调整成为必要。

4. 网络营销与传统营销的整合

网络营销作为新的营销理念和策略，凭借互联网特性对传统营销方式产生了巨大的冲击，但这并不等于说网络营销将完全取代传统营销，网络营销与传统营销是一个整合的过程。这是因为：首先，互联网作为新兴的虚拟市场，它覆盖的群体只是整个市场中某一部分群体。其次，互联网作为一种有效的渠道有着自己的特点和优势，但对于有些消费者来说，不愿意接受或者使用新的沟通方式和营销渠道，例如许多消费者不愿意在网上购物，而习惯在商场一边购物一边休闲。最后，互联网只是一种工具，营销面对的是有灵魂的人，因此一些传统的以人为主的营销策略所具有独特的亲和力是网络营销没有办法替代的。网络营销与传统营销的整合，就是利用整合营销策略实现以消费者为中心的传播统一、双向沟通，最终实现企业的营销目标。

网络营销与传统营销是相互促进和补充的，企业在进行营销时应根据企业的经营目标和细分市场，整合网络营销和传统营销策略，以最低成本达到最佳的营销目标。

任务二　探索网络营销的理论

欧阳道遥在探索网络营销的过程中，发现了不同的网络营销理论，进行了认真的归纳整理。

1. 整合营销理论

在传统市场营销策略中，由于技术手段和物质基础的限制，产品的价格、宣传和销售的渠道、企业所处的地理位置以及企业促销策略等就成了企业经营、市场分析和营销策略的关键性内容。

（1）以推销产品为中心的模式。

传统营销理论以4P理论为典型代表，追求的是利润最大化。所以4P理论的基本出发点是企业的利润，而没有把顾客的需求放到与企业的利润同等重要的位置上，它指导的营销决策是一条单向的链。

市场营销策略中的4P理论，反映的是销售者影响购买者的营销工具的观点。那么4P组合到底是什么含义？其实4P是四个以“P”字母开头的词语的组合：

1）产品（product）。

2）价格（price）。

3）渠道（place）。

4）促销策略（promotion）。

（2）以客户为中心的模式。

网络互动的特性使得消费者能够真正参与到整个营销过程中来，消费者不仅参与的主动性增强，而且选择的主动性也得到增强。在满足个性化消费需求的驱动之下，企业必须严格地执行以消费者需求为出发点、以满足消费者需求为归宿点的现代市场营销思想。据此，美国以舒尔兹教授为首的一批营销学者从消费者需求的角度出发研究市场营销理论，提出了4C组合。4C是四个以“C”字母开头的词语的组合，其要点是：

1）顾客（consumer）：先不急于制定产品策略（product），而以研究消费者的需求和欲望（consumer's wants and needs）为中心，卖消费者想购买的产品。

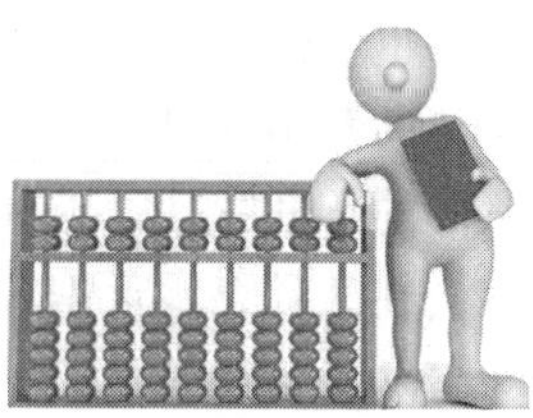

2）成本（cost）：暂时把定价策略（price）放到一边，而研究消费者为满足其需求所愿付出的成本。

3）方便（convenience）：忘掉渠道策略（place），着重考虑怎样能够方便消费者购买到商品。

4）沟通（communication）：抛开促销策略（promotion），着重于加强与消费者的沟通和交流。

首先，网络营销要求把消费者整合到整个营销过程中来，从他们的需求出发开始整个营销过程。在营销过程中，不断地与消费者交流，每一个营销决策都要从消费者的角度出发，这就要求企业从被动了解市场变为主动了解市场，从被动为消费者提供需求变为主动寻找消费者的需求。

其次，网络营销要求将企业的分销体系及各种利益相关者更紧密地整合到一起。由于网络的透明性，在不同互联网分销商、不同互联网情景下，企业不可能像传统营销那样可以采取不同销售条件、销售价格，由于网络的公开性，企业也不可能随意篡改批文，乱贴认证，因为顾客可以很容易地到相应网站求证。把相关群体整合到一起为消费者提供方便，更表明企业的信心和实力。

最后，网络营销要把企业利益和消费者利益整合到一起。网络营销不能只是站在企业利润的立场上制定营销策略，而且要考虑消费者真正的需要，必须使这二者在网络营销的条件下得到统一。

网络营销过程的起点是消费者需求，营销决策的目的是在满足消费者要求的前提下使企业利润最大化。而且顾客因其个性化需求得到了良好满足，就会对企业的产品、服务形成良好的形象，这种良好的形象逐步演变为对企业产品、服务的偏好，促使消费者在第二轮购买时首选该企业的产品和服务，随着第二轮的交互，产品和服务可能更好地满足了消费者需求。如此循环往复，一方面是消费者的个性化需求不断得到满足，从而建立起对企业的忠诚度；另一方面是由于这种满足针对的是个性化很强的需求，就使得其他企业的进入壁垒变得很高，也就是说，其他企业即使生产类似的产品也难以获得消费者认同。这样，企业和消费者的关系就变得非常密切，甚至牢不可破，形成“一对一”的营销关系。这一理论体现了以消费者需求为出发点、企业和消费者不断交互的特点，它的运作是双向的。

2. 软营销理论

网络营销是一种“软营销”，导出这个理论基础的原因仍然是网络本身的特点和消费者个性化需求的回归。

软营销和强势营销的根本区别在于：软营销的主动方是消费者，而强势营销的主动方是企业。

互联网时代，消费者搜索、调阅信息的手段发生了根本性的变革，所以“网络礼仪”成为一种极为重要的方法和技巧。网络礼仪是互联网上一切行为都必须遵循的规则，网络营销也不例外。软营销的主要特征体现在遵循网络礼仪，通过对网络礼仪的巧妙运用得到期待的营销效果。个性化消费需求的回归也使消费者在心理上要求自己成为主动方，而互联网的互动特性又使他们成为主动方真正有了可能。消费者不欢迎不请自到的广告，但他们会在某种个性化需求的驱动下自己到互联网上寻找相关的信息、广告。当然，这并不意味着网络营销中企业完全处于被动状态，企业仍然可以通过一些必要的方法、途径和手段吸引顾客浏览企业信息，接受企业的产品和服务。主动应当是双向的，而不应该总是一个主动，一个被动。

3. 直复营销理论

直复营销又称为直接营销（direct marketing）。它是个性化需求的产物，是传播个性化产品和服务的最佳渠道。直复营销中的“直”（“直接”的意思）是指不通过中间分销渠道而直接通过媒体连接企业和消费者，消费者可通过网络直接向企业下订单付款；直复营销中的“复”（“回复”的意思）是指企业与消费者之间的交互，消费者对这种营销有一个明确的回复（买还是不买），企业可统计到这种明确回复的数据，由此可对以往的营销努力进行评价。

直复营销是指企业通过互联网把产品直接销售给最终用户。目前常见的方法有两种：一是企业在互联网上建立自己的网站，申请域名，制作主页，由网络管理员专门处理有关产品的销售事务；二是企业委托信息服务商在其网站上发布信息，企业利用相关信息与客户联系，直接销售产品，虽然在这一过程中有信息服务商参与，但主要销售活动都是在买卖双方之间直接完成的。

直复营销的优点是多方面的：第一，网络促成供需直接见面，企业可以直接从市场上获得真实的第一手资料，合理安排生产。第二，买卖双方都可以从网络直销中获得经济利益，这是因为网络直销大大降低了产品的流通和营销成本，企业能以较低的价格、较高的利润销售产品，消费者也能以较低的价格购买到所需要的产品，所以网络直销是一种双赢的策略。第三，营销人员可以利用网络工具，如 E-mail、BBS 等，随时根据消费者的愿望和需求开展各种形式的促销活动，以便迅速扩大产品的市场占有率。第四，企业能够通过互联网及时了解到消费者对产品的意见和建议，并针对这些意见和建议提供技术支持和服务，及时解决消费者的困难，化解可能产生的矛盾和冲突。

直复营销理论的关键在于它说明了网络营销是可测试、可度量、可评价的，这就从根本上解决了传统营销效果评价困难的难题，为更科学地营销提供了可能。有了及时和准确的营销效果评价，就可及时改进以往的营销努力，从而获得更满意的结果。所以，在网络营销中，营销测试是一项应着重强调的核心内容。

4. 数据库营销理论

所谓数据库营销，就是利用企业经营过程中收集、形成的各种消费者资料的数据库，经分析整理后作为制定营销策略的依据，并作为保持现有消费者资源的重要手段。

基于对这个数据库的分析，能帮助企业确认目标消费者，从而更迅速、更准确地吸引消费者，然后用更有效的方式把产品和服务信息传达给消费者，服务的过程本身就是营销的过程。

5. 关系营销理论

关系营销是以系统论为基本思想，把一切内部和外部利益相关者纳入研究范围，用系统的方法考察企业的所有活动及其相互关系。

（1）客户关系营销策略。

客户是企业生存与发展的基础，是市场竞争的根本所在。只有企业为客户提供了满意的产品和服务，才能使客户对产品产生信赖感，进而对整个企业产生信赖感，成为企业的忠实顾客。

（2）供销商关系营销策略。

在竞争日趋激烈的市场环境中，明智的市场营销者会和供应商、分销商建立起长期的、彼此信任的互利关系。

（3）竞争者关系营销策略。

企业之间不仅存在竞争，而且存在合作的可能，应实行“强强联合，共同发展”，依靠各自的资源优势实现双方的利益扩张。

（4）员工关系营销策略。

任何企业都必须首先处理好自己内部的员工关系，只有企业内部的全体员工团结一致、齐心协力，才能实现成功的“外求发展”，并通过员工的协作实现资源转化过程中的价值最大化。

6. 定制营销理论

由于互联网为了解消费者提供了更加便利的条件，因此关系营销向前又迈进一步。随着企业和消费者相互了解的增多，企业可以根据消费者的具体情况，只向消费者提供他们需要的产品和服务，即定制营销。定制营销成为网络营销的基本手段之一，所以有人总结说，互联网时代是消费者定制的时代。

定制营销的概念是由营销学专家菲利浦·科特勒提出的，其核心是将现代化大生产规模经济的要求与各个消费者对同一产品的不同要求结合起来，同时兼顾批量生产与个别需求，使产品能更好地满足目标市场的每一位消费者。

定制营销有两个显著特点：

（1）大规模生产，为大量消费者服务。

（2）定制生产，满足每一个微观消费者的具体需求。

任务三　探索旅游电子商务的网络营销

学习了网络营销的基本概念和常用的网络营销理论后，欧阳逍遥思考了一个问题：在旅游业态下，电子商务的网络营销是什么概念呢？带着这个问题，欧阳逍遥去请教老师，老师给了欧阳逍遥一个思路：能否在网络营销的概念上探讨一下什么是旅游电子商务网络营销，然后在旅游电子商务网络营销概念的基础上，去探寻旅游电子商务的发展，并在其中找寻到旅游电子商务网络营销的奥秘。

根据老师的指点，欧阳逍遥通过前期的学习和积累，把网络营销这个概念举一反三，将旅游电子商务网络营销描述为：通过计算机和互联网等媒介，采用网络技术、通信技术和计算机技术等手段，运用营销的方法，在旅游吃、住、行、游、购、娱各类活动过程中所涉及的商品交换和服务。

这个概念得到老师的肯定。有了基本的概念，那么旅游电子商务的网络营销是如何产生和发展的？了解历史才能更好地面对未来。下面我们和欧阳逍遥一起去了解一下旅游电子商务网络营销的发展。

第一步：了解旅游电子商务网络营销的产生与发展

1. 国外旅游网络营销的发展历程

旅游业应用计算机网络展开营销的历史可以追溯到20世纪70年代，旅游电子商务网络营销是随着计算机网络技术的发展而发展起来的，大致可以将其发展历程划分为三个阶段：旅游企业集团内部网络营销、旅游行业内部网络营销、互联网与全球分销系统（global distribution system，GDS）相结合的网络营销，如图6-3所示。

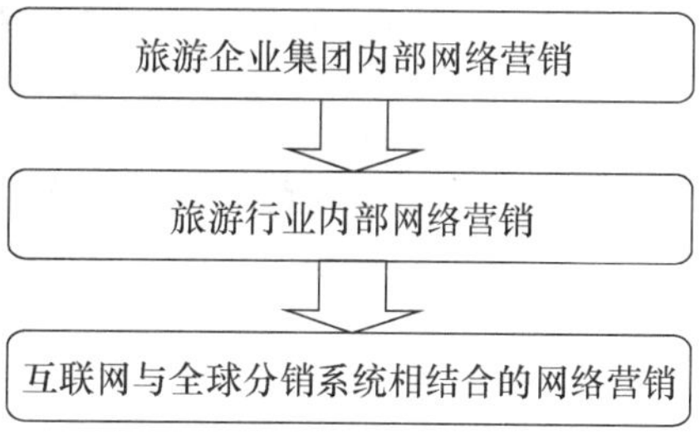

图6-3　旅游网络营销的发展历程

（1）旅游企业集团内部的网络营销。

中央预订系统（center reservation system，CRS）主要是指饭店集团为控制客源采用的本集团内部的电脑预订系统，最早是由假日饭店集团于1965年建立的，称为假日电讯网。从20世纪70年代至今不断更新和发展，时至今日已拥有自己的专用卫星，客人住在假日饭店里可随时预订世界其他地方的假日饭店，并在几秒钟内得到确认。目前的假日电讯网每天处理7万间订房，仅次于美国政府的通信网，并成为世界上最大的民用计算机网络，它已被美国政府指定为紧急状态下的后备通信系统。

美国喜来登集团（见图6-4）的CRS于1970年开通。1976年，设在圣路城的喜来登CRS订房中心就完成了它的第1 000万次预订，并于1983年在中东设立其第一家电脑预订中心办事处，为进一步扩大中东市场提供了条件。目前，喜来登的CRS办事处遍布全球。

图6-4　美国喜来登集团网站

美国希尔顿集团（见图6-5）的CRS设在纽约斯塔特勒希尔顿饭店，每月有15万名客人通过该系统进行预订。

图 6-5　美国希尔顿酒店网站

英国福特酒店集团采用的是 Forte-Ⅰ中央预订系统，该公司率先在欧洲耗费巨资完善自己的 CRS 成为 Forte-Ⅱ，使旅游代理商可以随心所欲地预订其在全球 60 多个国家不同档次酒店的客房。

这些集团内部的 CRS 使集团在控制客源方面一直处于领先地位。

（2）行业内部的网络营销。

美国赛博股份有限公司于 1960 年创立全球分销系统（global distribution system，GDS），GDS 包含 Amadeus、Calileo/Apollo、Sabre、Worldspan 四大系统。

进入 20 世纪 90 年代，由于卫星通信和 ISDN（综合业务数据网）的发展，GDS 风靡全球。随着计算机技术的飞速进步，全球电脑联网更方便，信息费用降低，饭店传统经营方式发生巨大变化，GDS 使中小型独立酒店和大型饭店集团站在了同一水平线上，GDS 成为最为盈利的饭店经营方式。

（3）互联网与全国分销系统相结合的网络营销。

随着互联网逐渐普及，欧美的预订市场结构发生了很大变化。GDS 虽然接入成本较高，但由于多年积累，应用者众多，业内地位依然不可取代。但是，网络预订的优势也是非常明显的，大型旅游电子商务网站或全球化旅游企业集团提供的旅游产品有三四万种之多，充分满足了旅游者的多样化需求和比较选择愿望。提供特色旅游产品或服务的小型旅游电子商务网站小而精，专门服务于小的细分市场，并在它们从事的领域成为专家。

网络预订的市场份额逐渐上升。同时一些旅游供应商开始希望摆脱 GDS 的控制，通过互联网来寻求更广阔的营销空间。

面对来自互联网的挑战，以 GDS 为中心的中间商采取相应的应对措施：一是使代理的产品类型更丰富，用户界面更亲切方便；二是寻求与互联网的融合。同时 GDS 也面临着三个方面的困难：一是原有系统适合于快速处理较大的交易量，而不适合处理来自终端旅游者的详细查询和零散预订，旅游者在预订前的多次查询将导致 GDS 的系统崩溃；二是必须开发新的更复杂的报价系统；三是以上两点又会导致 GDS 收取的使用费逐年增高，失去了对旅游供应商的吸引力。

无论是旅游供应商还是旅游中间商，他们都看到了通过互联网来分销产品的巨大空间，因此，在欧美发达国家出现了 GDS 和互联网融合的营销趋势。

2. 国内旅游网络营销的发展历程

国内旅游网络营销的发展历程同旅游电子商务网站的发展历程一样，经历了以下三个阶段。

第一阶段：1999—2000 年，旅游电子商务网站初创阶段。

随着中国旅游资讯网等一批中国最早从事旅游电子商务的网站的诞生，一股“旅游网站热”拉开了序幕。随后，携程旅行网、华夏旅游网、青旅在线、北京旅游信息网、逍遥网、西部旅游信息网等一大批旅游网站纷纷建立，虽然旅游电子商务势头良好，但在 2000 年，当互联网泡沫破灭，纳斯达克的股票指数一路狂泻时，有很多旅游电子商务网站公司被迫倒闭或重组。

第二阶段：2001—2003 年，“金旅工程”起步阶段。

在这一阶段，人们认识到构建一个全国性的旅游信息平台成为一个刻不容缓的问题。国家旅游局从 2001 年开始，逐步建立全国旅游部门的国家、省（自治区、直辖市）、重点旅游城市三级计算机网络，重点建立起面向全国旅游部门的业务处理、信息管理和执法管理的现代化信息系统，初步形成旅游电子政府的基本框架；同时，该系统还建立一个旅游电子商务的标准平台，建立行业标准，提供对旅游电子商务应用环境与网上安全、支付手段的支撑，支持国内传统企业向电子旅游企业转型，最终形成覆盖全国的完整的管理和商务网络。“金旅工程”（见图 6－6）是国家信息化工作在旅游部门的具体体现，也是国家信息网络系统的一个组成部分。“金旅工程”有两个基本的组成要素：一是政府旅游管理电子化，利用现代化技术手段管理旅游业；二是利用网络技术发展旅游电子商务，与国际接轨。总的目标是最大限度地整合国内外旅游信息资源，力争建设和完善政府系统办公自动化网络和面向旅游市场的电子商务系统。

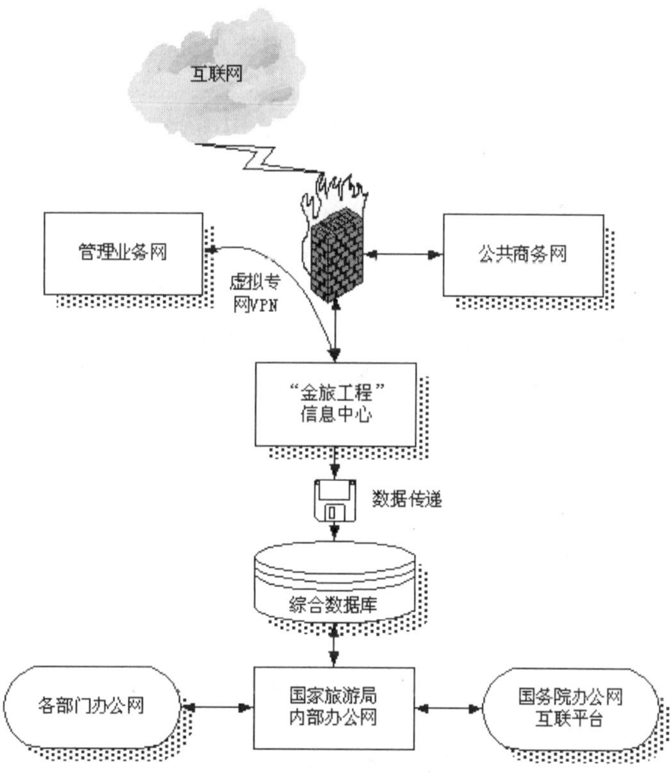

图 6－6 “金旅工程”的示意

第三阶段：2003年至今，旅游信息平台建设阶段。

单方面依靠国家旅游局来搭建全国性的旅游信息平台，已经显得力不从心。一些区域性的、与国家“金旅工程”相配套的旅游信息平台显示了其强大的生命力，这些区域性的旅游信息平台在其初期便已显示了良好的前景。

第二步：了解旅游电子商务网络营销的特点

1. 个性化

旅游电子商务的网上营销正向一对一的个性化发展，这种发展趋势将改变所有旅游企业从事商务活动的方式。个性化驱使旅游销售商根据过去的经验使Web站点或E-mail更加适合用户需要，适应不同年龄和地点的人的不同爱好，从而在网络营销过程中更加精确化，实现一对一的营销。

有两种个性化技术：一种是共同筛选技术，它把一名旅游消费者的习惯、爱好与其他消费者的习惯、爱好加以比较，以确定他下次要消费什么；另一种是神经网络匹配技术，即一套模仿人的大脑的程序，其功能是识别复杂数据中的隐含模式，如产品和消费者间的相关性。如果个性化服务在旅游电子商务网络营销中全面推行，将能够开创旅游电子商务网络营销的新时代。

网上个性化营销也并非一帆风顺，到目前为止，网络营销从上到下对个性化的重要性的看法很不一致。这是因为个性化服务要求消费者提供个人信息，有时需要填写冗长的表格，所以只有少数消费者愿意这样做，更糟糕的是在个人隐私方面会引发新的问题。

目前，个性化服务还需要经历一个漫长的过程，因为它需要采用复杂的数学公式和算法模型来匹配和挖掘人们可能的兴趣。

对于许多旅游经营商家来说，网络营销能使产品和服务非常精确地个性化，其目的在于极大地增强现有商务的基础。未来，旅游电子商务企业将以用户管理者代替产品管理者，用户管理者的工作在于通过针对每个用户的需求，精心提供产品和服务。

互联网具有以个性化迅速赢得数以百万计的用户的能力，这种能力正在创造出以前不能以快捷方式销售的产品。例如，美国航空公司目前采用博达·威森（Broda Vison）公司的个性化销售软件，为经常坐飞机的人提供针对性的服务。公司通过编制出发机场、航线、座舱和餐饮喜好以及他们自己和家人爱好的简介表，提高订票过程的效率。借助这些简介表和快速联系乘机人员的某种方式，在学校放假的几周时间里，美国航空公司为学生的全家提供个性化、定制化的坐飞机到迪士尼乐园的打折优惠机票，这是一种全新的销售方法。

2. 低成本

旅游电子商务网络营销给交易双方所带来经济利益上的好处是显而易见的，主要表现在：

（1）没有店面租金成本。传统的店面租金相当昂贵，特别是黄金地段，可以说是寸土寸金。而网络营销则只需要一台在网络上的网络服务器，或租用部分网络服务器的空间即可，与实际租用商业大厦的费用相比甚至可以忽略不计。

（2）低营销成本。网络营销具有极好的促销能力，经营者仅需负担较低的促销广告费用，即可将多媒体化的商品信息动态展示，既可以主动散发，又可随时接受消费者的查询。

（3）低结算成本。面向消费者的网络营销系统允许顾客在互联网上以信用卡付款，其着重点在于网上的实时结算，这对于顾客来说购物更为方便；对于商家而言，则降低了结算成本，电子商务代表了一种以网络为基础的新的商业结构。

3. 电子化

信息时代给营销带来了发展的契机，其电子化的特点尤其突出，主要表现在以下几方面：

（1）书写电子化、传递数据化。网络营销中采用电子数据（无纸贸易）、电子传递，旅游消费者进行交流、订货、交易，实现快速准确、双向式的数据和信息交流。

（2）经营规模不受场地限制。经营者在“网络店铺”中摆放多少商品几乎不受任何限制，无论经营者有多大的商品经营能力，网络营销系统都可以满足，而且经营方式也很灵活。

（3）支付手段高度电子化。为满足旅游电子商务网络营销的支持需要，各银行金融机构、信用卡发放者、软件厂商纷纷推出了电子支付方案，现已使用的形式主要有信用卡、电子现金、智能卡等。

第三步：探索旅游目的地网络营销策划

1. 旅游目的地营销/管理组织

世界各国，几乎所有的旅游目的地都设有旅游目的地管理机构（destination management organization，DMO），并设有与政府旅游管理机构合为一体的或相对独立运作的旅游目的地营销组织。在我国，各级政府旅游局承担了相关工作。

DMO的目标是以社会的、文化的、经济的和环境的基本准则来提高目的地的旅游业绩。DMO须以一种平等的、毫无偏袒的方式来代表目的地的所有旅游企业，并特别对当地的中小旅游企业负责。

DMO的信息职能主要是收集当地的、区域内的或国内的旅游产品信息并在全世界范围内传播；为当地的旅游企业提供信息，让旅游企业了解当前旅游业发展趋势、旅游市场形势和国内外竞争情况；面向旅游者，还有提供信息咨询的职责——一个公正可信的机构为旅游者提供直观的旅游产品信息，以及一些有用的建议。

欧美各国建立DMO的时间较早，20世纪90年代以前，这些国家的DMO主要通过遍布各地的旅游咨询中心、旅游问讯网络（以电话、信函为通信工具）、海外办事处等宣传旅游目的地形象。这一阶段基本没有建立以计算机网络为中心的旅游营销/管理系统，通常每年或半年组织编写一次旅游宣传资料。由于没有一体化的信息技术，其提供的旅游信息只能尽量简单化，效率也不高，不能全面反映旅游产品的种类和价格的变化。

随着计算机网络技术的成熟，DMO开始应用网络技术来建设功能齐全的“旅游目的地信息系统”，其一般模式如图6-7所示。

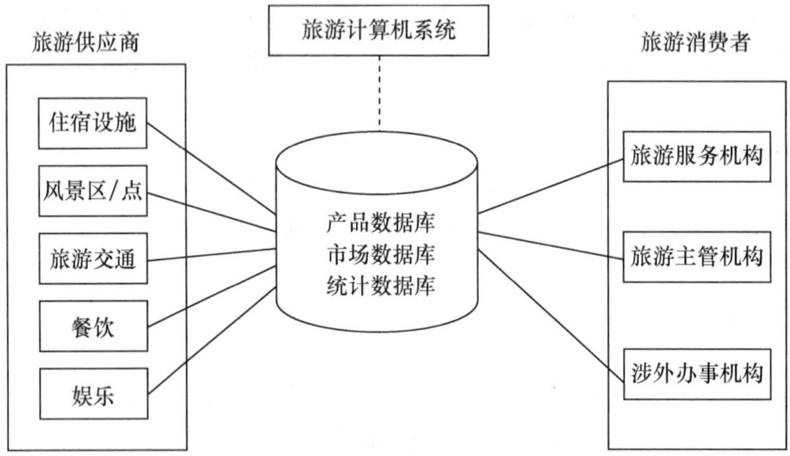

图 6-7　旅游目的地信息系统的一般模式

目前世界各国基本都建立了本国的旅游目的地信息系统，如丹麦、芬兰、新加坡等。这些目的地信息系统既有以国家为中心的，也有以主要旅游名胜地为中心的，我国的一些旅游大省（如海南省）也纷纷建立了以本地为中心的旅游目的地信息系统。

当互联网在世界逐渐普及后，旅游目的地信息系统迅速适应了这一变化，各国的 DMO 纷纷在互联网上建立网站，互联网将 DMO 的营销能力扩大到全球范围内，同时也通过网络增强其管理的效率。

2. 旅游目的地网络营销策划原则

（1）政府主导原则。

设计和推广地区旅游形象、举办大型活动等可较快提升旅游目的地的国际竞争力。这些工作的性质决定了需由 DMO 来承担。地区旅游业以中小企业为主，它们只会在特定时间、特定市场上推销其特定产品，即使是大型旅游企业也不会开展大范围促销，因此 DMO 对目的地促销作统一规划和管理才能保证目的地营销的完整性和整体有效性。

DMO 必须发挥统筹作用，合理制定利益机制，协调产业内各方面参与，政府的统筹可以有效地调动企业参加联合促销的积极性。

爱尔兰、西班牙、埃及的国家旅游组织（Nation Tourism Organization，NTO）已经从国家旅游行政管理机构（Nation Tourism Administration，NTA）中分离出来，这样更有利于促销活动的开展。

（2）强化目的地整体形象的原则。

旅游电子商务网站在营销的过程中都不可避免地遇到了一个相同的问题：网站是以旅游目的地形象为主，还是以企业形象为主呢？当以旅游目的地形象为主时，浏览者常常仅关心旅游目的地的相关信息，并且可能不通过该网站来预订任何旅游产品；当以旅游企业及其产品为主时，又会面临中国的旅游者并不太关心旅游企业的品牌，只关心旅游目的地的问题。这个矛盾必须由 DMO 来化解，一般是把旅游企业网站链接在 DMO 的网站上。旅游者会先浏览 DMO 所建立的网站，了解了旅游目的地的信息后，再决定选择哪个企业的产品，从而形成一个完整的旅游购物流程。因此，DMO 在进行旅游促销时，必须先着力宣传一个国家和地区的整体形象，当旅游者对这种形象认可时，才会通过链接到相关的企业网站预订旅游产品。

(3) 与行业管理目标相结合原则。

旅游目的地信息系统既可以通过网络来宣传某一旅游目的地，同时又增加了政府管理机构和旅游企业之间的信息交流渠道，可以将政府的行业管理功能加入其中。我国各省市及地区所建立的旅游目的地营销系统基本具有这样的功能，如图 6－8 所示。

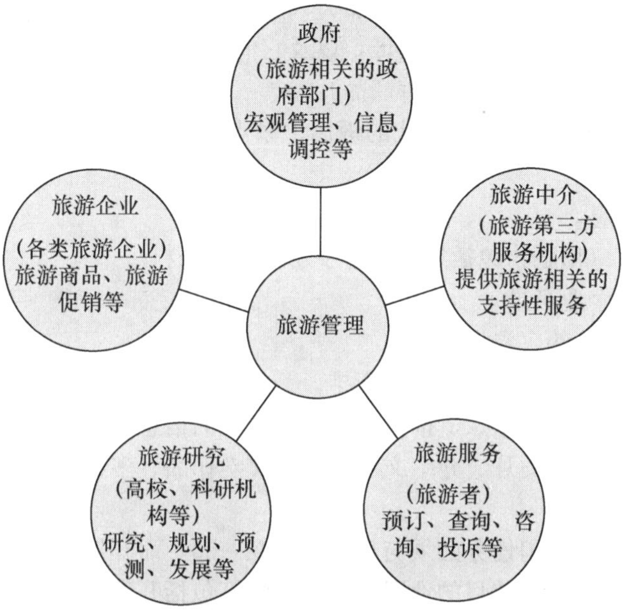

图 6－8　旅游企业管理功能

3. 旅游目的地网络营销策划内容

(1) 目标定位。

一个旅游目的地通过网络来宣传自己时，首先要旗帜鲜明地突出目的地的旅游形象。英国旅游局的“历史文化主题”、苏格兰的“苏格兰，我的天堂”、香港的“动感之都”、武汉的“水上动感之都”等，都为这些目的地的营销贴上了独具特色的标签。

(2) 信息内容确定。

要全方位地展示旅游目的地的一切信息，如图 6－9 所示。

图 6－9　旅游目的地的信息

旅游目的地信息一般包括以下内容：

1）旅游目的地常规介绍。

2）根据旅游者经常咨询的问题，提供关于旅游目的地的详细而实用的问题解答（内容可涉及签证、货币兑换、语言、当地习俗、宗教、商店或者银行营业的时间、保健常识、小费等）。

3）旅游交通信息（包括主要航班、船、火车、汽车班次和公路网情况）。

4）官方旅游咨询中心的名录和地址，以及它们提供的服务。

5）预订功能（通过网站订购旅游产品）。

6）旅游产品数据库查询（旅游地的饭店、景点、餐厅、旅游活动等信息，最好能提供报价）。

7）旅游促销信息。

8）出版物预订（出版物包括年度旅游手册或培训资料）。

9）目的地旅游企业名录。

10）本地旅游企业的广告位。

11）旅游展销会、交易会的计划和安排。

12）旅游目的地开放新景点、推出新型旅游产品的信息。

13）旅游目的地风景图片、介绍文字和旅游文学作品、多媒体影像资料。

（3）预算决策。

旅游电子商务网络营销任务必须与目标结合在一起，而开展网络营销的预算规模和成本又制约着目标的选择。旅游目的地网络营销的预算包括开发费用和运行费用。全国性旅游目的地营销系统一般由政府独资开发，地区性旅游目的地营销系统开发费用来源多样。

4. 旅游目的地网络营销策划方法

（1）整合沟通策略。

沟通是营销的核心内容，对于旅游目的地来说，如何利用现有的各种网络营销手段来充分与旅游者、旅游企业以及传媒机构沟通是不能忽视的。具体可采用如下一些方法和策略（见图6-10）：

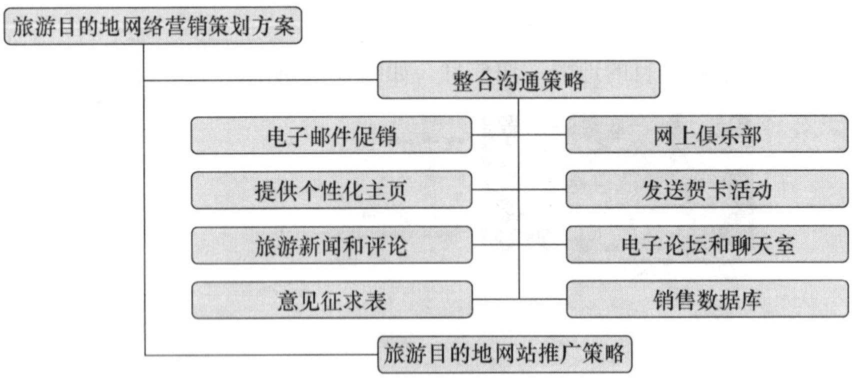

图6-10　旅游目的地网络营销策划方法

1）电子邮件促销。可从数据库或预订记录中挑选出适当的消费者，向他们发送特定目的的电子邮件，例如旅游产品优惠信息或每月简讯。电子邮件可以包含全部信息内容，也可以提供链接地址，让接收者点击地址去查看旅游目的地网站的相关网页。电子邮件促销的优势在于其信息传递速度快，其反馈周期大大短于传统广告或直接邮寄。

2）网上俱乐部。许多目的地网站给浏览者提供参加专业俱乐部的机会，免费注册成为俱乐部成员可享受增值服务，但需要向 DMO 提供用于客户关系管理的个人详细资料。增值服务包括提前告知旅游优惠信息、定期发送新闻和快捷预订服务。

3）提供个性化主页。有些目的地网站可以根据浏览者的需求，为他们设置个性化的主页，主页通常在上方有一个简单的问候语，如“欢迎你，约翰”；主页呈现的信息栏目是浏览者最感兴趣的栏目。这种方式通常需要浏览者回答关于自己的兴趣、喜好及计划等大量问题。

4）发送贺卡活动。许多网站向浏览者提供从站点发送电子贺卡给亲友的功能。用户可选择喜爱的明信片（贺卡上通常是目的地的迷人风景），在“发送方”栏填上自己的姓名和电子邮件地址，在“接收方”填上亲友的姓名和电子邮件地址并附上短信息。贺卡可以以两种方式发送：一是通过电子邮件发送贺卡，其中附带目的地网站的链接；二是发一个通知让用户登录网站去收取贺卡。电子贺卡是推广目的地网站的有效方法，它为网站带来了更多的浏览者，用户亲友的电子邮件地址也可以纳入旅游目的地网站的客户数据库，成为接收目的地信息的对象。

5）旅游新闻和评论。由于旅游是个人经历，因此让旅游者写关于他们旅程的短文并在网站上发表让其他人阅读，或者让他们将近期的旅游图片上传到网站是十分有趣的。这些发表游记和评论的旅游者是旅游目的地的宣传使者。

6）电子论坛和聊天室。旅游目的地网站可以开辟电子论坛（采用的技术是“电子公告牌”）、博客或聊天室，提供用户之间进行专题讨论的场所。网站运营者可以提出一些讨论主题促进旅游者参与，使网站充满生气。想加入论坛或聊天室的旅游者需要注册，这是获取旅游者个人信息的机会。

7）意见征求表。旅游目的地网站通过意见征求表来收集旅游者对旅游经历或对网站本身的意见反馈。设计反馈表格是很重要的，应尽量使采集的信息少而有效，网站还应向填写表格的用户致谢或给予适当的答复。

一些简单的调查表可以以“自动弹出窗口”的形式出现（当访问网站的特定页面时调查表窗口会自动弹出），也可让浏览者在注册或注销时回答一些问题，所有的信息须存入用户数据库。

8）销售数据库。许多旅游者通过电话问讯或直接到问讯处获取旅游目的地信息，这也是获取旅游者资料的机会。应对索要宣传资料或进行预订的旅游者进行登记，并输入电脑识别出他们是否已经在消费者数据库内。如果还不是，就可以创建新的消费者记录，并跟进电子邮件营销工作。

（2）旅游目的地网站推广策略。

对 DMO 建立的网站，要做的首要工作就是吸引旅游者个人和旅游企业的访问。站点访问者的数量取决于现有的旅游目的地品牌形象的吸引力，以及网站推广的力量投入和实施技巧。使旅游目的地网站提高知名度和访问量的方式包括：

1）与其他网站（电子商务合作伙伴）建立合作关系，交换链接、投入有偿广告或加入搜索引擎。

2）在每一种旅游目的地的宣传资料和印刷品上都印上网站网址。

3）网上和网下的其他宣传方式。

第四步：探索旅游企业网络营销策划

1. 旅游企业网络营销策划的原则

（1）分阶段发展的原则。

旅游电子商务的网络营销可以采用分阶段发展的原则，一般分为以下三个阶段。

第一阶段：部分业务电子化阶段。在这一阶段，可选取信息化作用明显、易于实现的经营管理环节率先实现电子化，为旅游企业建立电子商务系统做准备。比较可行的方法是，从业务项目中选择处理量大，需要人员多，手工操作错误率高，有条件实行程序化、标准化和规格化的项目，对业务流程进行程序化、标准化工作，编制相关的程序，通过计算机进行电子化处理。比较合适的项目有财务管理、客户资源管理、住客基本信息管理等。部分业务电子化后，可以形成运用计算机网络的初始环境，同时也可以将大量烦琐的业务处理工作简化。

第二阶段：电子销售/预订阶段。这个阶段的目标是在业务电子化的基础上，建立电子销售/预订系统。在这个阶段，企业不再仅仅满足于将电子化作为提高业务效率的手段，而是要利用网络和电子信息技术辅助企业的市场经营。企业应通过互联网站介绍企业信息和接受预订，在网络上突出特色，利用全球分销系统、预订系统、旅游目的地电子商务系统和第三方网站等渠道实行电子销售，并实施客户关系管理和主动电子营销，提高销售水平和效率。同时，通过数据积累，进行交易信息的全程管理和数据挖掘，为智能化决策分析提供条件。

第三阶段：全面信息化阶段。这个阶段的目标是对内实现比较全面的信息化业务流程再造和信息化管理，通过企业管理信息系统及其各专门系统的接口，实现大部分店内信息流、资金流的自动处理和对人员、物资、设备的信息化管理和控制；对外能接受电子预订、支付，与旅游各类企业形成紧密的联系，实现电子协作，按照标准的程序和格式交换产品和供需信息，并且实施电子采购等。当然，全面信息化阶段的实现不仅要基于旅游企业自身的实力，它与整个旅游行业以至社会经济环境的信息化也是分不开的。

（2）以信息化推动旅游企业组织结构变革的原则。

以互联网为基础的信息化给旅游企业传统的组织形式带来很大冲击。信息化使企业组织中信息传递的方式由单向的“一对多式”向双向的“多对多式”转换。以单向的“一对多式”为主的信息传递方式形成了“金字塔”式的组织结构。这种组织结构是垂直结构，实际上是把企业员工像蛋糕一样切块分割、分层，既造成了部门的分割和层叠，又容易造成官僚主义，在信息时代迅速变化的市场面前，充分暴露出周转不灵的弊病。企业为适应双向的“多对多式”的信息传递方式，其垂直的阶层结构将演变为水平的结构形式。这种结构突出表现为两个特点：第一，信息化构建了旅游企业的内部网、数据库，所有部门和其他各方都可以通过网络直接快捷地获得效益，管理人员间相互沟通的机会大大增加，组织结构逐步倾向于分布化和网络化结构；第二，信息化使得中层管理人员获得更多的直接信息，提高了他们在决策中的作用，从而实现扁平化的组织结构。

企业组织结构变革的另一个显著特征是由集权制向分权制的转变。推行信息化，迫使企业将过去高度集中的决策中心组织逐步改变为适当分散的多中心决策组织。旅游企业的宏观规划、市场预测等经营活动一般通过跨职能、跨部门的多功能型的组织单元来制定。这种由多个组织单元共同参与、共同承担责任，并由共同利益驱动的决策过程使员工的参与感和决策能力得以提高，从而提高了整个企业的决策水平。

2. 旅游企业网络营销策划的内容

旅游企业网络营销策划的内容和流程如图 6 - 11 所示。

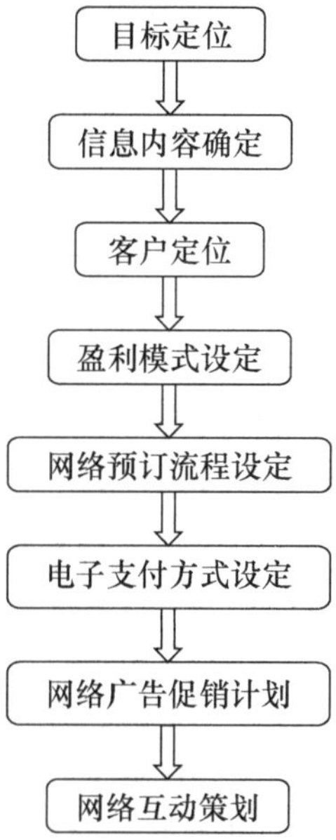

图 6 - 11　旅游企业网络营销策划的内容和流程

（1）目标定位。

建立旅游企业电子商务网站，首先要确定建立电子商务网站的目的：是仅仅建立一个网上的黄页，以树立企业的形象，宣传企业的产品；或是要推广企业的产品及服务，进行简单的电子商务业务；还是建立一个完整的电子商务系统，通过网络开展电子商务业务，并为各种客户提供服务和支持。

在目标定位下做好旅游电子商务网站的各项布局，围绕其中心目的实现网络的功能。

（2）信息内容确定。

在网站的目标定位后，如何将网站建成一个对网络消费者富有吸引力的电子商务网站，其网站信息内容的确定是成功的关键，与网站主题相关的信息内容越丰富，登录上网的浏览者就越多。

网站信息内容的建设需要精心设计。网站信息内容需要根据主题和目标，围绕和旅游有关的服务，将内容（旅行指南）、社区（网友咨询和交流）和商务（预订服务）等有机地融合在一起。一般而言，网站信息内容可以包括以下几个主要方面：

1）旅游综合信息，包括旅游目的地的自然人文景观的资料信息，如饮食、住宿、游玩、购物、娱乐等多方面的信息。

2）旅游交通信息，包括主要航班、航船、火车、汽车班次和公路网等信息。

3）旅游相关知识，包括旅游新闻、货币兑换、天气预报等信息。

4）在线交流信息，包括旅游者的倡议、观感、游记和旅游问答等。

5）旅游产品信息，包括与旅游相关的产品和服务信息介绍。

6）旅游促销信息，包括各种机票打折、景区优惠、旅游产品促销等信息。

（3）客户定位。

在网站设计期间应进行充分调研并明确本网站的主要营销对象。我们可以提出这样一个问题：人们为什么要访问我们的站点？也就是要搞清楚本企业的站点与竞争者相比有什么独特的吸引人之处。在进行网站用户定位时，应该对本网站的竞争对象的站点进行深入和细致的分析，分析它们都提供了一些什么样的内容，所针对的访问对象和本网站的客户定位有什么不同，有何特点和不足等。通过分析比较，就能清楚地了解本身的优点和不足，从而做到扬长避短、发扬特色。实际上，对竞争者站点的分析应该贯穿在整个企业站点的建设过程之中，通过全面的分析比较，吸取它们的优点，避免它们的短处。

（4）盈利模式设定。

盈利模式的设定对网站来说是十分重要的。网站的经营收入目标与企业网站自身的知名度、网站未来的浏览量、网站未来的宣传力度和广告吸引力、浏览者的购买行为、对本网站的信赖程度等因素都有着十分密切的关系。因此，旅游电子商务网站应该根据对这些因素的分析来确定本网站的盈利模式。

（5）网络预订流程设定。

通过电子商务进行并完成网上购物是一个比较复杂的技术流程，但在这一复杂的流程中应当尽量做到对客户透明，使客户购物操作方便，让客户感到在网上购物与在现实世界中的购物流程没有本质的差别。在很多电子商务网站中，上网者同样可以找到“购物车”“收银台”“会员俱乐部”这些熟悉的词汇，实际上其中每一个概念的实现背后都隐藏着复杂的技术细节。但是，一个好的电子商务网站必须做到：不论购物流程在网站的内部操作是多么复杂，其面对用户的界面必须是简单和操作方便的。

（6）电子支付方式设定。

网站向客户提供的可供选择的支付方式当然是越多越好，这是因为网站面对的是各种各样的网上客户，每一种支付方式都有一定的客户覆盖率。

一般而言，旅游电子商务网站提供网上支付和网下付款两种方式。对采用网上支付的客户，可使用多种国内外的信用卡支付系统。网站可以与主要银行机构，如中国银行、招商银行等签署信用卡受理协议，实现网上支付。如果客户选择在网下支付的方式，则可采用通过银行电汇、邮汇及现金付款的方式等实现支付功能，这样能为用户提供最大的方便。

（7）网络广告促销计划。

网络广告是在网上树立旅游电子商务网站良好形象的必要手段，同时其收入也是旅游电子商务网站盈利的重要部分。网络广告具有得天独厚的优势，如速度快、效果好，是实施旅游电子商务网站网络营销媒体战略的重要一部分。

对于旅游电子商务网站，制定网站的广告宣传策略和促销计划是必需的。企业网站在建立后，若要留住原有的浏览者，吸引更多的浏览者，广告是不可缺少的。因此，企业网站要针对本网站的业务特点和客户群设计独立的网络广告促销推广计划。

（8）网络互动策划。

旅游电子商务网站互动是实现旅游者个性化服务的重要方法，网站策划人应当充分利用旅游电子商务网站的旅游产品（包括旅游线路、餐饮、住宿、纪念品等）与消费者进行互动，最终实现其价值营销。

例如，每一个浏览网站的浏览者都可以就该旅游的各种问题进行咨询，网站在接收到浏览者咨询信息后可同浏览者进行在线（通过网络）或离线（通过电话、邮件）的联系与交流，让浏览者获得满意的答复，从而让旅游电子商务网站取得浏览者的信任，实现网站旅游产品的最终营销。

在形式上，旅游电子商务网站的互动可以采用 BBS、在线问题解答（FAQ）、博客、网站即时客户服务等形式。

3. 旅游企业网络营销策划的方法

（1）网站推广计划。

网站推广计划是网络营销计划的组成部分。制订网站推广计划本身也是一种网站推广策略，推广计划不仅是推广的行动指南，同时也是检验推广效果是否达到预期目标的衡量标准，所以，合理的网站推广计划也就成为网站推广策略中必不可少的内容。一份好的网络营销策略计划应该在网站正式建设之前就完成，并且为实际操作提供总体指导。网站推广计划通常也是在网站策略阶段就应该完成的，甚至可以在网站建设阶段就开始网站的推广工作。与完整的网络营销计划相比，网站推广计划比较简单。一般来说，网站推广计划至少应包含下列主要内容：

1）确定网站推广的阶段目标。网站推广者必须学会使用搜索引擎，到更多的搜索引擎站点去注册。要确定在发布后的某个时间阶段独立访问用户数量、与竞争者相比的相对排名、在主要搜索引擎的表现、网站被链接的数量、注册用户数量等目标。

2）在网站发布运营的不同阶段所采取的网站推广方法。最好详细列出各个阶段的具体网站推广方法，如登录搜索引擎的名称、网络广告的主要形式和媒体选择、需要投入的费用等。

3）网站推广策略的控制和效果评价，如阶段推广目标的控制、推广效果评价指标等。对网站推广计划的控制和评价是为了及时发现网络营销过程中的问题，保证网络营销活动的顺利进行。

如果说在线推广可以使网站提升知名度，那么离线广告则可以塑造网站的品牌形象。离线广告宣传其实就是运用传统大众媒体来推广网站，如在名片、宣传册、信笺等一切旅游者能够看到的载体上印上网址。

另外，也可以在热门网站上发布广告，或是通过邮件列表来推广。

（2）网络营销吸引策略。

网络营销的渠道应该是本着让消费者方便的原则设置。为了在网络中吸引消费者关注旅游企业的产品，就要采用更多的方法和策略吸引消费者。为了促进消费者购买，应该及时在网站发布促销信息、新产品信息、公司动态，提供多种支付模式，让消费者有多种选择。

互联网改变了公司与顾客之间的沟通性质。过去，广告内容由传统广告商设计，现在，在互联网上，信息则由消费者选择。过去，信息从卖方向买方单方向流动，现在，在互联网上，信息向相反的方向流动。为此，企业要利用难以模仿的吸引工具，形成自己的竞争优势，这也是旅游网络营销成功的关键因素。独具特色的吸引工具包括娱乐游戏、网上俱乐部和网络免费礼品等。

许多网站利用娱乐游戏等去推销产品，这些娱乐游戏具有很强的互动性、娱乐性和挑战性，通过这种方式能够赢得大量的潜在客户，从而创造和强化充满活力的、有趣的和友好的企业形象。

网上俱乐部是个能够与朋友以及志趣相投的人相聚的地方。访问者一般必须先注册成为会员，在进入网上俱乐部后，与具有相同爱好的人沟通交流。网上俱乐部吸引人的原因是互动性和娱乐性，它能够提高访问者对公司的忠诚度，强化顾客回馈，并且通过“会员互助”来改善服务。

免费几乎总能引起注意。网络免费礼物包括数字资料，如软件、照片、数字绘画、研究报告以及非数字礼物（如T恤衫）。多数情况下，礼品是作为对参与活动（如统计资料收集）的补偿，如中国旅游网提供了很多旅游统计数据，芬兰的旅游网站上提供了许多非常有特色的数字图片等。

项目评估

在本项目中，欧阳逍遥通过不同的资料和途径了解了旅游电子商务网络营销的基本概念和方法。经过认真的学习和体会，欧阳逍遥认为旅游电子商务网络营销最主要的功能就是采用适当的手段，促销旅游产品，增加旅游商品的销售收益。他将和同学们一起对此进行有益的探索和尝试。

思　考

1. 你理解的旅游电子商务网络营销的概念是什么？

2. 旅游电子商务网络营销的基本方法有哪些？

3. 将你认为行之有效的网络营销方法进行实际操作，通过实际操作体验网络营销，并评估采用方法的有效性。

拓展阅读

一、信息技术在我国旅游企业营销管理中的应用

1. 旅游企业营销管理模式创新综述

国际上对旅游企业营销系统的研究初始于20世纪90年代。美国夏威夷大学旅游管理学院教授Pauline J. Sheldon（1997）出版的具有代表性的著作《旅游信息技术》一书，全面考察了各种信息技术如何被广泛应用以促进旅游信息的传播与整合，提高旅游行业的生产效率。

国内学者关于信息技术对旅游企业营销管理模式的研究具有代表性的有陈为民所著的《旅游行业信息系统：必要性及其实现方法》等，他们提出了一些加快旅游业信息化建设、提高旅游企业营销管理水平的对策。

2. 信息技术对旅游企业电子商务模式应用的现状分析

电子商务模式，就是指在网络环境中基于一定技术基础的商务运作方式和盈利模式。研究和分析电子商务模式的分类体系，有助于挖掘新的电子商务模式，为电子商务模式创新提供途径，也有助于企业制定特定的电子商务策略和实施步骤。旅游企业电子商务模式可以从多个角度建立不同的分类框架，目前使用最多的莫过于B to B、B to C和政府电子商务三种模式。

3. 旅游企业营销管理模式的创新的策略

(1) 磁芯门票卡取代传统纸质门票，实现多方位监控。

目前全国绝大多数景区还是在使用传统纸质门票，优点是成本低廉，但缺点也是显而易见的，不仅耗费了大量的人工查票劳力，还容易造成夹带虚假门票、过期门票等不良现象。由于互联网信息技术的发展，旅游企业可以设置磁条性旅游门票、芯片式旅游门票，出入旅游景区自助刷卡进出，左通道进，右通道出，管理中心可统计分析人流量、售卡情况等，在远程终端服务器上可以一目了然地查看到各旅游景点的人员流动情况，通过服务站平台广播疏导顾客，对于紧急突发现象也可以随时监控，提高为游客服务的质量。

使用磁条性或芯片式旅游门票的另一个好处是提高门票卡的增值功能。首先，纸质门票不容易保管，且不具备保存收留价值，相反卡片式门票可以通过新颖亮丽的设计，点缀以简洁的文字，给游客带来视觉的冲击，同时也给集卡爱好者提供更多的机会，磁芯卡片可以按照景区特点设置一年四季卡或一年十二月卡，不仅在每季度或每月份可以使用不同的图案，也可以配合不同的促销方案，赋予使用后的门票卡更多的宣传功能。其次，集齐相应的门票卡，景区还可以提供适当的旅行优惠，如集齐一年四季卡，可以享受再购门票半价等优惠，提高游客游览的忠诚度，当然景区还可以根据星座、生肖发行星座卡、生肖卡，来提升旅游景区的宣传效应，增加游客游玩的附加值。通过景区的在线B to C网站还可以实现在线销售等形式，通过网站社区互动平台，便于游客自主交换，形成对旅游景点的持续关注。

(2) 借助互联网技术，提升虚拟旅游平台的搭建。

一个准游客到期望的旅游目的地旅游并不是随心所欲的事情，毕竟现实旅游要受到时间、体力、财力等条件的限制。旅游企业开通虚拟旅游平台，可以让准顾客足不出户就能领略到景区的风光，一旦准顾客旅游意识足够强烈，就会刺激其实现现实旅游。旅游企业通过开设旅游论坛的形式，即时和在线网民进行有效互动，也是扩大旅游景区影响力的路径之一。论坛管理者除了可以及时了解游客的心理动态，解决游客的疑问或旅游过程中的某些服务瑕疵所导致的误解，甚至投诉，还会使旅游者得到心理上的满足和尊重，有利于提高旅游景点的美誉度和声望，对于游客提出的合理化的建议，也确实能给旅游企业管理者带来某种启迪，对景区建设和长远规划的有序发展起到很强的推进作用。景区的规划是企业管理者与专家构建的，但是检验这种规划正确与否，还是要游客来评判，毕竟游客是旅游企业的衣食父母，开通论坛网站，就是增加游客与景区的互动。只有让游客感到自我价值，游客才更愿意与旅游景点同舟共济，才更愿意介绍亲人、朋友光临景区。

(3) 加大周边景区之间的联合，实现旅游大营销平台。

旅游景区的门票收入只是旅游收入的极少一部分，与国外很多著名旅游景区免门票相比，中国的一些4A甚至5A景区总靠门票提高旅游收入。其实这是一笔糊涂账，旅游不单纯涉及门票，还包括吃、住、行、娱、乐、购，因此在互联网高速发展的今天，旅游景区应增加协同，比如持A地某5A旅游磁卡景区门票到B地某4A或者3A旅游景区就可以免门票或5折优惠门票，或者通过各省市政府官方旅游部门进行牵线搭桥，实现旅游景区资源互利互助政策。这样不仅可以带动A地的旅游发展，同样也可促进B地的旅游GDP，直接带动周边的相关产业，既增加了游客旅游的性价比，又提升了游客的满意度。以前花100元只能游览一个景点，现在变成了买一送一，极大地提高了旅游者的兴趣。旅游大营销平台，不仅适用于异地旅游景点的联合，同样适用于本地区的旅游景区和娱乐场所的互动。例如持本地旅游景点的磁卡门票，可以在有效期内到本地的饭店享受就餐八折优惠，可以到本旅游景点指定的宾馆享受八折优惠，可以到本地KTV或者电影院享受五折优惠等，这些看似赔钱的生意，相反却给当地经济收入带来无穷的动力，不仅体现了磁条门票卡的附加值，还可以直接拉动消费者的消费需求，同时提升景区、饭店、KTV、电影院的知名度和美誉度，至于它们之间的结算就需要政府相关部门的介入。

（4）广泛利用二维码的威力，加大手机运营商的合作。

移动通信和手机互联网成为当今世界发展最快、市场潜力最大、前景最诱人的两大业务。伴随着3G的普及，手机互联网又得到了迅猛的发展，其增长速度是任何专家所无法计算的。通过手机上网已经成为成年旅游者的某种习惯。越来越多的人希望在移动的过程中高速地接入互联网，获取急需的信息。手机互联网的高速发展，促进了二维码的诞生，二维码使得任何事情同用户更加交互起来。消费者在用手机扫描它们之后，可以访问到移动指定网站，观看视频或音频，主动获取更多的旅游信息。如果旅游景区植入二维码，就能使消费者可以通过他们的智能手机同旅游企业进行更为密切的沟通，时刻关注景区的发展，对提高旅游景区的知名度具有显而易见的效果。

资料来源：田春来．浅析信息技术对我国旅游企业营销管理模式的应用．经济发展研究，2013（3）．

二、旅游网站对目的地营销系统的区域整合功能分析（以黄山旅游信息网为例）

旅游网站已成为旅游目的地营销的主要手段。据世界旅游组织报告显示，今后五年世界主要旅游客源地约1/4的旅游产品订购将通过互联网进行。自20世纪90年代以来，我国旅游电子商务的发展亦十分迅速，几乎所有企业都不同程度地“触网”。

1．黄山旅游信息网介绍

黄山旅游信息网成立于1999年，是黄山第一家定位于为游客提供服务的旅游网站。建站至今，黄山旅游信息网始终保持了强劲的增长势头，不断扩展影响力，以出色的品牌形象与公信力赢得了越来越多用户的信任与支持，在认知度、普及度、影响程度等诸多方面都走在了行业的最前端。

但是，作为旅游网站，如何利用和依靠自身的内容和特色吸引更多的游客，如何依托高的知名度和点击率，利用电子商务把旅游供应商、旅游中介、旅游者联系在一起，不断改善和提供更多的增值服务是亟须解决的问题。

2．黄山旅游信息网营销系统功能分析

（1）网站风格分析。将黄山旅游信息网与北京、海南旅游信息网进行对比，发现北京、海南旅游信息网在风格设计上能体现当地的旅游特色，它们都以适宜的色彩或是建筑物来反映旅游气息；黄山旅游信息网没有在哪一点上体现了当地的风格，打开黄山旅游信息网的页面，看到的是黄山所具有代表性的，能让人记住的标志性建筑或是象征性事物。

（2）网站功能分析。黄山旅游信息网的线路精选部分提供了网站内部已经制定好的旅游线路，线路都已经被绑定死了，不能满足那些按照自己想法旅游的客人。接待线路精选提供的是数十条热门的旅游接待线路，分散拼接待线路和团队接待线路，没有体现出精选之处。在这些接待线路中，旅游景点都比较空乏，空间移动不大，特别是团队接待线路，不仅线路选择机会小，而且玩得有局限性。

（3）旅游预订操作流程分析。黄山旅游信息网预订操作模式，跟大部分的旅游网站一样，使用的旅游网络预订操作模式极为复杂，其缺点是不能使买卖双方在网上进行实时性的服务交易；另外，预订中心用电话或传真向企业确认订单的费用太高，这是由企业与预订的网络连接不通顺而引起的，使网络中介无法通过网络实现对订单的实时确认与管理。

（4）旅游订单处理流程分析。只有预订能实现实时商务的展示，而且客户递交订单后能得到实时、快速的处理，客户和旅游企业才会欢迎和使用这样的电子商务。根据这样的思路，黄山旅游信息网对订单处理的具体操作模式是：1）客户向预订中心申请；2）预订中心自动发送确认单；3）客户回复确认；4）客户端下载订单进行处理；5）企业向预订中心确认；6）企业向客户确认；7）企业把确认订单转入企业 MIS 中统一管理；8）企业无法满足客户时，由预订中心向客户发送推荐邮件。

3. 黄山旅游信息网区域整合思路

（1）区域旅游形象整合。旅游网站形象代表的是旅游目的地的形象，是决定游客出游的关键因素之一。黄山旅游信息网的构建风格要以徽派名居为主，用徽派建筑的线条来勾勒出属于黄山的旅游网站，在黄山旅游信息网站的首页顶端建设一个“粉墙黛瓦马头墙”的感觉，在“马头墙”的屋檐下面主要是黄山各旅游景点的图片以及与其合作的景点图片。色彩可以设计成徽州建筑色彩与黄山地区的风景色彩的结合色。

（2）区域旅游资源整合。只有进行区域旅游资源的整合与协作发展，才能提升区域旅游的整体吸引力，促进区域旅游的可持续发展。首先，黄山旅游信息网应联动“长三角”，与上海、江苏、浙江、江西等省市的旅游网站相联结，整合旅游资源；其次，因地制宜、扬长避短、发挥自身特色和优势，在整合的基础上进行合理分工，开发一些具有当地特色的精品线路，开展互补性的旅游项目；最后，开展市场调研和宣传策划，深入了解客源市场的特征，有针对性、有重点地开发旅游资源，协作建立适应不同目标市场的旅游产品体系。

（3）区域旅游产品整合。长三角区域现有旅游产品多样，较有吸引力的是观光旅游、城市旅游、文化旅游、宗教旅游、会展旅游、生态旅游、康体旅游、休闲度假旅游、乡村旅游、红色旅游等，这些旅游产品各地均有开发且互为竞争。黄山旅游信息网可以利用长三角这一区域推出旅游产品，如整合知名度极高的黄山、九华山、井冈山等；整合安徽、江西两省的三清山、龙虎山、天柱山、冶父山等共同开发生态旅游、观光旅游专线；整合浙江的普陀山、安徽的九华山等地宗教旅游资源共同开发宗教旅游。

通过提供多形式的旅游线路组合，可以供游客自主选择，丰富了旅游产品，进而提高点击率。

(4) 区域旅游线路的整合。可以借助黄山与长三角的交通便利之处，从整个区域的角度，将其有机地串联起来。一方面，针对长三角旅游资源的类似性，开发设计一体化的专项旅游线路，如长三角宗教旅游专线、长三角古镇、古民居、古村落旅游专线、长三角红色旅游专线、长三角商业文化旅游专线、长三角佛教文化旅游专线等。另一方面，为避免旅游项目的单调性，增强旅游者的游兴，利用长三角区域旅游资源的差异性，串联旅游产品的关联性与互补性，如长三角长江旅游线、长三角古运河旅游线，利用带状的水体将各地的旅游产品联合起来，既有一条贯穿的主线，同时游览的项目又有差异性。

(5) 区域旅游市场整合黄山的地理优势在于与长三角地区地域相连、空间同构、资源共生、线路相连、产品互补，并互为客源市场、目标市场，同时也有着共同的海内外客源市场。这一方面带来相互之间的竞争、相互分流，尤其是旅游区发展水平相对较高的地区分散了开发晚、经济相对落后地区的客源，这对旅游业的健康持续发展有一定影响；另一方面有条件进行市场营销整合，协作开展旅游宣传与促销。黄山旅游信息网利用营销理念、手段与长三角各城市协作营销和促销提高长三角的整体水平，共同营造良好的旅游形象。

(6) 建立网友旅游俱乐部。构建一个以黄山为中心的网友俱乐部，这里将成为旅游爱好者的沙龙，旅游发烧友的寄居处。俱乐部不断推出各项活动，引领旅游时尚，让网友们在网上网下都感受到黄山旅游信息网带来的快乐，提高网站的个性。该俱乐部还可以为用户发表点评、相互交流提供场所。网民交流包括新会员推荐、结伴而行、聘请导游、旅行投诉、有问必答等栏目，点评包括景点点评、宾馆点评、餐馆点评、旅游俱乐部等栏目。在社区里上网者可以共享彼此所了解的信息，交流在旅程中的种种酸甜苦辣，对各景点、宾馆发表自己的意见与看法，甚至可以在网上发表信息，联系素不相识的网友一同出游。

4. 区域整合营销策略的实施

(1) 政府与企业合作经营。政府与企业合作经营是目的地营销系统的最佳运营模式。笔者认为，黄山旅游信息网营销系统的可持续运营必须走市场化道路，黄山市政府与黄山各企业合作经营是目的地营销系统生存与发展的必由之路。

(2) 加强合作，实现旅游。DIY 网络时代，旅游者越来越倾向于追求自助式的旅游服务，黄山旅游信息网也应该利用网络技术为旅游消费者提供这类服务。黄山旅游信息网可以满足游客的想法。在出行前，黄山旅游信息网向游客提供想去的地方的信息，游客在搜索到相关的信息之后，将自己设计的线路提交给网站，网站按其要求制作出切实可行的实际方案，将地图标识、线路安排、可选价位反馈给游客，再通过一个回合的交流，黄山旅游信息网便可为游客制作出一份具体的行程安排，最终确定出游时间。

(3) 人才保障。高素质的旅游专业人才对黄山旅游业的发展至关重要，是黄山旅游持续发展的内动力。目前，黄山旅游人才地区分布不平衡，虽然积聚了全国众多的优秀旅游人才，从事专业旅游教育的学校较多，但是从业人员水平普遍较低。黄山市必须在旅游人才培养上进行协作发展。

(4) 信息保障。黄山旅游信息网要保证旅游信息的充足，旅游信息化是旅游业发展的内在要求与必由之路。应充分利用计算机技术、信息技术、数据库技术和网络技术，整合各类旅游信息资源，使之成为旅游业发展的生产力，成为推动旅游产业发展和管理水平上的重要手段。在当今信息化的背景下，协作发展更应建立长三角整体营销的网络，构建网络化平台，与长三角构建旅游信息合作联盟，实现旅游信息资源共享，形成长三角大旅游格局。

资料来源：刘庆广，李丽珍. 旅游网站对目的地营销系统的区域整合功能分析. 经济发展研究，2013 (9).

习　题

一、填空题

1. 旅游电子商务网络营销的主要特点有________、________、________等。

2. 网络促销能够把企业的________、________、________等信息传递给目标公众，引起他们的注意。

二、判断题

1. 网络促销虽然与传统促销的最终目的有较大差别，但它们在促销观念和手段上是相同的。(　　)

2. 营销中的病毒式促销是通过传播计算机病毒开展营销。(　　)

3. 网络营销是孤立存在的。(　　)

4. 网络营销等于网上销售。(　　)

5. 网络营销等于电子商务。(　　)

6. 网络营销不应被称为“虚拟营销”。(　　)

三、选择题

1. 下列属于网络广告特点的是（　　）。

A. 即时互动性　　B. 营销效果具有可测性

C. 受众面广而不确定　　D. 具有理性说服力

2. 网络营销的 4C 是指（　　）。

A. 顾客、产品、需求、价格　　B. 产品、成本、价格、促销

C. 顾客、成本、方便、沟通　　D. 产品、价格、促销、渠道

3. 下列有关网络营销特点的论述正确的有（　　）。

A. 以顾客为主体　　B. 价格低廉

C. 更激烈的竞争　　D. 对产品的质量要求更高

四、名词解释

1. 网络促销

2. DMO

3. 软营销

4. 直复营销

五、简答题

1. 网络营销有什么特点?

2. 旅游目的地网络营销策划方法有哪些？

3. 网络营销的理论主要有哪些？

实训演练

电子商务网络营销网站推广

【实训目的】

通过实训将网站推广理论和实际结合，掌握网站推广的方法、技巧、策略。

【实训内容】

1. 利用百度对关键词“网络营销”进行检索，认真分析排列在前10位的网站：

(1) 观察搜索结果显示的标题、页面摘要、网站链接，同时点击进入网站，记录所看到的内容出现在网页的什么位置。

(2) 结合所学知识，说一说这些网站在用户体验过程中是否存在不足。

(3) 对搜索结果进行总结，并说明结论对我们从事旅游电子商务网站推广有何帮助。

2. 利用百度对关键词“在线旅游”进行检索，认真分析排列在前10位的网站：

(1) 观察搜索结果显示的标题、页面摘要、网站链接，同时点击进入网站，记录所看到的内容出现在网页的什么位置。

(2) 结合所学知识，说一说这些网站在用户体验过程中是否存在不足。

(3) 对搜索结果进行总结，并说明结论对我们从事旅游电子商务网站推广有何帮助。

【实训报告】

1. 写出实训的具体过程。

2. 阐述实训结果，总结实训体会，并对实训结果进行分析。

超级链接

1. 百度推广

http://e.baidu.com

简介：百度推广是一种按效果付费的网络推广方式，用少量的投入就可以给企业带来大量的潜在客户，有效提升企业销售额和品牌知名度。

百度推广按照给企业带来的潜在客户的访问数量计费，企业可以灵活控制网络推广投入，获得最大回报。

2. 朝闻天下

http://www.zwtxnews.com

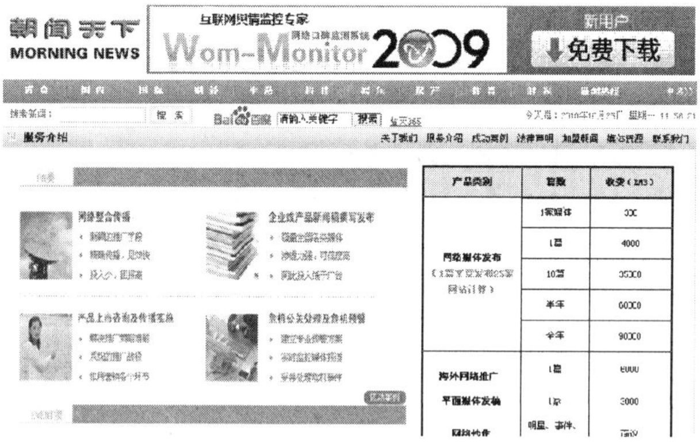

简介：朝闻天下是为企业提供文本、图片和多媒体新闻稿发布的机构，为包括地产、能源、时尚、旅游、展会、法律等多门类的机构提供新闻发布、网络口碑营销、网络新闻监测等服务，为客户提供互联网传播危机管理、公关策划及撰稿等多项增值服务。

项目七　旅游电子商务安全

项目目标

课程目标

理解旅游电子商务安全的基本要素

了解实现旅游电子商务安全的基本方法

熟悉常用的旅游电子商务安全技术

实践目标

学会旅游电子商务安全的基本技能

能自己动手完成旅游电子商务基本安全技术的应用

项目导入

通过前几个项目的学习，欧阳逍遥感到旅游电子商务的发展前景十分诱人，在快速发展的过程中，旅游电子商务的安全问题也变得越来越突出。如何建立一个安全的、便捷的旅游电子商务应用环境，给旅游电子商务交易提供足够的安全保护，已经成为旅游业相关企业和消费者都十分关心的话题。那么我们应该如何做好旅游电子商务的安全保障呢？欧阳逍遥开始了对旅游电子商务安全知识的探索之旅。

项目分析

旅游电子商务的一个重要技术特征是利用信息技术来传输和处理旅游的相关商业信息。因此，旅游电子商务安全从整体上可分为两大部分：计算机网络安全和商务交易安全。

计算机网络安全的内容包括计算机网络设备安全、计算机网络系统安全、数据库安全等。特征是针对计算机网络本身可能存在的安全问题，实施网络安全增强方案，以保证计算机网络自身的安全性为目标。

商务交易安全则是围绕传统商务在互联网上应用时产生的各种安全问题，在计算机网络安全的基础上，探索如何保障电子商务过程的顺利进行，即实现电子商务的保密性、完整性、可鉴别性、不可伪造性和不可抵赖性。

计算机网络安全与商务交易安全实际上是密不可分的，两者相辅相成，缺一不可。没有计算机网络安全作为基础，商务交易安全就犹如空中楼阁，无从谈起。没有商务交易安全保障，即使计算机网络本身再安全，仍然无法达到电子商务所特有的安全要求。

小贴士

黑客是指专门研究、发现计算机和网络漏洞的计算机爱好者。他们伴随着计算机和网络的发展而产生、成长。黑客对计算机有着狂热的兴趣和执着的追求，他们不断地研究计算机和网络知识，发现计算机和网络中存在的漏洞，喜欢挑战高难度的网络系统并从中找到漏洞。但是现在，黑客一词已经被用于形容那些专门利用计算机进行破坏或入侵他人计算机的人。对这些人正确的叫法应该是 cracker（被翻译成“骇客”），他们对网络安全构成威胁。

项目实施

本项目中，我们将和欧阳逍遥一起探索旅游电子商务安全技术。老师帮助欧阳逍遥设计了本项目的探索路径。

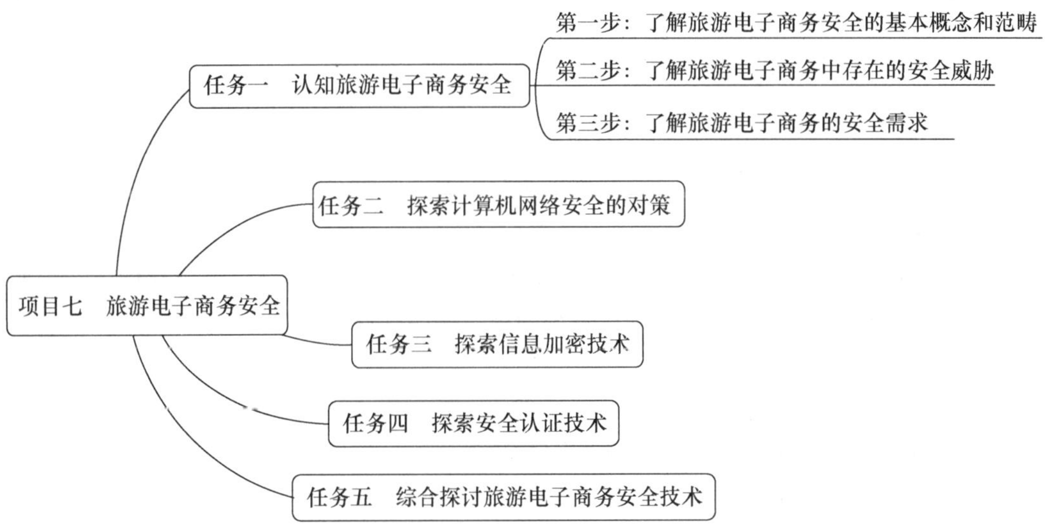

任务一 认知旅游电子商务安全

第一步：了解旅游电子商务安全的基本概念和范畴

旅游电子商务是一个社会与技术相结合的综合系统，安全性是一个多层次、多方位的系统的概念，它不仅与计算机系统结构有关，还与旅游电子商务应用的环境、人员素质和社会因素有关，包括电子商务系统的硬件安全、软件安全、运行安全及电子商务安全立法。

1. 电子商务系统的硬件安全

硬件安全是指计算机系统硬件（包括外部设备）的安全，硬件安全的目标是保证计算机系统自身的可靠性和为系统提供基本安全机制。

2. 电子商务系统的软件安全

软件安全是指保护软件和数据不被窜改、破坏和非法复制。系统软件安全的目标是使计算机系统逻辑上安全，主要是使系统中信息的存取、处理和传输满足系统安全策略的要求。根据计算机软件系统的组成，软件安全可分为操作系统安全、数据库安全、网络软件安全和应用软件安全。

3. 电子商务系统的运行安全

运行安全是指保护电子商务系统能连续和正常地运行。

4. 电子商务安全立法

电子商务安全立法是指对电子商务犯罪的约束，它是利用国家的法律法规，通过安全立法实现电子商务安全的保障。

第二步：了解旅游电子商务中存在的安全威胁

经过上网查询，欧阳逍遥找到了关于电子商务安全威胁的很多资料，经过系统的总结，他将旅游电子商务安全面临的威胁归纳为如下两个方面。

1. 网络中存在的安全威胁

计算机网络的安全威胁应从外部与内部两方面考虑：外部安全威胁包括偷盗、窃听、非法入侵等；内部安全威胁主要体现在系统隐患、网络软件的漏洞、对数据加密的错误认识和内部人员的威胁四个方面。

（1）系统隐患。

网络操作系统及 TCP/IP 协议存在的安全漏洞。

（2）网络软件的漏洞。

编程人员为了方便或疏忽而留下的“后门”，成为黑客攻入网络内部的捷径。

（3）对数据加密的错误认识。

大多数人认为口令或加密信息难以破译，但实际上口令或加密信息是利用了某些算法，因而黑客可以利用各种渗透技术找出漏洞入侵。

（4）内部人员的威胁。

被解雇的人员或在职人员滥用权限进行非法活动等。

2. 网上电子交易面临的安全威胁

网上电子交易面临的安全威胁主要有信息的截获与窃取、信息的篡改与丢失、信息的假冒、交易的抵赖、系统的中断等。从买方和卖方角度来看，具体的威胁如下所述：

（1）卖方面临的威胁。

包括系统安全被破坏造成的威胁、来自恶意竞争者的威胁、不讲信用的人造成的威胁等。

（2）买方面临的威胁。

包括虚假订单造成的威胁、付款后得不到（满意）商品的威胁、个人信息泄露带来的威胁、卖方拒绝服务带来的威胁等。

第三步：了解旅游电子商务的安全需求

1．信息的保密性

信息的保密性是指信息在传输或存储过程中不能被他人窃取的特性。因此，信息需要采用一定的加密技术等安全保障措施。例如信用卡号和密码在网上传输时（见图 7－1），如果非持卡人从网上拦截并知道了这些信息，他就可以用这个卡号和密码在网上消费。因此，电子商务交易必须对要保密的信息进行加密和保护，然后再通过网络进行传输。

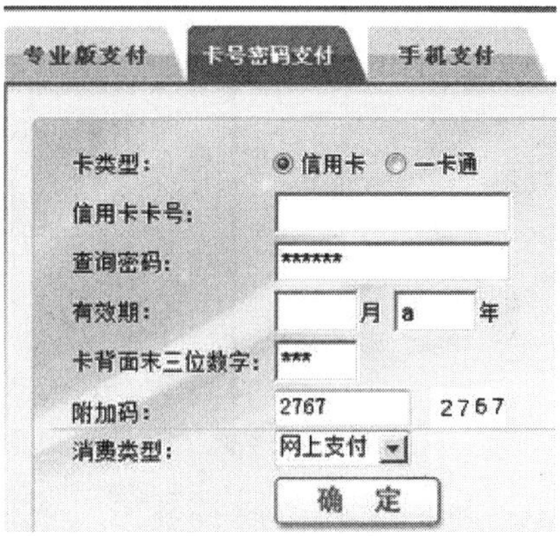

图 7－1　卡号密码支付

2．信息的完整性

信息的完整性是从信息传输和存储两个方面实现的。在信息存储时，要防止非法篡改和破坏网站上的信息。在传输过程中，接收方收到的信息要与发送方发送的信息完全一致，使得信息在传输过程中不遭受破坏。尽管信息在传输过程中被加了密，能保证第三方看不到真正的信息，但并不能保证信息不被修改。例如，如果发送的信用卡号码是“123456”，接收方收到的却是“12345”，这样，信息的完整性就遭到了破坏。

3．信息的不可否认性

信息的不可否认性又称抗抵赖性，采用这种机制，人们就不能否认自己发送信息的行为和内容，即信息的发送方不能否认已发送的信息，接收方不能否认已收到的信息。例如，买方向卖方订购旅游商品，订购时市场的价格较低，收到订单时价格上涨了，如果卖方否认收到订单的时间，甚至否认收到订单，那么买方就会受到损失。在电子商务环境下，可以通过数字证书机制进行的数字签名和时间戳，保证信息的抗抵赖性，如图 7－2 所示。

4．信息的可认证性

电子商务信息的可认证性，主要是对交易者所发出信息真实性的验证，而交易者身份的真实性就成为其所发信息真实性的关键。因此，在电子商务交易中，首先要保障交易双方确实是存在的，不是假冒的。由于网络交易的虚拟性，交易双方互不了解，要使交易成功，必须互相信任，确认对方是真实的。其次要保证双方所发出的信息都是其真实意愿的表达，信息是经过认证的，不存在虚构。

5．信息的可靠性

电子商务信息的可靠性是指防止因计算机失效、程序错误、传输错误、自然灾害等引起的计算机信息失效或失误。

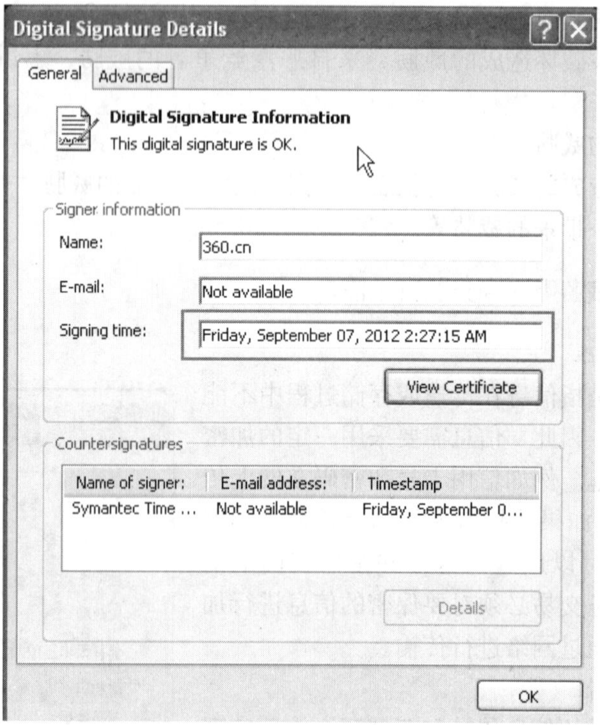

图 7-2　数字证书机制

6. 信息的有效性

信息的有效性是在具有不确定性并存在信息不对称的市场上，精确地揭示信息以满足信息需求者需求的程度。电子商务以电子形式的贸易信息取代了纸张的贸易信息，那么如何保证这种电子形式的贸易信息的有效性则是开展电子商务的前提。电子商务作为贸易的一种形式，其信息的有效性将直接关系到交易信息的可操作性。因此，要对网络故障、操作错误、应用程序错误、硬件故障、系统软件错误及计算机病毒所产生的潜在威胁加以控制和预防，以保证电子商务贸易数据在确定的时刻、确定的地点是有效的。

任务二　探索计算机网络安全的对策

随着计算机网络的广泛应用，电子商务的信息传输量急剧增长，企业在得益于通过网络加快业务运作的同时，电子商务数据也会遭到不同程度的威胁。黑客可以窃听网络上的信息，窃取用户的口令、数据库的信息；还可以篡改数据库内容，伪造用户身份、签名；更严重的是，黑客删除数据库内容、损毁网络节点、传播计算机病毒等。数据的安全性和企业的利益受到了严重的威胁。

无论是有意的攻击，还是无意的误操作，都将会给系统带来不可估量的损失，所以，计算机网络必须有足够强的安全措施。无论是在局域网还是在广域网中，网络的安全措施应能全方位地针对各种不同的威胁，这样才能确保网络信息的保密性、完整性和可用性。

国际标准化组织（ISO）曾建议将计算机安全定义为：计算机系统要保护其硬件、数据不被偶然或故意地泄露、更改和破坏。为了帮助计算机用户区分和解决计算机网络安全问题，各个国家相继制定计算机系统的安全等级标准，目前主要的安全评价准则包括以下几个方面：

第一，美国的可信计算机系统评估准则。

可信计算机系统评估准则（Trusted Computer System Evaluation Criteria，TCSEC），业内也称“橘皮书”（orange book），该准则于 1970 年由美国国防科学委员会提出，并于 1985 年 12 月由美国国防部公布。

该准则将计算机安全由低到高分为四类七级：D1、C1、C2、B1、B2、B3、A1。其中 D1 级是不具备最低安全限度的等级，C1 和 C2 级是具备最低安全限度的等级，B1 和 B2 级是具有中等安全保护能力的等级，B3 和 A1 级属于最高安全等级。该准则将安全分为四个方面：安全政策、可说明性、安全保障和文档。

国际计算机系统标准评估准则的发展如图 7－3 所示。

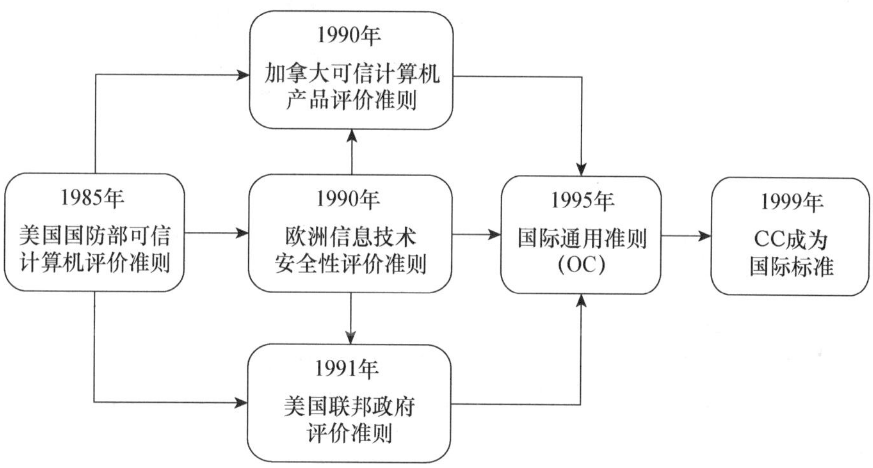

图 7－3 国际计算机系统标准评估准则的发展

第二，我国的信息安全标准和政策。

根据我国《计算机信息系统安全保护等级划分准则》的规定，信息系统安全分为五个等级：自主保护级、系统审计保护级、安全标记保护级、结构化保护级和访问验证保护级。

除此之外，在安全准则上，还有欧洲的 ITSEC、ISO 的《信息处理系统开放系统互联基本参考模型第 2 部分：安全体系结构》等标准。

要想实现网络安全功能，应对网络系统进行全方位防范，从而制定出比较合理的网络安全体系结构。网络系统的安全防范主要有以下几个方面的措施。

1. 物理安全

物理安全可以分为两个方面：一是人为对网络的损害；二是网络对用户的危害。

人为对网络的损害最常见的是施工人员由于对地下电缆（见图 7－4）不了解造成的破坏，这种情况可通过立标志牌加以防范；未采用结构化布线的网络经常会出现使用者对电缆的损坏，这就需要在安装时尽量采用结构化布线来安装网络；人为或自然灾害对网络的损害，需在规划设计时加以考虑。

图 7-4　地下电缆

网络对用户的危害主要是电缆的电击、高频信号的辐射等（见图 7-5），这需要做好网络的绝缘、接地和屏蔽工作。

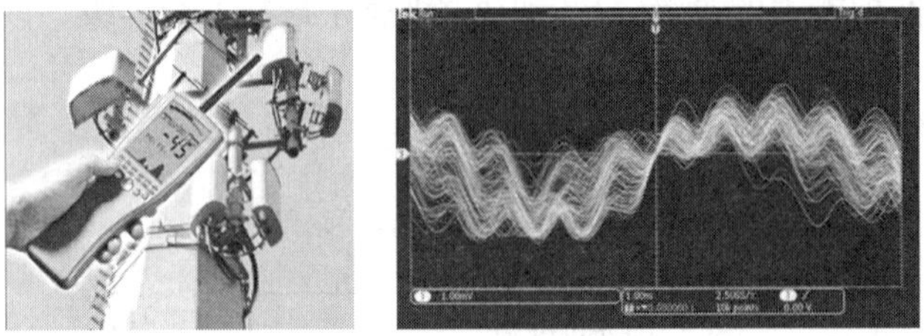

图 7-5　信号辐射和泄露

2. 访问控制安全

访问控制安全是指访问控制识别并验证用户，将用户限制在已授权的活动和资源范围之内。网络的访问控制安全可以从以下几个方面考虑：

（1）口令。

网络安全系统的最外层防线就是网络用户的登录，在登录过程中，系统会检查用户的登录名和口令的合法性，只有合法的用户才可以进入系统。计算机口令的常见输入界面如图 7-6 所示。

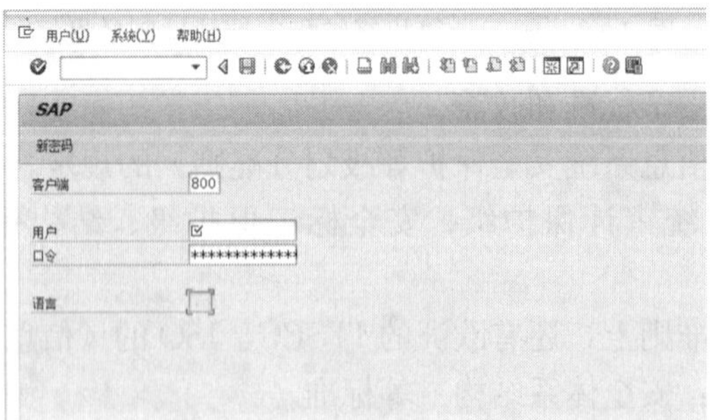

图 7-6　计算机口令的常见输入界面

（2）网络安全监管。

网络安全监管通称为“网管”，它的作用主要是对整个网络的运行进行动态监视并及时处理各种事件。通过网管系统地监督、控制网络资源的使用和网络的各种活动，网络的性能达到了安全化。通过网络监管可以简单明了地找出并解决网络上的安全问题，如定位网络故障点、捉住 IP 盗用者、控制网络访问范围等。网络监管如图 7-7 所示。

图 7-7　网络监管

（3）审计和跟踪。

网络的审计和跟踪包括对网络资源的使用、网络故障、系统记账等方面的记录和分析。一般由两部分组成：一是记录事件，即将各类事件统计记录到文件中；二是对记录进行分析和统计，从而找出问题所在。网络审计的内容如图 7-8 所示。

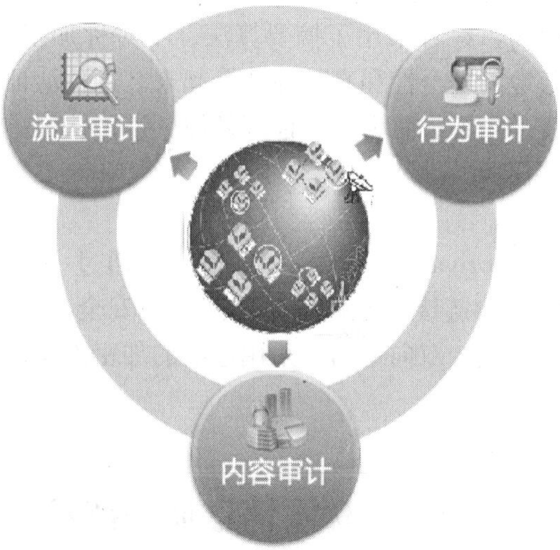

图 7-8　网络审计的内容

3. 数据传输安全

数据传输安全要求保护网络上被传输的信息，对数据传输安全可以采取如下措施：

（1）加密与数字签名。

任何一个良好的安全系统都必须包括加密。通过加密保全信息的内容不会被他人所窃取，目前可以有较多的方法进行综合加密，以增强信息的安全性和可靠性。

数字签名是数据的接收方用来证实数据的发送方确实无误的一种方法，它主要通过加密算法和证实协议实现。

（2）防火墙。

防火墙（firewall）是互联网上广泛应用的一种安全措施，它是设置在不同网络或网络安全域之间的一系列部件的组合。它能通过监测、限制、更改跨越防火墙的数据流，尽可能地检测网络内外信息、结构和运行状况，以此来实现网络的安全保护。

防火墙常被安装在受保护的内部网络与连接到的外部网络的节点之间，如图 7-9 所示。它可在任何必须进行网络访问控制的地方使用。

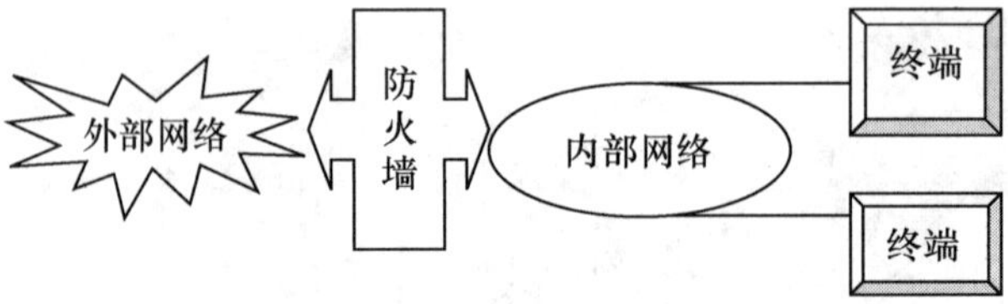

图 7-9　防火墙在网络中的位置

（3）用户名/密码认证。

用户名/密码（user name/password）认证，是最常用的一种认证方式，用于操作系统登录、远程登录等，但此种认证方式过程不加密，口令容易被监听和解密。

（4）基于 PKI 的认证。

基于 PKI 的认证即使用公开密钥体系（public key infrastructure，PKI）进行认证和加密。该方法安全程度较高，综合采用了摘要算法、不对称加密、对称加密、数字签名、数字时间戳等技术，很好地将安全性和高效性结合起来。这种认证方法目前应用在电子邮件、应用服务器访问、客户认证、防火墙认证等领域。该种认证方法安全程度很高，但是涉及比较繁重的证书管理任务。

（5）虚拟专用网络技术。

虚拟专用网络（virtual private network，VPN）是通过一个公用网络（通常是互联网）建立一个临时的、安全的链接，是一条公用网络中安全、稳定的隧道。VPN 技术主要提供在公用网络上实现安全的双向通信，采用透明的加密方案以保证数据的完整性和保密性。

任务三　探索信息加密技术

1. 加密技术概述

加密技术是保护信息安全的主要手段之一。它是结合数学、计算机科学、电子与通信等诸多学科于一身的交叉学科，不仅具有保证信息机密性的信息加密功能，而且具有数字签名、身份验证、秘密分存、系统安全等功能。所以，使用加密技术不仅可以保证信息的机密性，而且可以保证信息的完整性和确定性，防止信息被窜改、伪造和假冒。

历史上记载的人类最早对信息进行加密的方法是这样一则故事：古希腊的斯巴达人将一张皮革包裹在某特定尺寸的棍子上，再写上传递给他人的信息，而信息的接收方必须有根同等尺寸的棍子，收到皮革后，将皮革裹到棍子上才可以读出原始信息。这样，即便这张皮革在中途被截走，只要对方不知道棍子的尺寸，所看到的也只是一些凌乱而无用的信息。古埃及、古巴比伦和美索不达米亚都对书面消息的发送采用过加密方法，到罗马帝国时代，恺撒大帝开始使用信息编码，以防止敌方了解自己的战争计划。

作为一种最为古老的对称加密体制，恺撒密码的基本思想是：通过把字母移动一定的位数来实现加密和解密。例如，如果密钥是把明文字母的位数向后移动三位，那么明文字母B就变成了密文的E，以此类推，X将变成A，Y变成B，Z变成C。由此可见，位数就是恺撒密码加密和解密的密钥。这种密码的密度是很低的，只需简单地统计字频就可以破译。如今这种方法又叫"移位密码"，只不过移动的位数不一定是3位而已。

在第一次世界大战期间，德国间谍曾经依靠字典编写密码。例如，25－3－28表示某字典的第25页第3段第28个单词。但是，这种加密方法并不可靠，美国情报部门搜集了所有德文字典，只用了几天时间就找出了德方所用的那一本，从而破译了这种密码。

在第二次世界大战中，德国人创建了加密信息的机器——Enigma编码机，利用它创建加密信息。后来，通过美国人阿兰·图灵（Alan Turing）以及其他人的努力，终于在1940年破译了德国直至1944年还自认为可靠的Enigma三转轮机密码系统，使德方在战争中遭受重大损失。

随着计算机的发展和计算机运算能力的增强，过去的加密方式都变得十分简单，于是人们不断研究出新的数据加密方式。信息加密日益成为信息保护的最实用、最可靠的方法。与此同时人们对密码技术提出了更高的需求。密码学研究不断产生新成果，以密码技术为主的商业公司开始出现，密码算法层出不穷，并开始走向国际标准化的道路，出现了DES、AES等标准。同时各个国家和政府对密码技术也越来越重视，对加密技术的出口和进口都作了相当严格的规定。

2. 加密技术的分类

数据加密技术的目的在于保护信息不被非法用户获得和破解，其要点是加密算法。加密算法可以分为对称加密、非对称加密等类别。

3. 加密技术的组成

一个密码体制由明文、密文、密钥与加密运算这四个基本要素构成。图7－10显示了一个明文加密、解密的过程。

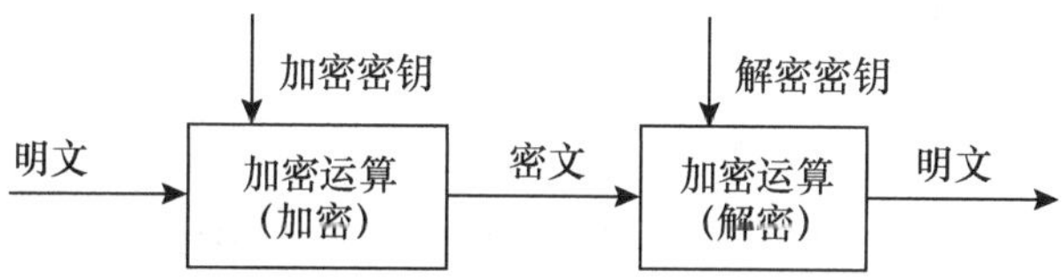

图7－10　明文加密、解密过程

4. 加密术语

明文（cleartext）：最初的原始信息。

密文（ciphertext）：被加密信息打乱后的不可读的信息。

算法（algorithm）：将明文变为密文的方法。

密钥（key）：将明文转换为密文或将密文转换为明文的算法中输入的数据。

加密（encryption）：将明文转换为密文的过程。

解密（decryption）：将密文转换为明文的过程。

5. 对称密钥加密

对称密钥加密也称为秘密密钥加密或私钥加密，它要求授权读信息的各方使用同样的密钥，是使用最广泛的加密类型。对称算法（symmetric algorithm）有时又叫传统密码算法，就是加密密钥能够从解密密钥中推算出来，同时解密密钥也可以从加密密钥中推算出来。而在大多数的对称算法中，加密密钥和解密密钥是相同的。它要求发送方和接收方在安全通信之前，商定一个密钥。对称算法的安全性依赖于密钥，泄露密钥就意味着任何人都可以对他们发送或接收的消息解密，所以密钥的保密性对通信至关重要。图 7－11 显示了对称密钥加密、解密过程。

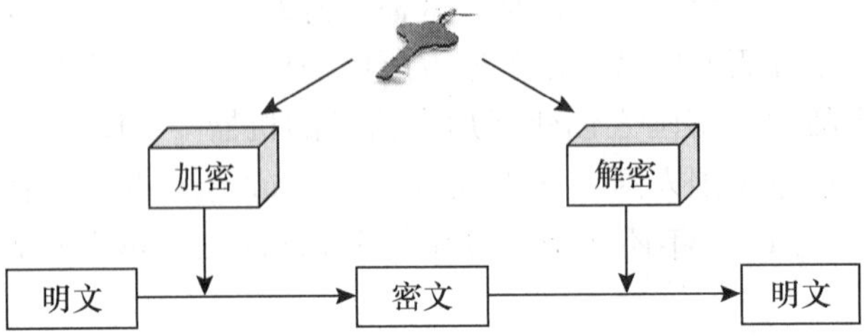

图 7－11　对称密钥加密、解密过程

对称密钥加密的优点在于算法实现后的效率高、速度快。其缺点在于密钥的管理过于复杂。如果任何一对发送方和接收方都有他们各自商议的密钥的话，那么很明显，假设有 N 个用户进行对称密钥加密通信，按照上述方法，则要产生 $N(N-1)/2$ 把密钥，每一个用户要记住或保留 $N-1$ 把密钥。当 N 很大时，记住密钥是不可能的，而保留起来又会增加密钥泄露的可能性。

常用的对称加密算法有 DES、TripleDES、RC2、RC4、RC5、Blowfish 和 IDEA 算法等。

6. *非对称加密方法*

非对称加密方法又称为公钥密码体制，是指对信息加密和解密使用不同的密钥，即有两个密钥：一个是公开密钥，另一个是私有密钥，这两个密钥称为“密钥对”。如果用公开密钥对数据进行加密，则只有用对应的私有密钥才能解密；反之，若用私有密钥对数据进行加密，则须用相应的公开密钥才能解密。

非对称加密算法的典型代表是 RSA 算法。RSA 公钥加密算法是 1977 年由罗纳德·李维斯特（Ron Rivest）、阿迪·萨莫尔（Adi Shamir）和伦纳德·阿德曼（Leonard Adleman）一起提出的。当时他们三人都在美国的麻省理工学院工作。RSA 就是由他们三人姓氏开头字母拼在一起组成的。

RSA 是目前最有影响力的公钥加密算法，它能够抵抗到目前为止已知的绝大多数密码攻击，已被 ISO 推荐为公钥数据加密标准。RSA 算法基于一个十分简单的数论事实：将两个大素数相乘十分容易，但想要对其乘积进行因式分解却极其困难，因此可以将乘积公开作为加密密钥。

RSA 算法将一个大数分解成两个质数的乘积，加密和解密用的是两个不同的密钥。即使已知明文、密文和加密密钥（公开密钥），想要推导出解密密钥（私有密钥）在计算上是不可能的。

因此，非对称密钥体制中，在一个有 N 个通信方参与的系统内，密钥总数仅为 $2N$ 个，大大小于对称密钥系统的 $N(N-1)/2$，这在电子商务的环境下有着特别重要的意义。图 7－12 为非对称密钥加密、解密过程。

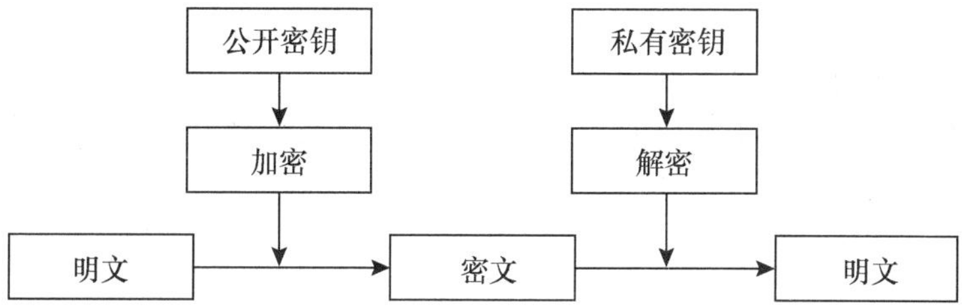

图 7-12 非对称密钥加密、解密过程

非对称密钥加密方法的优点是易于实现、使用灵活、密钥较少；缺点是要取得较好的加密效果和强度，必须使用较长的密钥，这样就会加重系统的负担和减慢系统的吞吐速度，所以，非对称密钥加密方法不适合对数据量较大的报文进行加密。

非对称密钥加密的代表算法有 RSA、背包算法、Rabin、D-H、ECC（elliptic curves cryptography，椭圆曲线加密算法）等。

7. 对称和非对称加密的联合运用

以 DES 算法与 RSA 算法的互补为例，RSA 并非 DES 的替代算法，它们的优缺点是可以互补的，可采用 DES 与 RSA 的混合方法，即用 DES 算法来加密相对较大的文件信息，而用 RSA 算法来加密 DES 的密钥。这样既突出了 DES 速度快的特点，实现对文件信息高效加密，也利用了 RSA 的特点来解决 DES 密钥分配的难题。对称和非对称密码算法的应用如图 7-13 所示。

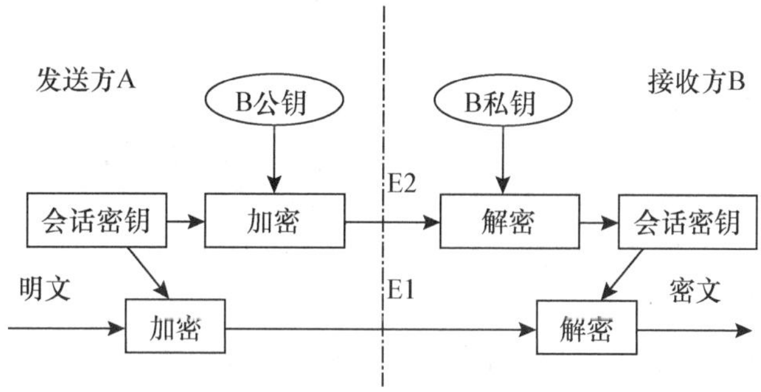

图 7-13 对称和非对称密码算法的应用

8. 密钥管理技术

加密体系中有两个基本要素：加密算法和密钥管理，其中密钥是控制加密算法和解密算法的关键。存放密钥的介质有各种磁卡、磁盘、闪盘、智能卡等，它们很易被盗或损坏，因而密钥管理技术的主要任务是在公用数据网上安全地传递密钥而不被窃取。密钥的管理包括密钥的创建、分发、保护与吊销等各环节。目前主流的加密软件主要采取第三方认证的方法管理密钥。

常用的密钥管理技术有两种：

（1）对称密钥管理。

通过公开密钥加密技术实现对称密钥的管理。每次交易均生成唯一一把对称密钥，该密钥既可用于加密又可用于解密。

优点：即使泄露了一把密钥，也只会影响一笔交易，而不会对其他的交易产生影响。

缺点：每次交易均形成一把密钥，管理很麻烦。

（2）公开密钥管理。

公开密钥加密使用两把不同的密钥：一把用来加密信息，另一把用来解密信息。

优点：用于解密的私钥不需要发往别处，因而即使公钥被截获，因为没有与其匹配的私钥，也无法解读加密信息。另外还可用它进行身份验证。

缺点：加密、解密过程烦琐。

9. PKI

（1）PKI 概述。

PKI 是 public key infrastructure 的缩写，即“公钥基础设施”，是一种遵循标准的密钥管理平台。PKI 通过自动管理密钥和证书，为用户建立起一个安全的网络运行环境，使用户可以在多种应用环境下方便地使用加密和数字签名技术，为复杂的互联网系统提供统一的身份认证、数据加密和完整性保障机制。

PKI 作为国家信息化的基础设施，是相关技术、应用、组织、规范和法律法规的总和。它用来实现基于公钥密码体制证书的产生、管理、存储、分发和撤销等功能。

PKI 采用参与各方都信任的同一个认证机构，且由该机构来核对和验证各参与方身份的信任机制，受到银行、证券、政府等核心应用系统的青睐。由于在通过网络进行的电子商务活动中，交易双方一般不进行面对面的直接接触，因而使得利用电子方式验证信任关系变得至关重要。PKI 技术能有效地解决电子商务应用中的机密性、真实性、完整性、不可否认性和存取控制等安全问题。它既是信息安全技术的核心，也是电子商务的关键技术。

（2）PKI 的体系结构。

1）认证机构。认证机构简称 CA（certificate authority），是证书的签发机构，其主要职责包括：验证并标识证书申请者的身份，对证书申请者的信用度、申请证书的目的、身份的真实可靠性等问题进行审查，管理证书信息资料等。

2）证书库。证书由具备权威性、可信任性和公正性的第三方机构签发，证书库是证书的集中存放地。

3）密钥备份及恢复系统。可在用户授权的情况下为用户备份与恢复解密密钥，以避免用户因丢失了解密密钥而无法解读原文。

4）证书撤销处理系统。用户在证书签署的有效期内，因发生证书遗失、泄密或其他情况，可通过证书撤销处理系统及时撤销证书。

5）密钥和证书的更新。即对已发放的证书在其有效期结束之前自动进行更新。

6）应用接口系统。为各种应用服务提供功能齐全的应用接口系统，使其能够以安全可信的方式与 PKI 交互。

任务四　探索安全认证技术

欧阳逍遥和我们一起通过上面的五个步骤分析了电子商务安全中常用的几种信息加密技术及方法，在这些方法的基础上，如何实现对商务信息的有效认证，确保信息传输安全呢？下面的几种技术便是有效的手段。

1. 数字摘要

数字摘要（digital digest）又称安全 Hash（哈希）编码法，其原理是采用单向 Hash 函数将需加密的明文进行某种变换运算，得到固定长度的摘要码。不同的明文摘要成密文，其结果总是不同的，而同样的明文其摘要必定一致。

2. 数字签名

在网络环境中，由于参与交易的各方在整个交易过程中有可能自始至终不见面，因此多采用数字签名方式来解决这个问题。

数字签名是指通过使用非对称加密系统和哈希函数来变换电子记录的一种电子签名，使得同时持有最初未变换电子记录和签名人公开密匙的任何人，可以准确地判断该项变换是否是使用与签名人公开密钥相配的私人密钥做成的，进而判断变换后初始电子记录是否被改动过。数字签名的简要应用过程如图 7－14 所示。

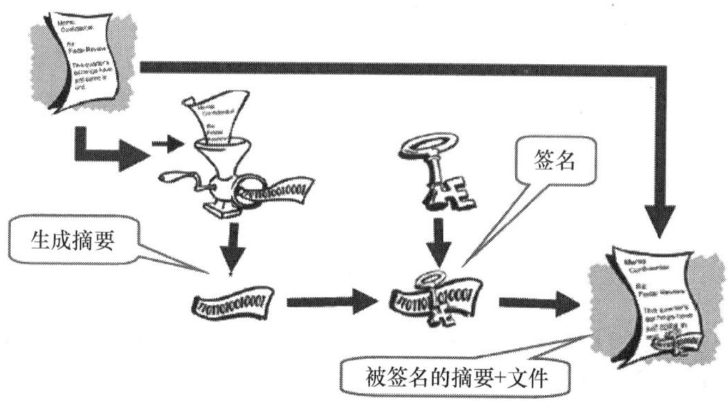

图 7－14 数字签名的简要应用过程

数字签名与用户的姓名及手写签名形式毫无关系，它实际上是采用了非对称加密技术，用信息发送方的私钥变换所需传输的信息，因而不能复制，安全可靠。

在日常的社会生活和经济领域中，签名盖章和识别签名是一个重要的环节。例如，银行业务、挂号邮件、合同、契约和协议的签订等都离不开签名。在书面文件上，签名是确认文件的一种手段，其作用有三点：第一，因为签名难以否认，从而可确认文件已签署这一事实；第二，因为签名不易仿冒，从而可确定文件是真的这一事实；第三，如果对签名有争议，可以请专家分析、辨认笔迹的真伪。

数字签名与书面文件签名有相同之处。采用数字签名，也能确认以下三点：第一，信息是由签名者发送的；第二，信息自签发后到收到为止未曾做过任何修改；第三，如果签名者否认对信息的签名，可以通过仲裁解决签名者和接收者之间的争议。因此，数字签名就可用来防止电子信息因易被修改而被伪造，或冒用别人名义发送信息，或发出（收到）信件后又加以否认等情况发生。数字签名又不同于手写签名：数字签名随文本的变化而变化，而手写签名反映某个人个性特征，是不变的；数字签名与文本信息是不可分割的，而用手写签字是附加在文本之后的，与文本信息是分离的。

鉴于签名的私有密钥只有发送方自己保存，他人无法做一样的数字签名，因此安全的数字签名使接收方可以确认文件确实来自发送方。在安全的数字签名过程中，通常还要求能确认传输的信息没有被篡改。

数字签名的加密、解密过程和公钥密码体制的加密、解密过程正好相反，使用的密钥对也不同。数字签名使用的是发送方的密钥对，发送方用自己的私有密钥进行加密，接收方用发送方的公开密钥进行解密，这是一对多的关系：任何拥有发送方公开密钥的人都可以验证数字签名的正确性。而公钥密码体制的加密、解密使用的则是接收方的密钥对，这是多对一的关系：任何知道接收方公开密钥的人都可以向接收方发送加密信息，只有唯一拥有接收方私有密钥的人才能对信息解密。

在实际应用过程中，通常一个用户拥有两个密钥对，一个密钥对用于数字签名，另一个密钥对用于加密，这种方式提供了更高的安全性。在实际运用中，由于公钥体制加密、解密速度慢，直接用私有密钥对相当长的文件进行签名并不完全可行。通常的解决办法是引入可公开的哈希函数（也叫散列函数或摘要函数）。它取任意长度的消息做自变量，结果产生规定长度的消息摘要。该函数能保证对原文件作任何一点点修改，再产生的数字摘要就会不同。

利用哈希函数进行数字签名和文件验证的传输过程如下：

（1）发送方首先用哈希函数从待发原文得到数字摘要，然后采用公钥密码体制用发送方的私有密钥（简称私钥）对数字摘要进行签名，并把签名后的数字摘要附加在要发送的待发原文后面。

（2）发送方选择一个会话钥对文件进行加密，并把加密后的文件通过网络传输到接收方。

（3）发送方用接收方的公有密钥（简称公钥）对会话钥进行加密，并通过网络把加密后的会话钥传输到接收方。

（4）接收方使用自己的私钥对密钥信息进行解密，得到会话钥的明文。

（5）接收方用会话钥对文件进行解密，得到附有经过加密的数字摘要的原文明文。

（6）接收方用发送方的公钥对数字签名进行解密，得到发送方计算的数字摘要的明文。

（7）接收方对得到的原文明文用同一哈希函数重新计算数字摘要，并与解密后的数字摘要进行对比。如果两个是相同的，说明文件在传输过程中没有被破坏。

上述流程如图 7－15 所示。

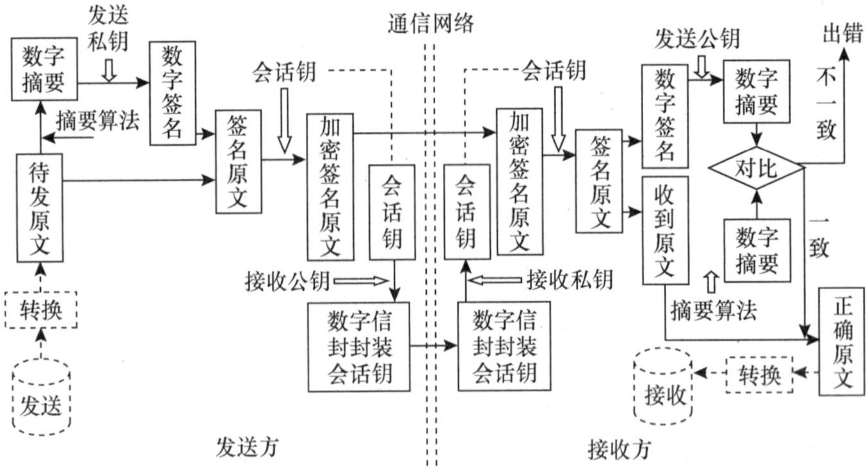

图 7－15　数字签名过程

如果第三方冒充发送方发出了一个文件，只要第三方不是用发送方的私钥加密，接收方就不能正确解密发送来的密文，这是因为接收方在对数字签名进行验证时使用的是发送方的公钥。这就提供了一个确认发送方身份的方法。如果原文被篡改，得到的数字摘要就会与传送过来的数字摘要不同，从而可保证原文不能被篡改。如果一切正常，发送方的私有密钥是保密的，他就无法否认该原文是他签发的。

数字签名的法律依据是《中华人民共和国电子签名法》，该法律 2004 年 8 月 28 日经第十届全国人民代表大会常务委员会第十一次会议通过，自 2005 年 4 月 1 日起实施。

3. 数字水印

（1）数字水印技术概述。

由于图形、图像、视频和音频等数字信息很容易通过网络、CD 进行传递与复制，存在非法传播或窜改有版权的作品的问题，因此，能对数字产品实施有效的版权保护及信息保密的数字水印技术应运而生。数字水印技术是通过一定的算法将数字、序列号、文字、图像标志等版权信息嵌入多媒体数据中，但不影响原内容的价值和使用，并且一般不能被人觉察或注意到。被保护的信息可以是任何一种数字媒体，如软件、图像、音频、视频或一般性的电子文档等。在产生版权纠纷时，可通过相应的算法提取出该数字水印，从而验证版权的归属，确保版权人的合法利益，避免非法盗版的威胁。

数字水印如图 7－16 所示。

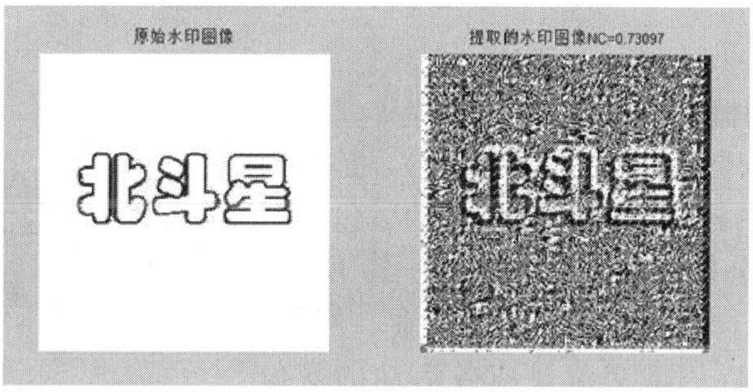

图 7－16　数字水印

（2）数字水印的应用。

信息隐藏及数字水印技术在版权保护、真伪鉴别、隐藏通信、标志隐含等方面具有重要的应用价值。其应用如图 7－17 所示。

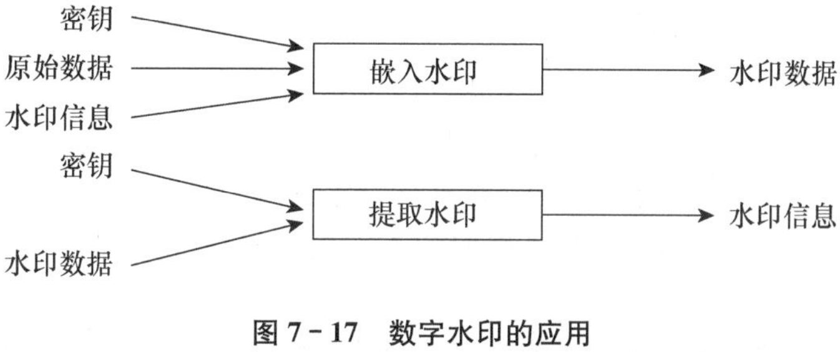

图 7－17　数字水印的应用

4. 数字时间戳

在书面文件中，文件签署的日期和签名一样均是防止文件被伪造和篡改的关键性内容，一般由签署人自己填写。在电子交易过程中，同样需要证明电子文件的有效性，因此，进行数字签名时经常包括相应的时间标记。这种时间戳一般由认证单位的数字时间戳（digital time stamp，DTS）服务负责，以收到文件的时间为依据。

时间戳是一个经加密后形成的凭证文档，它包括三个部分：

（1）需加时间戳的文件的摘要（digest）。

（2）DTS收到文件的日期和时间。

（3）DTS的数字签名。

数字时间戳可用于证明电子文档在其时间戳所述的时间期限内有效。数字时间戳的生成过程如图7-18所示。

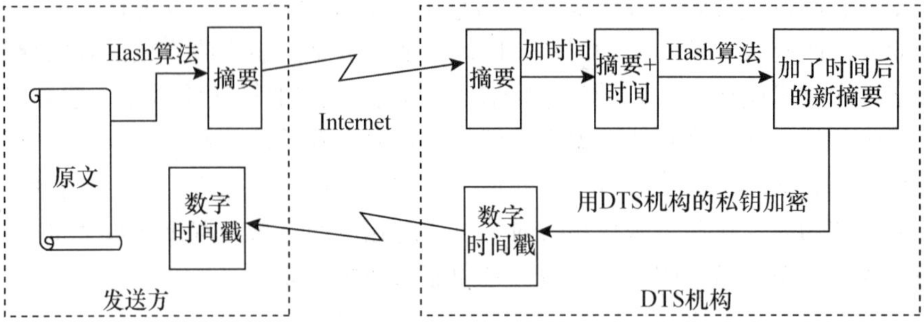

图7-18　数字时间戳的生成过程

5. 数字证书

（1）数字证书的概念。

数字证书也称为数字标识（digital ID），是采用公钥密码体制经证书授权中心数字签名的、包含公钥拥有者信息以及公钥的文件，如图7-19所示。它是各类实体（持卡人/个人、商户/企业、网关/银行等）在网上进行信息交流及商务活动的身份证明。

图7-19　数字证书示例

数字证书的内容包括证书申请者的名称及相关信息、申请者的公钥、签发证书的CA数字签名及证书的有效期等内容。最简单的证书包含一个公开密钥、名称以及证书授权中心的数字签名。

（2）数字证书的应用及分类。

数字证书被广泛地用于各种电子交易中，如发送安全电子邮件、网上招投标、网上公文传送、网上缴费、网上炒股、网上购物和网上报关等。它提供了一种在互联网上进行身份验证的方式，人们可以通过出示数字证书来证明自己的身份，访问在线信息或享受有关服务，与日常生活中的身份证相似。个人数字证书可存放于计算机硬盘、智能卡中。

从证书的用途来看，数字证书可分为签名证书和加密证书。签名证书主要用于对用户信息进行签名，以保证信息的不可否认性；加密证书主要用于对用户传送信息进行加密，以保证信息的真实性和完整性。

（3）数字证书的颁发过程。

1）由用户产生自己的密钥对，并将公共密钥及部分个人身份信息传送给一家认证中心。

2）认证中心对用户身份进行核实，并对用户发送来的信息进行确认。

3）认证中心发给用户一个数字证书，该证书内附了用户和他的密钥等信息，同时还附有对认证中心公共密钥加以确认的数字证书。

6. 生物识别技术

生物识别技术是一种集光学、传感技术、超声波扫描和计算机技术于一体的身份验证技术。它通过对个人的生物特征，包括指纹、声音、面孔、视网膜、掌纹、静脉、骨架等进行自动识别，具有不可复制的特性。

例如，指纹（见图 7－20）可以通过鉴别十六处指纹特征进行识别，视网膜识别技术使用摄像机、红外线进行样本捕捉并识别，签名识别是建立在签名时的用笔方向和力度上的识别技术。

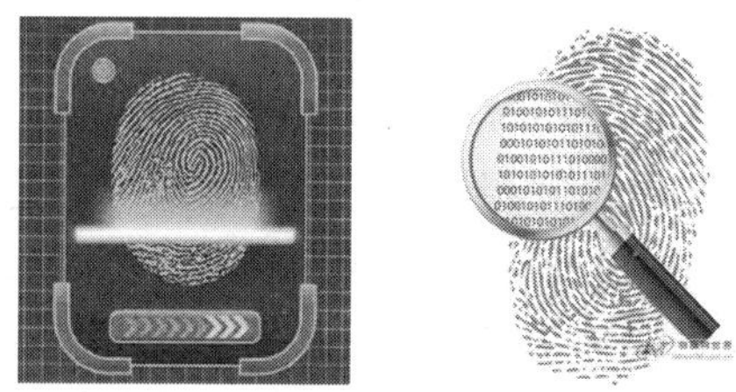

图 7－20 生物识别技术：指纹

7. 电子商务安全技术协议

电子商务的安全技术协议目前主要有安全套接层协议和安全电子交易协议两种。

（1）安全套接层协议。

1）Web 上有时要传输重要或敏感的数据，因此美国网景公司在推出 Web 浏览器首版的同时，提出了安全套接层协议（secure socket layer，SSL），目前已有 2.0 和 3.0 版本。SSL 采用公开密钥技术，其目标是保证两个应用间通信的保密性和可靠性，可在服务器和客户机两端同时实现支持。目前，SSL 协议已成为互联网上保密通信的工业标准。现行 Web 浏览器普遍将 HTTP 和 SSL 相结合，从而实现安全通信。SSL 协议与 TCP/IP 协议间的关系如图 7－21 所示。

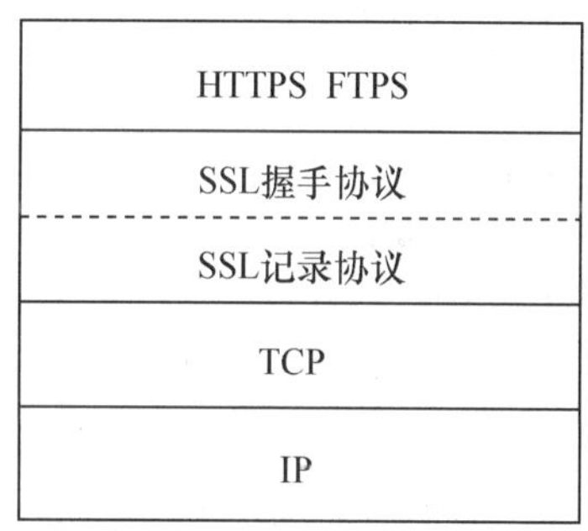

图 7－21 SSL 协议与 TCP/IP 协议间的关系

2）协议简介。安全套接层协议是在互联网基础上提供的一种保证私密性的安全协议。它能使客户/服务器应用之间的通信不被攻击者窃听，并且始终对服务器进行认证，还可选择对客户进行认证。SSL 协议要求建立在可靠的传输层协议之上。SSL 协议的优势在于它是与应用层协议独立无关的。高层的应用层协议能透明地建立于 SSL 协议之上。SSL 协议在应用层协议通信之前就已经完成加密算法、通信密钥的协商以及服务器认证工作。在此之后应用层协议所传输的数据都会被加密，从而保证通信的私密性。

通过以上叙述，SSL 协议提供的安全信道有以下三个特性：

a. 私密性。在 SSL 握手协议定义了会话密钥后，所有的消息都被加密。

b. 确定性。尽管会话的客户端认证是可选的，但是服务器端始终是被认证的。

c. 可靠性。传送的消息包括消息完整性检查。

3）协议规范。SSL 协议由 SSL 记录协议和 SSL 握手协议两部分组成。SSL 记录协议从高层接收到数据后要经过分段、压缩和加密处理，最后由传输层发送出去。在 SSL 协议中，所有的传输数据都被封装在记录中，记录是由记录头和长度不为 0 的记录数据组成的。

每个 SSL 记录包含以下信息：

a. 内容类型：指 SSL 的高层协议。

b. 协议版本号：指所用的 SSL 协议版本号，目前已有 2.0 和 3.0 版本。

c. 长度：指记录数据的长度，记录数据的最大长度为 16 383 个字节。

d. 数据有效载荷：将数据用 SSL 握手阶段所定义的压缩方法和加密方法进行处理后得到的结果。

e. MAC：MAC 在有效数据被加密之前计算出来并放入 SSL 记录中，用于进行数据完整性检查，若使用 MD5 算法，则 MAC 数据长度是 16 个字节。

SSL 握手协议用于在通信双方建立安全传输通道，具体实现以下功能：

a. 在客户端验证服务器，SSL 协议采用公钥方式进行身份认证。

b. 在服务器端验证客户（可选的）。

c. 客户端和服务器之间协商双方都支持加密算法和压缩算法，可选用的加密算法包括IDEA、RC4、DES、3DES、RSA、DSS、MD5、SHA 等。

d. 产生对称加密算法的会话密钥。

e. 建立加密 SSL 连接。

4）SSL 协议的特点。

a. 优点：SSL 协议的成本低、速度快、使用简单，对现有网络系统不需要进行大的修改，因而目前取得了广泛的应用。

b. 缺点：首先，客户的信息可能先到商家，被商家阅读，这样客户资料的安全性就得不到保证；其次，SSL 协议只能保证资料信息传递的安全，而传递过程是否有人截取就无法保证了。所以，SSL 协议并没有实现电子支付所要求的保密性、完整性，而且多方互相认证也是很困难的。

（2）安全电子交易协议。

在开放的互联网上处理电子商务，保证买卖双方传输数据的安全成为电子商务的重要问题。为了克服 SSL 协议的缺点，满足电子交易持续不断提高的安全要求，并为了达到交易安全及合乎成本效益的市场要求，VISA 国际组织与 MasterCard、MicroSoft、IBM 等共同制定了安全电子交易（secure electronic transactions，SET）协议。这是为在线交易而设立的一个开放的、以电子货币为基础的电子付款系统规范。SET 协议在保留对客户信用卡认证的前提下，又增加了对商家身份的认证，这对于需要支付货币的交易来讲是至关重要的。由于设计合理，SET 协议得到了许多大公司和消费者的支持，已成为全球网络的工业标准，其交易形态将成为未来电子商务的规范。

SET 协议为在互联网上进行安全的电子商务活动提供了一个开放的标准。SET 协议主要使用电子认证技术，其认证过程使用 RSA 和 DES 等算法，因此可以为电子商务提供很强的安全保护。可以说，SET 协议规范是目前电子商务中最重要的协议，它的推出大大促进了电子商务的发展。SET 协议规范是一种为基于信用卡而进行的电子交易提供安全措施的规则，是一种能广泛应用于互联网的安全电子付款协议，它能够将普遍应用的信用卡使用起始点从目前的商店扩展到消费者家里，扩展到消费者的个人计算机中。

SET 协议交易系统由客户、商家、支付网关、收单银行、发卡银行、认证中心六个部分组成，这六大部分之间的数据交换过程如图 7－22 所示。

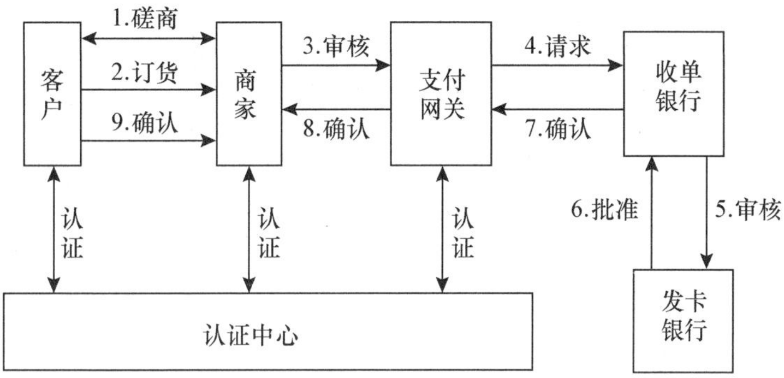

图 7－22　采用 SET 协议的数据交换过程

SET 协议的工作流程如下所述：

1）支付初始化请求和响应阶段。当客户决定要购买商家的商品并使用电子钱包支付时，商家服务器上的 POS 软件发报文给客户的浏览器电子钱包，电子钱包要求客户输入口令，然后与商家服务器交换“握手”信息，使客户和商家相互确认，即客户确认商家被授权可以接受信用卡，同时商家也确认客户是一个合法的持卡人。

2）支付请求阶段。客户发出一个报文，包括订单和支付命令。在订单和支付命令中必须有客户的数字签名，同时利用双重签名技术保证商家看不到客户的账号信息。而位于商家开户行的被称为支付网关的另外一个服务器可以处理支付命令中的信息。

3）授权请求阶段。商家收到订单后，POS 组织一个授权请求报文，其中包括客户的支付命令，发送给支付网关。支付网关是一个互联网服务器，是连接互联网和银行内部网络的接口。授权请求报文通过并到达收单银行后，收单银行再到发卡银行确认。

4）授权响应阶段。收单银行得到发卡银行的批准后，通过支付网关发给商家授权响应报文。

5）支付响应阶段。商家发送购买响应报文给客户，记录客户交易日志备查。

（3）SSL 协议和 SET 协议的对比。

SSL 协议和 SET 协议的对比分析如表 7－1 所示。

表 7－1　SSL 协议和 SET 协议的对比分析

名称	用户接口	处理速度	认证要求	安全性	协议层次与功能
SSL	已被 Web 服务器内置，无须安装专门的软件	此协议比 SET 协议处理速度要快	早期的 SSL 协议并没有提供身份认证机制，虽然在 SSL3.0 中可以通过数字签名和数字证书实现浏览器和 Web 服务器之间的身份验证，但仍不能实现多方认证，而且此协议中只有商家服务器的认证是必需的，客户端认证则是可选的	只是对客户与商家端的信息交换进行加密保护，不具有商业性、服务性、协调性和集成性	属于传输层的安全技术范围，不具有商业性、服务性、协调性和集成性

续前表

名称	用户接口	处理速度	认证要求	安全性	协议层次与功能
SET	客户端需要安装专门的电子钱包软件，在商家服务器与银行网络上也需要安装相应的软件	此协议非常复杂、庞大，处理速度慢	认证要求较高，所有参与 SET 交易的成员必须申请数字证书	采用的是公钥加密、信息摘要和数字签名等技术，且采用双重签名	独立于应用层协议，大部分内置于浏览器和 Web 服务器中，在电子商务交易中应用方便。但是它是面向连接的协议，只能提供交易中客户与服务器间的双方认证，不能实现多方的电子交易共同认证

任务五　综合探讨旅游电子商务安全技术

经过对电子商务安全的一番探索，回归到旅游电子商务的行业中，欧阳逍遥感到在旅游电子商务的交易过程中，安全性仍是影响旅游电子商务发展的主要因素。在开放的网络上处理交易，保证传输数据的安全成为旅游电子商务普及的最重要的因素之一。

目前，制约我国旅游企业电子商务发展的一个重要因素，就是与旅游电子商务相配套的网上支付的措施不够安全。计算机病毒和黑客等非法闯入等均构成对电子商务网络系统的威胁。很多用户不愿意进行网上支付，是因为担心自己的信用卡等资料会被网络黑客窃取，给自己造成损失。除此之外，网上交易需要进行一系列的用户认证程序，用户大量的隐私被暴露在网上，这使得越来越重视隐私权的用户不愿意进行网上交易。为此，国内旅游企业通常采用的做法是：旅游预订用网络方式，付款交易用传统方式，这使电子商务的快捷性、低成本性等特征未能得到体现，使旅游网站停留于提供信息的初级阶段。

旅游电子商务的安全主要包括：

（1）安全可靠的通信网络。

（2）有效防护连接在网络上的信息系统。

（3）有效防止资料被窃取或盗用。

（4）培训旅游电子商务人才，使其了解如何防护其信息系统和资料的安全。

为了保证安全性，必须满足一系列重要条件，换句话说，不仅要安全，更要易于管理和使用。首先，旅游电子商务中所有的参与方之间（包括用户和商家）进行身份确认，用户身份被认证无误后，才能相应地解决和管理用户的数据访问。在线数据的安全性和完整性必须得到保证。其次，必须确保旅游电子商务记录和事务的长期完整性，防止欺诈行为，这样才能提供广泛的旅游电子商务所必需的可信度。最后，必须远离来自互联网的多方面的威胁，以保证计算机系统自身的完整性。

项目评估

在本项目中，欧阳逍遥通过了解旅游电子商务安全的需求、技术、措施等内容，比较全面地探索了电子商务安全的基本要素和方法。对于旅游电子商务运营而言，最主要的就是采用适当的手段，保证交易过程中的安全性。

思 考

1. 旅游电子商务安全是旅游电子商务面对的最大问题吗？为什么？
2. 保证旅游电子商务的安全手段有哪些？

拓展阅读

一、旅游电子支付的安全

电子支付，是指从事电子商务交易的当事人，包括消费者、厂商和金融机构，使用安全电子支付手段通过网络进行的货币支付或资金流转。作为电子商务发展过程中一个重要的环节，电子支付信息的安全与否将对旅游企业电子商务的发展产生直接的影响。旅游企业用户在进行电子支付时，一般只需要一套已经连上互联网的计算机，便可以对电脑进行相应的操作，足不出户便能在短时间内完成支付过程。

1. 旅游企业电子支付的信息安全要求

在目前全球经济一体化的冲击下，旅游企业通过计算机网络技术进行电子商务以及电子支付活动越来越受到重视。但是在现今社会环境以及计算机网络技术环境下，旅游企业电子支付的信息安全主要面临着诸如窃取信息、信息抵赖等方面的威胁。为了保障旅游企业在进行电子支付时的信息安全，就必须采取相应的措施来保障旅游企业的财产安全。基于这一情况，旅游企业在进行电子支付的过程中，必须将以下因素纳入对交易安全的考量之中。

(1) 交易者的身份。

由于电子支付的整个过程都是在网络世界之中进行的，因此旅游企业用户在进行交易的过程之中，往往都不会知道对方的具体情况。因而在交易之前首先要对对方身份的合法性进行认证，只有这样才能确保交易的成功。

(2) 数据的保密性。

因为电子支付是以网络作为交易的平台的，在进行交易时都要在计算机上使用到一些例如账号、密码等较为私密敏感的资料。一旦这些资料被第三方通过不正当手段获取，则旅游企业的财产安全将可能受到难以估量的损失。

(3) 数据的完整性。

旅游企业在进行电子支付的过程中，一定要防止在输入数据时出现差错，并对互联网上存在的欺诈行为要格外警惕。在进行电子支付时一旦在传输数据的过程中出现了信息丢失、信息重复或是次序的差异，都很可能导致交易双方的信息出现不一致的情况，从而使得交易无法顺利完成。

(4) 不可抵赖性。

在旅游企业进行电子支付的过程中，当进行贸易的一方一旦发现贸易与预期存在偏差，就有可能终止并对交易行为予以否认，这种行为一旦发生则非常可能对交易另一方的利益造成损害。

2. 旅游企业电子支付的信息安全技术

在电子支付活动之中，无论是旅游企业的利益还是消费者以及银行的利益都与互联网紧密地联系在一起，三者之间的财务信息的传递也都是以互联网为载体而进行的。基于这一情况，在交易过程中就会存在一定的不确定性和交易风险，为了确保整个交易过程的万无一失，就必须在数据的安全性、保密性、完整性、不抵赖性以及交易对象的身份认证上作出要求，从而确保能够顺利地完成交易。

(1) 防火墙。

在已经连上互联网的计算机上设置防火墙，其主要目的是对信息的安全程度进行保障，从而避免遭受来自网络的攻击与威胁，以及其他人试图通过网络运用不正当的手段获取资料。防火墙的存在能够实现网络供应存储及控制的功能，从而实现对于信息资源的有效保护。同时因为在计算机之中所有由互联网所提供的以及向互联网提供的信息都必须经过防火墙的检查、过滤、存取控制，所以防火墙还能够在计算机与互联网之间起到过滤器的作用。

(2) 加密技术。

与防火墙相比，作为一种相对较为主动的计算机安全防范措施，加密技术的原理就是通过利用一定的加密算法，将某些重要的信息或是数据从一个可理解的明文形式转换为一种错乱的、不可理解的、无意义的密文形式，经过网络传输，到达目的端后用户再将经过加密的密文还原为明文的形式。如果在进行数据传输时，数据内容被第三方所获取，所获取的内容是很难得到破译的，因为这一特点，加密技术可以有效地阻止第三方用户获取原始数据。

(3) 虚拟专用网。

为了提高在交易过程中进行存取控制的安全性，除了在互联网与互联网之间设置防火墙，防止第三方用户对信息进行盗取、篡改、攻击之外，还可以在互联网与互联网之间加入经过加密功能处理的防火墙，对数据进行加密之后再传送。在计算机网络技术上，通常将此种方法称为虚拟专用网 VPN（virtual private network）。

VPN 的主要作用便是在公用的网络上通过加密、身份验证、建立逻辑隧道、设置权限等手段，确保计算机内的信息不被盗取，具备完整及保密的性能。

旅游企业电子支付作为电子商务中最为重要的组成部分之一，如何对电子支付的安全性做出保障也是各个旅游企业所重点关心的问题之一。随着我国计算机网络技术以及加密技术的不断发展，相信旅游企业电子支付的安全性能够得到越来越有效的保障，从而为我国旅游企业的不断进步添砖加瓦。

资料来源：孙飒. 关于现代旅游企业电子支付的信息安全技术应用. 网络与信息工程，2014 (4).

二、国务院出台政策，试点电子商务个人信息保护

中国政府 2012 年 7 月发布《国务院关于大力推进信息化发展和切实保障信息安全的若干意见》（以下简称《意见》），提出采取更加有力的政策措施，大力推进信息化发展，切实保障信息安全。

《意见》提出，我国要确保重要信息系统和基础信息网络安全，并保障工业控制系统安全，对重点领域使用的关键产品开展安全测评，实行安全风险和漏洞通报制度。此外，

将强化信息资源和个人信息保护，加强地理、人口、法人、统计等基础信息资源的保护和管理，保障信息系统互联互通和部门间信息资源共享安全。明确敏感信息保护要求，强化企业、机构在网络经济活动中保护用户数据和国家基础数据的责任，严格规范企业、机构在我国境内收集数据的行为。在软件服务外包、信息技术服务和电子商务等领域开展个人信息保护试点，加强个人信息保护工作。

健全电子认证服务体系，推动电子签名在金融等重点领域和电子商务中的应用。制定电子商务信用评价规范，建立互联网网站、电子商务交易平台诚信评价机制，支持符合条件的第三方机构开展信用评价服务。大力推动密码技术在涉密信息系统和重要信息系统保护中的应用，强化密码在保障电子政务、电子商务安全和保护公民个人信息等方面的支撑作用。

资料来源：http://www.gov.cn/zwgk/2012-07/17/content_2184979.htm.

习 题

一、单项选择题

1. 目前电子商务的安全问题（　　）。

A. 还未得到人们的重视　　B. 还不是非常重要

C. 面临的形势逐渐好转　　D. 面临的形势非常严峻

2. 防止他人对传输的文件进行破坏需要（　　）。

A. 数字签字及验证　　B. 对文件进行加密

C. 身份认证　　D. 时间戳

3. 下面的机构如果都是认证中心，你认为可以作为资信认证的是（　　）。

A. 国家工商总局　　B. 著名企业

C. 商务部　　D. 中国人民银行

二、多项选择题

1. 网络交易的信息风险主要来自（　　）。

A. 冒名偷窃　　B. 篡改数据

C. 信息丢失　　D. 虚假信息

2. 安全认证主要包括（　　）。

A. 时间认证　　B. 支付手段认证

C. 身份认证　　D. 信息认证

三、判断题

1. 认证中心在电子商务中扮演整合经济中介的角色，在开展电子商务的过程中起整合作用。（　　）

2. 网络交易的信息风险主要是来自冒名偷窃、篡改数据、信息丢失等方面的风险。（　　）

3. 在典型的电子商务形式下，支付往往采用汇款或交货付款方式。（　　）

4. 身份认证是判明和确认贸易双方真实身份的重要环节。（　　）

5. 身份认证要求对数据和信息的来源进行验证，以确保发信人的身份。（　　）

四、名词解释

1. 身份标识

2. 时间戳
3. PKI
4. 数字签名

五、简答题

1. 用户身份认证的主要目标是什么？基本方式有哪些？
2. 什么是数字证书？
3. 简述认证机构在电子商务中的地位和作用。
4. 对称加密和非对称加密技术的基本原理是什么？有哪些区别？
5. 保证电子商务安全常用的协议有哪些？它们之间有什么不同？

实训演练

电子商务的安全

【实训目的】

通过实训，熟悉电子商务安全的基本概念，并进行实际操作和体验。

【实训步骤】

1. 自己建立一个 Word 文件，名为 user××. docx，使用密码 123456 加密保护。

2. 自己建立一个 Excel 文件，名为 user××. xlsx 文件，对该文件用密码 123456 保护起来。

3. 自己建立一个 PowerPoint 文件，名为 user××. pptx 文件，对该文件用密码 123456 保护起来。

注：以上三项实训中的××用你的学号或考号替代，三种类型的 Office 文件的加密方法可以在百度等搜索引擎中寻找，自行学习并实践。

4. 用 360 安全卫士进行如下设置和操作：

(1) 检测系统状态，看系统是否健康。

(2) 清理恶意插件。

(3) 查杀流行木马病毒。

(4) 修复系统漏洞。

5. 了解数字证书的相关知识。

(1) 登录 http://www. rsa. com，寻找与 RSA 技术有关的新产品的内容，了解当前电子商务安全认证、加密、解密等技术的实现和发展动态，下载有关算法程序，掌握有关基本技术的应用方法。

(2) 登录 http://www. baidu. com，收集信息加密技术方面的内容，给自己的企业案例设计合适的加密应用方案，提交案例。

(3) 登录 http://www. verisign. com，了解密钥管理和 PKI 的行业规范。

【实训报告】

1. 写出实训的具体过程。
2. 阐述实训结果，总结实训体会，并对实训结果进行分析。

超级链接

1. 360 网络安全程序

http://www.360.cn

简介：360 公司创立于 2005 年 9 月，是中国领先的互联网安全公司。360 公司致力于提供高品质的免费安全服务，拥有国内规模最大的高水平安全技术团队，旗下拥有 360 安全卫士、360 杀毒、360 安全浏览器、360 保险箱、360 手机卫士等系列产品。

2. 上海市数字证书认证中心

http://www.sheca.com

简介：上海市数字证书认证中心是中国专业的 CA 认证服务机构，成立于 1998 年，是中国最早的专业第三方网络安全和信任服务提供商，专门从事信息安全技术认证和安全信任服务以及相关产品的研发和整合，以其领先的技术和优质的服务为客户提供信息安全整体解决方案与第三方服务，为遍布全国的客户提供了复杂多样、满足需要的信息化安全解决方案和网络安全信任服务。

项目八 旅游电子商务客户关系管理

项目目标

课程目标

理解客户关系管理的概念

掌握客户关系管理的基本理论

实践目标

了解客户关系管理的功能

学会简单的客户关系管理方法

项目导入

欧阳逍遥通过旅游电子商务的学习与实践，加深了对旅游电子商务的理解，利用课余时间，他和几个同学动手建立了一个小型旅游网站，并且用学到的网络营销知识进行了一定的推广，小试牛刀，他很有成就感。但是这个过程中，他碰到一些旅游电子商务网站在客户管理方面的问题，总结一下，可以归纳为如下内容：

(1) 旅游电子商务网站如何对所积累的客户资源进行有效管理？

(2) 旅游电子商务网站如何有效地寻找到新顾客并留住老客户？

(3) 如何借助旅游电子商务网站提升客户服务水平？

项目分析

在全球经济一体化的今天，国际、国内市场中一些重大政治、经济因素的变化，使得企业所面临的生存环境和竞争形势呈现出明显的动态性，经营环境的不确定使得企业之间市场竞争态势和演化路径也发生了新的变化，企业之间的竞争已经不再是基于产品的竞争，而是基于客户资源的竞争，是包括客户基础、客户关系和客户知识等相关因素在内的客户资源的整体竞争。整个竞争状态表现为基于客户关系领先战略的客户导向的竞争。

实践证明，在这一新的竞争状态下，企业与其往来客户之间的关系受到前所未有的重视，客户资产和客户关系的质量和数量变得越来越重要，成为企业获取持久竞争优势的源泉，强调识别有价值的客户并通过定制化的产品服务来赢得客户忠诚和降低客户服务成本的客户关系管理的风潮方兴未艾。

当今的客户已经不是单纯的消费者，他们已经逐渐成为企业参与竞争的关键群体，同时扮演着产品的共同开发、经营和竞争以及价值的共同创造的多重角色。所以，获取新客户、加强现有客户的盈利性和重视客户关系已经成为企业的关注点。欧阳逍遥从客户关系管理的基本概念入手，开始了旅游电子商务客户关系管理技术的探索。

旅游客户关系管理（CRM）是运用了关系营销、客户关系管理以及体验经济等方面的知识和方法，全面地关注旅游客户关系管理的各方面内容，包括旅游客户关系的概念、旅游客户系统、客户满意分析、体验经济、旅游客户关系管理的策略、价值链的管理和运用、客户容量管理和实施流程等。随着社会经济、生活水平的提高，将会有更多的人出门旅游，所以，针对企业的现有客户资料，开展卓有成效的“客户关系维持”至关重要。

旅游电子商务的客户关系管理就是立足于对客户的深度挖掘，分析出各类重要的客户数据，广泛开展一对一的网络营销，联络企业与客户的感情，发展企业的忠实客户群。旅行社客户关系管理系统模型图如图 8-1 所示。

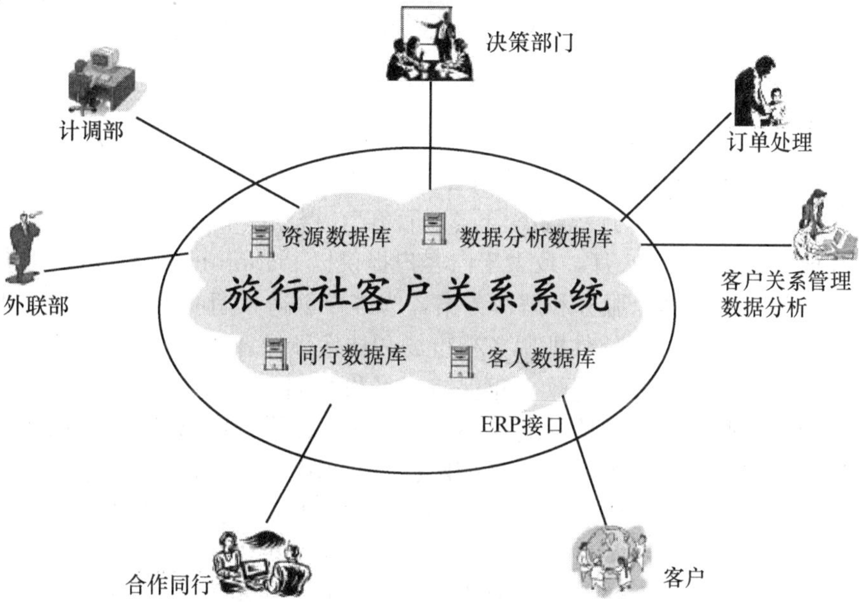

图 8-1 旅行社客户关系管理系统模型图

> **小贴士**
>
> 一对一营销（one-to-one marketing），也称“121 营销”，是一种客户关系管理战略，它为公司和个人间的互动沟通提供具有针对性的个性化方案。一对一营销的短期目标是提高商业推广活动及终身客户关系的投资回报率，最终目标就是提升整体的客户忠诚度，并使客户的终身价值最大化。

项目实施

本项目中，我们将和欧阳逍遥一起探索旅游电子商务客户关系管理。老师帮助欧阳逍遥设计了本项目的探索路径。

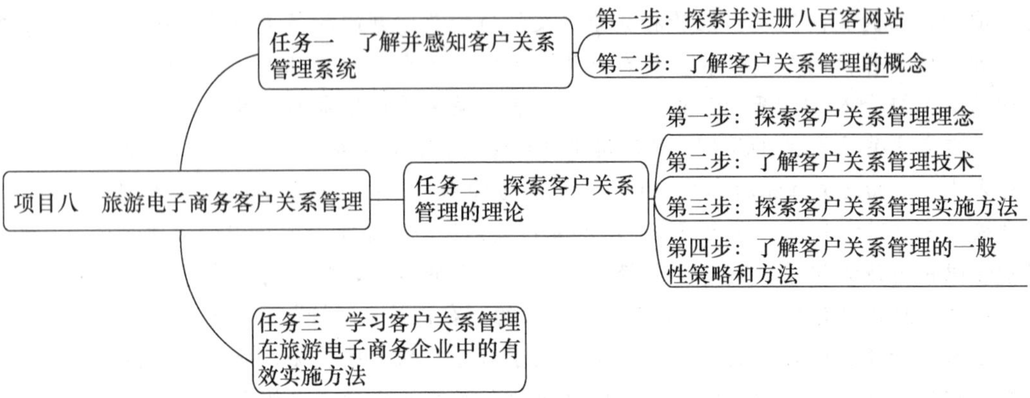

任务一　了解并感知客户关系管理系统

欧阳逍遥在搜索引擎上输入“客户关系管理系统”，一下子有200万多条结果，欧阳逍遥打开了其中一条关于八百客客户关系管理系统的链接。为了详细了解八百客的情况，欧阳逍遥又在百度百科里专门搜索了一下“八百客”，得到以下信息：

八百客成立于2004年6月，致力于向客户提供以Platform-as-a-Service（PaaS）管理自动化平台为核心的产品、服务和解决方案，为客户创造长期的价值和潜在的增长。作为中国企业云计算和SaaS（软件即服务）市场和技术领导者，八百客是中国提供大型企业级客户关系管理的托管商，连续5年保持市场份额名列前茅。八百客于2006年2月推出了中文PaaS在线企业管理软件平台800APP NATIVE，随后推出了中文应用软件协同开发平台800APP COMPOSITE。在线开发平台为用户提供了一个完整的在线企业管理软件开发环境。800APP用户共享800APP的用户界面、数据模型、功能模块与权限级别。800APP在线开发平台用户可以不使用任何计算机编程语言，根据自己的需求，在800APP平台上在线开发并运行管理软件模块和业务逻辑。800APP界面简洁、功能强大，有超强的自定制功能，任何时间任何地点上网即用。八百客已经赢得了数千家企业的信任，中国移动、中国联通、加拿大铝业、戴尔英语、中易安担保、航港发展、清华紫光、摩卡软件等大中型企业先后采用了800APP在线管理系统。八百客拥有800APP平台，分别在北京和美国硅谷设立专门的研发团队，并建立了美国八百客实验室和中国管理专家团队，向八百客的客户提供全球最先进的技术，以及最适合本土客户的信息管理应用服务。

第一步：探索并注册八百客网站

（1）打开http://www.800app.com，进入如图8-2所示的页面。

（2）单击“免费试用”按钮，进入如图8-3所示的账户注册页面。

（3）欧阳逍遥选择了“账户协议”按钮，进入如图8-4所示的页面。

图 8-2 八百客首页

图 8-3 八百客免费账户注册（1）

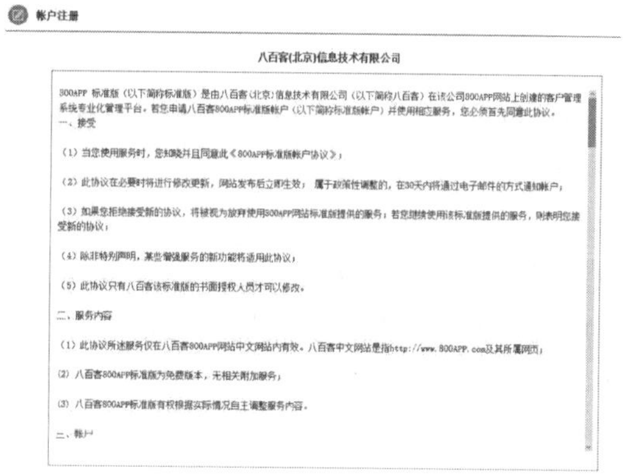

图 8-4 八百客免费账户注册（2）

（4）仔细看了看协议内容，欧阳逍遥单击“接受协议”按钮，填好相关内容，便拥有了八百客 CRM 的试用账户。登录界面如图 8-5 所示。

欧阳逍遥通过试用八百客在线 CRM，感悟了客户关系管理的一点知识，虽然有了一定的感性认识，但是欧阳逍遥对客户关系管理仍然很茫然。于是，在老师指导下，欧阳逍遥通过理论探索了解 CRM 是如何指导电子商务运作的。

图 8-5 八百客登录界面

第二步：了解客户关系管理的概念

为了弄清旅游电子商务客户关系管理的相关知识，欧阳逍遥找来一些客户关系管理书籍阅读，并决定从客户关系管理知识入手进行研究。

随着中国旅游业的开放与发展，国外著名的旅游品牌和先进的管理给国内旅游企业带来强大冲击。对于国内旅游企业来说，整合优势资源、形成自己的核心竞争能力已经迫在眉睫。只有充分利用先进的信息网络技术进行旅行社的信息化建设，才能提高企业自身参与国际竞争的能力。在企业内实施 CRM 已成为旅游企业的一项战略投资。

那么客户关系管理的概念是什么？欧阳逍遥在互联网进行了这个概念的查询和学习。

最早发展客户关系管理的国家是美国，在 1980 年年初便出现了所谓的接触管理（contact management，CM），即专门收集客户与公司联系的所有信息；1985 年，巴巴拉·本德·杰克逊提出了关系营销的概念，使人们对市场营销理论的研究又迈上了一个新的台阶；到 1990 年则演变成包括电话服务中心支持资料分析的客户关怀（customer care）理论。

1999 年，高德纳咨询公司（Gartnet Group）提出了客户关系管理的概念（customer relationship management，CRM）。关于客户关系管理的定义，不同的研究机构有不同的表述，具有代表性的有如下四种：

（1）高德纳咨询公司认为，客户关系管理就是为企业提供全方位的管理视角，赋予企业更完善的客户交流能力，将客户的收益率最大化。

（2）卡尔松营销集团（Carlson Marketing Group）把客户关系管理定义为：通过培养公司的每一个员工、经销商或客户对该公司更积极的偏爱或偏好，留住他们并以此提高公司业绩的一种营销策略。

（3）波士顿赫尔维茨集团（Hurwitz Group）认为，客户关系管理的焦点是自动化并改善与销售、市场营销、客户服务和支持等领域的客户关系有关的商业流程。客户关系管理既是一套原则制度，也是一套软件和技术。

（4）国际商业机器公司（IBM）所理解的客户关系管理包括企业识别、挑选、获取、发展和保持客户的整个商业过程。IBM 把客户关系管理分为三类：关系管理、流程管理和接入管理。

客户关系管理是企业在建设核心竞争力的过程中，为达到竞争制胜、快速成长的目的，树立以客户为中心的理念，并在此基础上开展包括判断、选择、争取、发展和保持客户所需实施的完整的商业战略。这是对 CRM 基于企业管理思想层面进行的定义。

综合所有 CRM 的定义，可以将其理解为理念、技术、实施三个层面。其中，理念是 CRM 成功的关键，它是 CRM 实施应用的基础和土壤；信息系统、IT 技术是 CRM 成功实施的手段和方法；实施是决定 CRM 成功与否、效果如何的直接因素。三者构成 CRM 稳固的"铁三角"，如图 8-6 所示。

图 8-6　CRM"铁三角"

企业客户关系管理中，理念、技术、实施一个都不能少。只有借助先进的理念，利用发达的技术，进行完美的实施，才能优化资源配置，在激烈的市场竞争中获胜。

任务二 探索客户关系管理的理论

第一步：探索客户关系管理理念

从管理科学的角度来考察，客户关系管理源于市场营销理论。

1. 客户是企业的一项重要资产

在传统的管理理念以及现行的财务制度中，只有厂房、设备、现金、股票、债券等是企业的资产。随着科技的发展，人们开始把技术、人才视为企业的资产，然而却忽视了最后阶段产品的价值主导者——客户。

在以产品为中心的商业模式向以客户为中心的商业模式转变的情况下，众多的企业开始将客户视为极其重要的资产，不断地采取多种方式对企业的客户实施关怀，以提高客户对本企业的满意程度和忠诚度。我们看到，越来越多的企业在提出这样的理念，例如，“想客户所想”“客户就是上帝”“客户的利益至高无上”“客户永远是对的”等。

2. 客户关怀是 CRM 的中心

在最初的时候，企业向客户提供售后服务是作为对其特定产品的一种支持，因为有些产品需要定期进行修理和维护，例如，家用电器、汽车等。这种售后服务基本上被客户认为是产品的一个组成部分。如果没有售后服务，客户根本就不会购买该企业的产品。那些在售后服务方面做得好的公司其市场销售就处于上升的趋势。反之，那些不注重售后服务的公司其市场销售则处于不利的地位。

客户关怀贯穿了市场营销的所有环节。客户关怀包括如下方面：客户服务（包括向客户提供产品信息和服务建议等），产品质量（应符合有关标准、适合客户使用、保证安全可靠），服务质量（指与企业接触的过程中客户的体验），售后服务（包括售后的查询和投诉以及维护和修理）。

在所有营销变量中，客户关怀的注意力要放在交易的不同阶段上，营造出友好、激励、高效的氛围。对客户关怀意义最大的四个实际营销变量是产品和服务（这是客户关怀的核心）、沟通方式、销售激励，以及公共关系。CRM 软件的客户关怀模块充分地将有关的营销变量纳入其中，使得客户关怀这个非常抽象的问题能够通过一系列相关的指标来测量，便于企业及时调整对客户的关怀策略，使得客户对企业产生更高的忠诚度。

3. CRM 的目标是提高客户满意度与忠诚度

客户忠诚是从客户满意概念中引出的概念，是指客户满意后而产生的对某种产品品牌或公司的信赖、维护和希望再一次购买的一种心理倾向。客户忠诚实际上是一种客户行为的持续性，客户忠诚度是指客户忠诚于企业的程度。客户满意度与客户忠诚度之间的关系比较密切：一方面，只有客户对企业的满意程度达到一定水平时，客户才会有忠诚于企业的意愿，当这种满意程度得到进一步提升时，客户才会产生忠诚于企业的行为；另一方面，如果一个企业提升了客户满意度，却没有改变客户的忠诚度，那这种客户满意度的提升是没有意义的。

如同企业的产品有生命周期一样，客户同样也是有生命周期的。客户的保持周期越长久，企业的相对投资回报就越高，从而给企业带来的利润就会越大。由此可见，保留客户非常重要。保留什么样的客户，如何保留客户是对企业提出的重要课题。

企业的客户成千上万，企业对如此多的客户又了解多少呢？不了解客户就无法对客户加以区别。应该采取何种措施来细分客户，对细分客户应采取何种形式的市场活动，采取何种程度的关怀方式，才能够不断地培养客户的满意度，这是企业传统客户关系管理面临的挑战。

激发客户对企业的忠诚的重要因素主要有内在价值、交易成本、各种关系利益人的互动作用、社会或感情承诺等。但是如果企业只是拥有了这些品质，还不一定能够获得太多的高忠诚度客户，因为企业必须首先有一种“以客户为中心”的文化，并且把这种文化反映到企业各个业务部门的业务流程中。

第二步：了解客户关系管理技术

从解决方案的角度考察，客户关系管理是将市场营销的科学管理理念通过信息技术的手段集成在软件上面，使其得以大规模的普及和应用。客户关系管理技术的交互如图 8－7 所示。

图 8－7　客户关系管理技术的交互

CRM 近年应用于各行各业，其迅速流行应归功于信息技术的进步，特别是互联网技术的进步。如果没有以互联网为核心的技术进步的推动，CRM 的实施会遇到特别大的阻力，可以说，互联网是 CRM 的加速器，具体的应用包括数据挖掘、数据仓库、呼叫中心、基于浏览器的个性化服务系统等。基于此，客户关系管理系统可及时收集客户信息，能够提供客户咨询综合报表、新增客户报表、客户投诉报表、新增渠道报表等多项统计数据，有助于客户服务管理的规范化，并能够建立规范的销售、市场、服务等部门的协同工作流程，提升企业整体管理水平。

在客户关系管理的技术上，我们需要重点关注以下能力：

1. 信息分析能力

尽管CRM的主要目标是提高同客户打交道的自动化程度，并改进与客户打交道的业务流程，但强有力的商业情报和分析能力对CRM也是很重要的。CRM系统有大量关于客户和潜在客户的信息，企业应该充分地利用这些信息，对其进行分析，使得决策者所掌握的信息更完全，从而能更及时地做出决策。良好的商业情报解决方案应能使CRM和ERP协同工作，这样企业就能把利润创造过程和费用联系起来。

2. 对客户互动渠道进行集成的能力

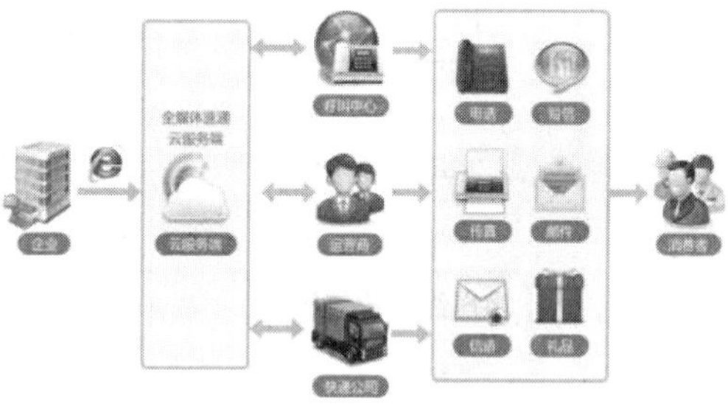

对客户互动渠道的集成与CRM解决方案的功能部件的集成是同等重要的。不管客户是通过Web与企业联系，或是与携带有销售自动化（SFA）功能的便携式电脑的销售人员联系，还是与呼叫中心代理联系，与客户的互动都应该是无缝的、统一的、高效的。如前所述，统一的渠道还能带来内外部效率的提高。

3. 建设集中的客户信息仓库的能力

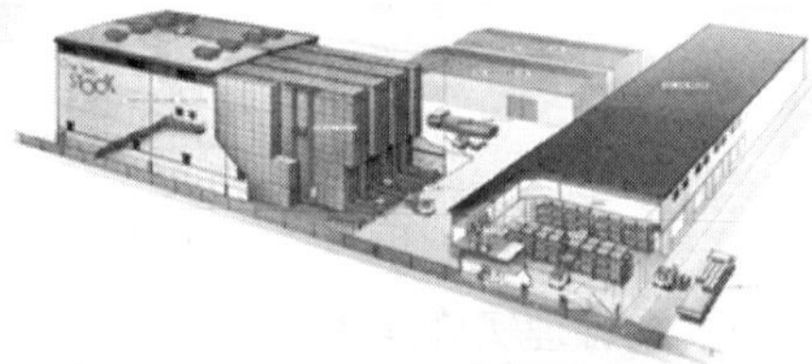

CRM解决方案采用集中化的信息库，这样所有与客户接触的雇员可获得实时的客户信息，而且使各业务部门和功能模块间的信息能统一起来。

4. 对工作流进行集成的能力

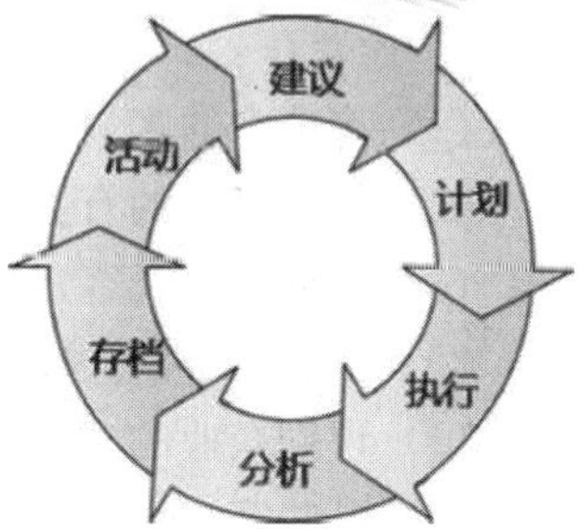

工作流是指把相关文档和工作规则自动化地安排给负责特定业务流程中的特定步骤的人。CRM解决方案应该具有很强的集成功能，为跨部门的工作提供支持，使这些工作能动态地、无缝地完成。

5. 支持网络应用的能力

在支持企业内外的互动和业务处理方面，Web的作用越来越大，这使得CRM的网络功能越来越重要。以网络为基础的功能对一些应用（如网络自主服务、自主销售）是很重要的。一方面，网络作为电子商务渠道来讲很重要；另一方面，从基础结构的角度来讲，网络也很重要。为了使客户和企业雇员都能方便地应用CRM，需要提供标准化的网络浏览器，使系统运用起来比较方便。

第三步：探索客户关系管理实施方法

利用信息技术手段，我们可以切实地改变企业日常的管理工作，为改善企业的客户关系管理做出努力。

客户关系管理系统的实施框架如图8-8所示。

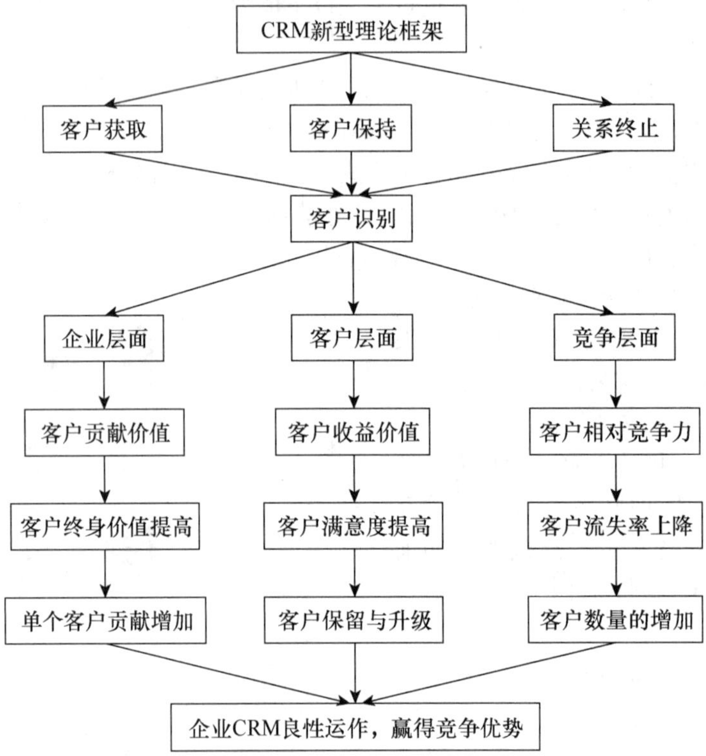

图8-8　客户关系管理系统的实施框架

客户关系管理实施具体可分为以下四个阶段：

1. 阶段一：识别你的客户

（1）将更多的客户名输入数据库。

（2）收集客户的有关信息。

（3）验证并更新客户信息，删除过时信息。

2. 阶段二：对客户进行差异分析

（1）识别企业的“金牌”客户。

（2）哪些客户导致了企业成本的发生？

（3）企业本年度最想和哪些客户建立商业关系？选出几个这样的客户。

（4）上年度有哪些大宗客户对企业的产品或服务多次提出了意见？列出这些客户。

（5）去年最大的客户是否今年也订了不少的产品？找出这个客户。

（6）是否有些客户从本企业只订购了一两种产品，而从其他企业订购了很多种产品？

（7）按照对于本企业的价值（如市场花费、销售收入、与本公司有业务交往的年限等），把客户分为A、B、C三类。

3. 阶段三：与客户保持良性接触

（1）给自己的客户联系部门打电话，了解得到问题答案的难易程度如何。

（2）给竞争对手的客户联系部门打电话，比较自身与竞争对手服务水平的差异。

（3）把客户打来的电话看作是一次销售机会。
（4）测试客户服务中心的自动语音系统的质量。
（5）对企业内记录的客户信息进行跟踪。
（6）哪些客户给企业带来了更高的价值？与他们进行更主动的对话。
（7）通过信息技术的应用，使得客户与企业做生意更加方便。
（8）重视对客户抱怨的处理。

4. 阶段四：调整产品或服务以满足每一个客户的需求

（1）改进客户服务过程中的纸面工作，节省客户的时间，节约公司的资金。
（2）发给客户的邮件更加个性化。
（3）替客户填写各种表格。
（4）询问客户，了解他们希望以怎样的方式、怎样的频率获得企业的信息。
（5）找出客户真正需要的是什么。
（6）征求名列前十位的客户的意见，看企业究竟可以向这些客户提供哪些特殊的产品或服务。

第四步：了解客户关系管理的一般性策略和方法

在客户关系管理中，经常会使用到的一般性的策略与方法如下所述：

1. 建立员工忠诚

有这样一个事实：具有高客户忠诚度的公司一般同时也具有较高的员工忠诚度。如果一个企业的员工流动率非常高，那么企业要想获得一个较高的客户忠诚度是非常困难的，这是因为客户所获得的产品或服务都是通过员工的工作实现的。因此，客户忠诚的核心原则是：首先要服务好你的员工，然后才有可能服务好你的客户。

2. 确定客户价值取向

要提升客户忠诚度，我们首先要知道哪些因素影响客户的取向。客户取向通常取决于三方面：价值、系统和人。当客户感觉产品或者服务在质量、数量、可靠性方面有不足的时候，他们通常会侧重于价值取向。期望值受商品或者服务的成本影响，对低成本和较高成本商品的期望值是不同的。但当核心产品的质量低于期望值时，他们便会对照价格来进行考虑。

3. 让客户认同“物有所值”

只有保持稳定的客源，才能为品牌赢得丰厚的利润率。但是，当企业把打折、促销作为追求客源的唯一手段时，“降价”有时只会使企业和品牌失去它们最忠实的“客户群”。促销、降价的手段有时不可能提高客户的忠诚度，培养忠诚的客户群。不能仅做到“价廉物美”，更要让客户明白这个商品是“物有所值”的。企业只有细分产品定位、寻求差异化经营、找准目标客户的价值取向和消费能力，才能真正培养出属于自己的“忠诚客户群”。

4. 把服务作为首位

在消费者意识为主导的时代，良好的客户服务是建立客户忠诚度的最佳方法，包括服务态度、回应客户需求或申诉的速度、退换货服务等，让客户清楚了解服务的内容以及获得服务的途径。现在的客户越来越挑剔，并且在购买了产品后会非常“敏感”，他们在交易过程中，希望能够顺利，尽量减少麻烦。当这些客户获得了一个很好的客户服务体验时，他们自然会形成“第二次购买”；不过，如果他们获得了一个不好的客户服务体验，他们会向周围更多的人宣传他们的“不幸”。因此，企业要想提升客户体验，必须把与产品相关的服务做到位，然后才是真正的产品销售。

5. 遵循 80/20 原则

80/20 原则概括地说，就是企业 80%的收入来源于 20%的客户。不同的客户对于企业来说价值是不一样的，一些客户为企业带来的是长期的价值。明智的企业应该能够跟踪客户、细分客户，并根据客户的价值大小来提供有针对性的产品或服务。因此，我们在推行客户忠诚度计划时，应该把重点放在 20%的高价值客户上，但同时我们也应该考虑一些有价值潜力的客户，并采取相应的策略。

6. 化解客户抱怨

对于大多数企业而言，只有 10%的客户有机会向企业表达抱怨，而剩下的 90%的客户没有机会向企业表达，而是将这些抱怨反映到一些行为中，例如拖欠企业的应付账款等。因此企业必须在这个不愉快的事情发生之前快速解决，尽量给客户一个表达抱怨的机会，让他们有机会说出遇到的问题，同时尽量解决这些问题。解决客户抱怨的时候，需要从两方面入手：一是为客户投诉提供便利；二是对这些投诉进行迅速而有效的处理。

7. 获得和保留客户反馈

研究表明，客户反馈与客户对优质服务的感知是密切相关的。互联网的应用已经改变了客户对反馈的感知，客户开始期待企业能够使自己获得一个全程的 24 小时服务。而且，现在的客户也已经习惯了访问网站，并期望能够在网上获得问题的答案。一些最新出现的技术工具，例如基于 Web 的自助式服务、E-mail 管理、在线交流、FAQ 等逐渐成为企业客户服务部门的关键应用领域。

8. 主动提供客户感兴趣的新信息

一对一的个性化的服务已经成为一个趋势，例如可以设计一个程序，请客户填写最感兴趣的主题，或是设计一个程序，自动分析客户资料库，找出客户最感兴趣的主题。当有这方面的新产品时，便主动通知客户，并附上推荐函，这样就可以给客户一个不一样的个性化服务的感受。

9. 推敲客户的价值定义

“客户忠诚密码”是非常有价值的。知道客户的价值取向对于建立较高的客户忠诚度是非常重要的。但是，企业要想真正知道客户的价值定义也绝不是易事，因为客户的价值定义也是不断变化的。投资于客户价值研究，有助于企业理解“能够为客户带来多大的价值”。

10. 努力挽回流失的客户

研究者发现，向一个流失客户销售产品的成功率是向一个新客户销售产品成功率的两倍。在很多企业，挽回流失客户通常是最容易忽视的策略。企业不仅需要建立客户获取和客户保留策略，还需要建立“客户再生”策略。因为没有一家企业能够实现 100%的客户保留，因此，每一家企业都需要重新获取这些已经流失的高价值客户。

任务三　学习客户关系管理在旅游电子商务企业中的有效实施方法

在旅游电子商务企业中，如何判断客户忠诚于企业？可从如下五个方面来观察：忠诚的客户会经常性地、反复地购买企业的产品或服务，企业甚至可以定量分析出他们的购买频度；忠诚的客户愿意给企业和产品提供参考，或者积极地、正面地就企业如何提高产品质量、服务水平等方面提出建议；忠诚的客户在购买产品或服务时，选择呈多样性，他们更关注企业所提供的新产品或新服务；忠诚的客户非常乐于向他人推荐企业的产品或服务；忠诚的客户会排斥企业的竞争对手。

一般而言，在旅游电子商务企业内全面实施 CRM，需要包含以下六个关键步骤：

1. 制定 CRM 战略

CRM 并不是一种简单的概念或方案，它是旅游企业战略的一种，贯穿于企业的每个部门和经营环节。所以，制定以客户为中心的 CRM 战略是系统实施的第一步。CRM 战略就是中小企业根据自己的内外部环境和资源状况，为实现客户和企业双赢所采取的长远规划和行动策略，包括客户沟通、客户获取、客户保留和客户盈利四个策略。

（1）客户沟通策略是 CRM 战略的核心，它是维持长期客户关系的关键。企业通过建立客户沟通网络，对客户实行个性化的营销沟通，最终建立客户联盟。

（2）客户获取策略是 CRM 战略的基础，企业通过收集客户的相关信息，从众多分散的数据中识别出潜在客户，并进行新客户的开发。

（3）客户保留策略是 CRM 战略的重点，企业采取一些对客户有实质价值的措施，如提供高品质的商品、优质的服务，降低客户的总成本等，培养客户的忠诚，达到保留客户的目的。

（4）客户盈利策略是 CRM 战略的目标，企业集中优势资源服务于高价值客户，通过数据挖掘、数据仓库等技术手段分析高价值客户的真正需求，并以各种方式满足这些需求，使客户有极高的满意度，实现客户的价值最大化。

2. 做好客户的分类

实施 CRM 需要对旅游企业客户进行有效的分类及管理。

（1）对潜在客户的管理。企业的销售工作必须从掌握潜在客户开始，关注和掌握潜在客户是企业销售人员的主要工作之一。销售人员应根据本企业产品或服务的性质，考虑不同性别、年龄、职业、受教育程度、地区和民族的人们的需求和购买能力，制定相关潜在客户分类。

（2）对预期客户的管理。企业需要参考现实客户的习惯和需求，制定出一个判断准则，以便在掌握潜在客户的资料后，从中筛选出预期客户。在选择预期客户时，应避免主观判断，应与客户进行交流。要积极通过信函、问卷、走访等方式向这些客户宣传本企业的产品或服务，并进一步了解他们的需求。

（3）对现实客户的管理。对现实客户的管理是客户管理工作的重点，其目标就是要将初次购买客户转型为重复购买客户，将重复购买客户转型为忠诚客户。当预期客户成为初次购买客户之后，就要跳开针对大众的媒体广告，与他们进行个性化的交流，提供满足个性化需求的产品或服务，并让他们了解企业的相关信息，努力与他们建立起一种互相信任的关系。

（4）对流失客户的管理。对企业来说，流失一位重复购买客户的损失要比失去一位新客户的损失更大，流失客户使企业失去客户，损失了利润。因此不能忽略对流失客户的管理。积极与他们联系不仅可以让他们感受到企业对他们的关心，还可以了解问题出在哪里，以便及时改进，防止其他客户继续流失。

3. 构造 CRM 流程

要想持续不断地增加忠诚客户的数量、提升客户忠诚度，就应当建立一套规范的客户忠诚培养与提升的流程。构造 CRM 流程的目的是把客户置于企业工作的中心，通过改变企业各个部门的功能和责任，设置新的工作流程。我们将企业的 CRM 流程分为收集客户信息、客户细分、与客户沟通、与客户交易、客户服务以及客户需求预测六个阶段（见图 8－9）。

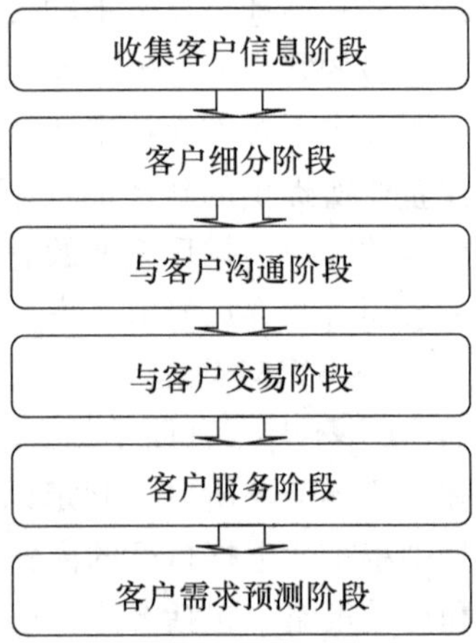

图 8－9　构造 CRM 流程的六个阶段

（1）收集客户信息阶段。这一阶段是 CRM 流程的起点，主要任务是保证客户信息的正确性，减少数据出错的频率和数量。

（2）客户细分阶段。细分客户就是将具有相同需求的客户进行统一管理，既便于企业的客户关系管理，又能使客户产生一种受尊敬、被公平对待的良好感受。

（3）与客户沟通阶段。通过良好的沟通，总结出客户对企业产品的评价、服务的满意程度，有助于企业提供更符合客户需要的产品或服务。

（4）与客户交易阶段。这个阶段是客户最注重的。中小企业必须用诚实可信的态度提供最真诚的服务，以便培养忠诚的客户。

（5）客户服务阶段。优质的客户服务是提升客户价值的重要途径，中小企业通过高质量的客户服务，可以促进客户重复购买，并与企业建立永久的、巩固的关系。

（6）客户需求预测阶段。在以上各阶段的基础上进行客户需求预测，能够为企业开拓新的业务，进一步满足客户高层次的需求。

4. 进行有效的资源配置

从 CRM 本身来说，实施 CRM 的人员主要涉及三大类：一是企业内部人员，即企业所有员工，他们是 CRM 实施的主角，系统的真正使用者和受益者；二是企业外部人员，是协助企业实施 CRM 的管理顾问，包括 CRM 供应商、咨询企业以及客户的代言人；三是企业的协作伙伴。

对于企业内部人员，首先需要成立一个由企业内部高层管理者，业务、技术骨干等共同组成的 CRM 实施小组，由他们承担制订实施计划、分析业务需求、选择信息系统、实施过程控制等事务。然后激励员工，使他们主动接受变革，并列出详细的 CRM 实施计划，明确每个员工具体的工作任务，加强员工间的沟通和合作。

对于协助企业实施 CRM 的管理顾问，作为 CRM 实施小组的重要成员，除了要具备一定的专业知识，实行规范化、职业化操作外，还必须承担起传导、施教的作用，要善于沟通并引导企业。此外，对于最终客户，企业也不要忽视他们的积极作用，因为他们是系统的最后检验者，取得他们的支持与帮助，对企业顺利实施 CRM 有着推波助澜的作用。

在当今复杂的市场上，企业往往需要依靠很多的合作伙伴来协作。通过供应链关系的建设与维护可以进一步提升客户对企业的忠诚度，并且客户难以被竞争对手夺去。旅游电子商务企业可以通过分销商/渠道伙伴来建立更加稳固的客户关系，也就是说，企业可以通过采取相应的策略，让供应链上的其他企业协助公司来完成客户关系的建设与维护。

5. 实现CRM功能的信息化管理

通过技术手段进行CRM信息化管理的开发是实施CRM的难点。当前，旅游电子商务企业可以利用新技术来帮助它们管理客户关系，如使用先进的软件、数据库，建立局域网或广域网等。

旅游电子商务企业CRM软件的开发首先要建立一个便捷、高效的应用平台，这个平台用于支持CRM流程。以此为基础，旅游电子商务企业再规划一个完整、和谐、统一的CRM软件系统。此系统不仅能满足旅游电子商务企业管理客户的需要，改变以往客户资料分散、客户管理复杂烦琐的状况，还要能实现对企业的内部管理，让企业无论在客户数据、产品信息还是在员工数据等方面实现统一。

在技术上，旅游电子商务企业可以设立一个中央数据库。在不同的企业中，财务部门、销售部门和客户服务中心可能都拥有自己的数据库，但这些客户数据库存在很大的差异，同一个客户可能在这些数据库中存储着不同的信息，因为不同部门所关心的客户的内容是不一样的。这些信息孤岛容易导致不同部门在同一问题上会给同一个客户发送不同的信息，从而引起客户的反感，甚至导致客户流失。为了有效实施客户忠诚战略，所有接触点上的客户数据必须能够整合起来。

6. 对CRM进行不断的提升和改进

经过有效的运作和开发，企业实现CRM的预期后，还需要根据市场和技术的变化，不断地改进和完善CRM系统，不仅在市场、销售和服务部门真正建立“以客户为中心”的业务流程，还需要企业的各个环节都能积极响应客户需求的变化，建立真正意义上的所有部门的运营都“以客户为中心”，能在正确的时间、以正确的价格、通过正确的渠道将正确的产品或服务提供给正确的客户。

在此基础上，企业需要管理客户的整体资料和信息，包括客户的地理位置、家庭成员状况、客户利润贡献率、交易渠道偏好、终身价值等因素，然后对客户进行细分，进而进行“个性化”的定制服务。更重要的是通过CRM帮助旅游电子商务企业预测未来，不仅做到“想客户所想”，还能做到“想客户未来所想”，这种对客户行为的预测，还有助于挖掘客户的潜在价值。

项目评估

欧阳逍遥从客户关系管理的实际操作入手，对客户关系管理的有关概念和技术进行了探索和研究。在这个过程中，欧阳逍遥对CRM的有关技术进行了归纳和整理。他感到收获颇丰，但这些理论要应用到实践中，还要有漫长而艰辛的探索过程。

思 考

1. 客户关系管理能否解决欧阳逍遥遇到的问题？
2. 如何在旅游电子商务企业有效地采用CRM发掘客户、留住客户？

拓展阅读

一、旅行社如何正确地应用 CRM

1. 正确认识客户关系价值

客户关系管理旨在为企业与客户间建立长期的合作关系提供一整套解决方案。但许多企业在应用 CRM 之前，并未对 CRM 有正确的认识，盲目上马导致应用不当，以失败告终。CRM 的核心是客户关系价值，并非客户关系，CRM 强调“以客户为中心”，是建立在掌握客户的信息、分析客户购买行为的基础上，统筹旅行社市场发展态势，科学地、有针对性地对有价值的客户关系进行维护。市场并不是“静态的”，在不断发展变化的市场中，客户关系的价值也随之改变。如当旅游市场兴起“红色旅游”热时，旅行社的客户关系管理系统也应当进行数据挖掘、数据分析，并通过数据仓库管理工具筛选出有价值的客户，进而通过应用支持层提供的报表查询、知识发现分析决策工具等，将有价值的客户知识存储于动态知识库中，重新调整出适销对路的红色旅游线路，从而增强现有客户的满意度，吸引潜在客户群体，并同时实现旅行社的利润增长。

2. 选取合适的客户关系管理模式

CRM 的确可以准确地评估客户的价值与创利能力，最大限度地降低成本、提高效率，从而为企业带来无限的活力和最大的利润。但 CRM 自身仍然存在一些弊端与不足。CRM 系统与其他应用系统，如 SCM、ERP 等之间缺乏整合性，CRM 缺乏数据的集成性，缺乏公正的第三方咨询和明确的评判标准等。因此旅行社在应用 CRM 前，应当针对自身情况选择合适的 CRM 模式进行运作。目前市场应用较广泛的 CRM 有电子客户关系管理（eCRM）、智能客户关系管理（iCRM）、移动客户关系管理（mCRM）、整合客户关系管理（ICRM），本文根据旅行社的不同发展状况与类型列出各自适合的 CRM 模式：

（1）小型旅行社可通过引入 CRM 管理理念与在网站维护中引入 CRM 技术两者相结合的模式进行管理。首先，CRM 管理理念应引起小型旅行社的领导者的重视，有效地贯彻该理念有利于旅行社维护客户关系，从而逐步向中型旅行社转化。其次，在旅行社网站维护中引入基于互联网的销售、在线问答、个性化服务等可实现客户关怀，增强客户的认知度与满意度。

（2）中型旅行社可采用移动客户关系管理（mCRM）的模式。移动客户关系管理即 mobile CRM，是指旅行社 CRM 的无线化、移动化。mCRM 具有营销操作、销售操作及客户服务与支持三方面的功能，即通过短信等方式进行折扣信息发送、通过移动信息服务采集客户购买偏好、为客户提供支持与个性化服务等。中型旅行社具有一定的市场占有率与促销经验，通过 mCRM 可以进一步了解客户需求，投其所好，进而扩大市场占有率，提高旅行社的经济效益，有利于旅行社转变成大型企业。

（3）大型旅行社可采用电子客户关系管理（eCRM）的模式进行管理。电子客户关系管理（electronic CRM）是一种基于互联网技术的客户关系管理系统。它的核心是数据仓库、数据市场和中间件，客户智能分析模块，市场模块，服务模块和销售模块。它是指旅行社通过网站维护，实时地在线跟踪客户信息、实时交流，以实现对客户关系的“数字化”管理。

（4）集团型旅游企业则可采用智能客户关系管理（iCRM）模式。智能客户关系管理（intelligence CRM）是一种以客户为中心，具有呼叫中心的客户关系管理模式。企业利用它可以建立与客户之间的“学习关系”，并能够根据不同客户的特点提供个性化服务。它是能够将前台的CRM和后台的ERP系统相结合的全面智能化解决方案。

（5）整合客户关系管理（ICRM）模式适用于各种规模的旅行社。整合客户关系管理（ICRM）由CMO国际咨询公司提出，是一个在激烈的市场竞争中根据客户的需求来定义并构造客户关系的方法。它包括数据的整合、市场营销功能的整合和数据库与市场的整合，通过确定、测量、改进、监测客户关系，并向市场提供出更有竞争力的产品，满足客户的价值需求，从而有效地管理客户关系，最终企业形成一个统一的“内外兼修”的系统。ICRM成本较低，并可融入eCRM、iCRM、mCRM等模式。

3. 项目管理方法控制CRM实施过程

项目是一系列的相关工作，这些工作通常会有一些主要的产出，同时需要一段时间去完成。项目管理是通过计划、组织和控制资源（人员、设备和物料），使其满足项目的技术、成本和时间等方面的要求。CRM是一个系统的、实施项目的过程，即通过采集客户信息，数据挖掘与数据分析，向企业的各个部门提供有效的客户资料，与客户实现“一对一的关系”，实现客户满意度，降低旅行社的经营成本，提高企业营业额的一整套解决方案。通过对旅行社的CRM实施过程进行项目管理，可以有效控制CRM实施的全过程，使其在项目启动阶段、CRM系统选型阶段、项目实施的计划阶段、项目实施阶段、项目验收阶段有条理地进行。对项目实施的范围变化、进度、成本、质量以及可能的风险进行控制和管理，确保CRM项目实施的顺利完成。

4. 根据市场变化不断调整、改进

在激烈的市场竞争环境中，任何一个企业都不可能做到独善其身。因此当旅行社引入CRM后，仍需不断调整、更新客户关系数据库，使之处于动态之中，适应市场的发展变化。旅行社应通过预测外部市场环境，结合自身情况制定企业的中、长期目标，并调整CRM使之为企业的发展目标服务。同时根据企业的发展规模与市场定位，在不同的时期对客户关系管理的模式进行合理的选择与应用。

资料来源：高俊辉，储九志. 试论CRM在旅行社中的应用. 商场现代化，2009（16）.

二、泰国东方饭店成功宝典

泰国的东方饭店堪称亚洲饭店之最，几乎天天客满，旅客如果不提前一个月预订是很难有入住机会的，而且客人大都来自西方发达国家。泰国在亚洲算不上特别发达的国家，

但为什么会有如此吸引人的饭店呢？它靠的是真功夫，是非同寻常的客户服务，也就是现在经常提到的客户关系管理。它的客户服务到底好到什么程度呢？我们不妨通过一个实例来看一下。

一位朋友因公务经常出差泰国，并经常下榻东方饭店。第一次入住时，良好的饭店环境和服务就给他留下了深刻的印象。当他第二次入住时，几个细节更使他对饭店的好感迅速升级。那天早上，在他走出房门准备去餐厅的时候，楼层服务生恭敬地问道："于先生是要用早餐吗？"他很奇怪，反问："你怎么知道我姓于？"服务生说："我们饭店规定，晚上要背熟所有客人的姓名。"这令他大吃一惊，因为他频繁往返于世界各地，入住过无数高级酒店，但这种情况还是第一次碰到。他高兴地乘电梯下到餐厅所在的楼层，刚刚走出电梯门，餐厅的服务生就说："于先生，里面请。"他更加疑惑，因为服务生并没有看到他的房卡，就问："你知道我姓于？"服务生回答："上面的电话刚刚下来，说您已经下楼了。"如此高的效率让他再次大吃一惊。他刚走进餐厅，服务小姐微笑着问："于先生还要老位子吗？"他的惊讶再次升级，心想："尽管我不是第一次在这里吃饭，但最近的一次也有一年多了，难道这里的服务小姐记忆力那么好？"看到他惊讶的目光，服务小姐主动解释说："我刚刚查过电脑记录，您在去年的 6 月 8 日在靠近第二个窗口的位子上用过早餐。"他听后兴奋地说："老位子！老位子！"服务小姐接着问："老菜单？一个三明治，一杯咖啡，一个鸡蛋？"现在他已经不再惊讶了，"老菜单，就要老菜单！"他已经兴奋到了极点。上餐时餐厅赠送了他一碟小菜，由于这种小菜他是第一次看到，就问："这是什么？"服务生后退两步说："这是我们特有的小菜。"服务生为什么要先后退两步呢？这是因为服务生怕自己说话时口水不小心落在客人的食品上。这种细致的服务不要说在一般的酒店，就是在美国最好的饭店里也没有。这一次的早餐给他留下了终生难忘的印象。后来，由于业务调整的原因，他有三年的时间没有再到泰国去，在他生日的时候突然收到了一封东方饭店发来的生日贺卡，里面还附了一封短信，内容是：亲爱的于先生，您已经有三年没有来过我们这里了，我们全体人员都非常想念您，希望能再次见到您。今天是您的生日，祝您生日愉快。他当时激动得热泪盈眶，发誓如果再去泰国，绝对不会到其他的饭店，一定要住在东方饭店，而且要说服所有的朋友也像他一样选择东方饭店。他看了一下信封，上面贴着一枚六元的邮票。六块钱就这样赢得了客户的心，这就是客户关系管理的魔力。

东方饭店非常重视培养忠实的客户，并且建立了一套完善的客户关系管理体系，使客户入住后可以得到无微不至的人性化服务。迄今为止，世界各国约 20 万人曾经入住过东方饭店。用饭店工作人员的话说，只要每年有十分之一的老顾客光顾，饭店就会永远客满。这就是东方饭店成功的秘诀。

现在，客户关系管理的观念已经被普遍接受，而且相当一部分企业都已经建立起了自己的客户关系管理系统，但真正能做到东方饭店这样的还并不多见，关键是很多企业还只是处在初始阶段，仅仅是上马一套软件系统，并没有在内心深处去思考如何贯彻执行，所以大都浮于表面，难见实效。客户关系管理并非只是一套软件系统，而是以全员服务意识为核心并贯穿于所有经营环节的一整套全面完善的服务理念和服务体系，是一种企业文化。在这方面，泰国东方饭店的做法值得我们很多企业去认真地学习和借鉴。

资料来源：王保新．顶级服务是啥样——泰国东方饭店成功宝典．人力资源，2003（12）．

习　题

一、名词解释

1. 客户关系管理
2. 数据挖掘

二、简答题

1. 客户关系管理产生的原因有哪些？
2. 客户关系管理中的常用技术有哪些？
3. 举例说明旅行社客户流失的主要原因及危害。
4. 客户关系管理理论对你有什么启示？

实训演练

旅游电子商务的客户关系管理

【实训目的】

通过实训了解客户关系管理的基本概念，并了解国内客户关系管理的实施情况。

【实训步骤】

1. 打开浏览器，登录百度网站。在百度的“知道”和“百科”栏目查阅有关客户关系管理的概念和相关链接。

2. 在网上查找客户关系管理的成功案例并分析。

【实训报告】

1. 写出实训的具体过程。

2. 阐述实训结果，总结实训体会，并对其进行分析。

超级链接

1. 微软动态 CRM

http://www.microsoft.com/zh-cn/dynamics/crm.aspx

简介：美国微软公司是全球最大的软件服务提供商，在客户关系管理软件上，微软公司开发的 Microsoft Dynamics CRM 系统让企业通过有效的业务流程管理，提高客户满意度和忠诚度，降低成本并提高盈利能力，让每一位客户都感到开心愉悦。Microsoft Dynamics CRM 是一个优秀的客户关系管理（CRM）解决方案，能提供 on-premise（本地部署）和基于云的 CRM 解决方案，满足企业独特的业务需求。

2. XTools客户关系管理系统

http://www.xtools.cn

简介：北京沃立森德软件技术有限公司致力于XTools系列企业管理软件的运营和服务支持。XTools形成了以CRM软件为核心，综合电子账本、来电精灵和销售自动化的软件群。XTools产品线日臻丰富，为中小企业信息化进程带来更多选择。同时，XTools系列软件能够让企业真正感受到科学管理思想带来的销售提升。

项目九　旅游电子商务的新发展

项目目标

课程目标

了解国内旅游电子商务的最新发展态势

了解旅游电子商务新技术的应用

实践目标

了解旅游电子商务中使用的一些新技术

熟悉虚拟旅游等现代旅游电子商务技术的应用

项目导入

经过近一个学期的学习，欧阳逍遥对旅游电子商务有了比较系统的了解，并且通过理论学习和实践，初步掌握了旅游电子商务的知识和技能。当今社会技术变化日新月异，技术驱动带来的旅游商务变化也让人眼花缭乱。为了更好地适应旅游电子商务的发展，就需要了解目前这个行业的一些新技术以及这些技术的发展态势。欧阳逍遥决定通过各种渠道考察和了解一下目前行业内旅游电子商务有什么新的特色和亮点。

项目分析

旅游电子商务发展到今天，商业模式和技术日趋成熟，贴近于旅游消费者的应用层出不穷。这个时代被技术驱动的特征尤其明显，而旅游消费者也感受到技术给他们带来的方便。比如足不出户，旅游者就能通过3D虚拟旅游的技术先考察旅游目的地的景色，然后再决定行程，在线预订宾馆……这些都是以前无法想象的。

欧阳逍遥听旅游电子商务专业老师介绍，2010年在上海举办的世博会的网站是旅游电子商务技术应用的一个典范，为了让更多的人感受世博会的盛况，上海世博会专门设计了技术含量很高的官方网站，用户可以通过互联网身临其境地观看到上海世博会的各种展览。为了解旅游电子商务的技术，欧阳逍遥决定就从上海世博会官方网站开始旅游电子商务新技术的探索。

欧阳逍遥决定首先去世博会官方网站亲自感受一下旅游电子商务的先进技术。我们跟随欧阳逍遥的探索脚步，一同去感知旅游电子商务先进技术带给我们的奇妙感受。

项目实施

本项目中，我们将和欧阳逍遥一起探索旅游电子商务的新发展和新技术。老师帮助欧阳逍遥设计了本项目的探索路径。

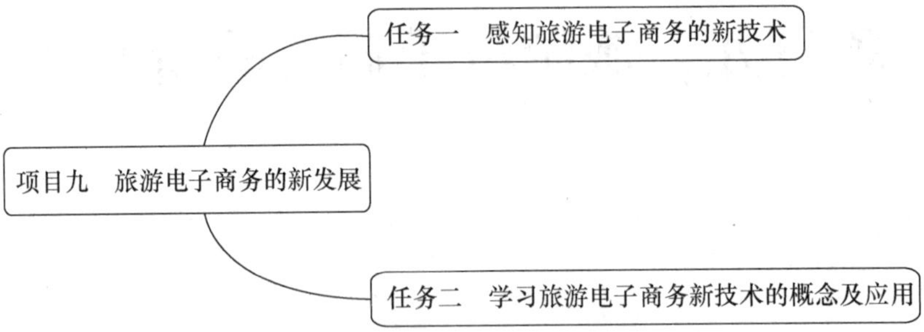

任务一　感知旅游电子商务的新技术

欧阳逍遥决定首先去世博会官方网站亲自感受一下旅游电子商务先进的技术。

1. 在百度搜索关键词“世博会官网”

欧阳逍遥在百度（www.baidu.com）输入关键词“世博会官网”搜索，找到了世博会的官方网站（http://www.expo2010.cn），其首页如图 9－1 所示。

图 9－1　世博会官网首页

2. 进入网上世博会

欧阳逍遥登录到网上世博会（http://www.expo.cn），如图 9－2 所示。

图 9－2　网上世博会

3. 选择某个片区进行游览

欧阳逍遥决定先游览中国国家馆。他将鼠标移动到中国馆附近，单击鼠标后便看到如图 9－3 所示的界面。

4. 欣赏中国馆外观

单击“欣赏外观”按钮，进入如图 9－4 所示的界面后，世博会吉祥物海宝向我们解说中国馆的设计理念和特色。

图 9－3　网上世博会 A 片区

图 9－4　网上世博会中国馆外观图

欧阳逍遥发现单击图 9－4 左下方的“下一个”按钮还可以播放其他国家馆的外观欣赏图及设计说明。

5. 进入馆内参观

欧阳逍遥发现了图 9－4 右上方的一排按钮，单击其中的“进馆”按钮后，就进入如图 9－5 所示的界面。

欧阳逍遥选择了其中的动感穿越模式，进入如图 9－6 所示的界面，同时海宝继续对中国馆内部展区进行解说。

图 9-5　网上世博会中国馆体验模式选择

图 9-6　动感穿越中国馆

单击页面下方的“进入”按钮后可进入中国馆内部，此时按向上、向下方向键可向前走和往后退。向前走进入的第一个展区就是“春天的故事”，影片展示了改革开放以来中国发生的翻天覆地的变化以及我国城市化建设过程，如图 9-7 所示。

如果单击右边的“现场体验”按钮，还会有亲临现场的感觉。听完这个展区的解说后，欧阳逍遥继续按向上方向键往前走，第二个展区就是“历史回眸”区了，如图 9-8 所示。随后又一路参观了“智慧的长河”“希望的大地”“寻觅之旅”等展区。

图 9-7　中国馆“春天的故事”区

图 9-8　“历史回眸”区

欧阳逍遥足不出户，在网上就游览完了世博会中国馆，而且一路还有海宝精彩的解说，欧阳逍遥觉得这种旅游方式很新奇。

任务二　学习旅游电子商务新技术的概念及应用

经过世博会网上中国馆的一番游览，欧阳逍遥亲身感受到了旅游电子商务中一些新兴技术的应用，并对这些新技术在旅游电子商务中的应用产生了浓厚的兴趣，于是他主动找来一些电子商务专业书籍阅读，并上网查阅了有关资料。

1. *虚拟旅游*

当今社会，生活节奏不断加快，人们的生活越来越紧张，虽然生活条件越来越好，但是属于自己的时间也越来越少。一方面，人们想从枯燥紧张的工作中解脱出来（当然最好的放松方式之一就是出去旅游）；另一方面，现实又使得人们没有足够的时间出去旅游。这样，为了化解生活中出现的矛盾，就出现了虚拟旅游。

所谓虚拟旅游，指的是建立在现实旅游景观基础上，通过计算机技术模拟现实的景观，构建一个通过计算机表达的虚拟旅游环境，让通过网络连入这种平台的人能够获得身临其境般的游览体验。它的原理是基于虚拟仿真（visual simulation）技术的使用，通过计算机处理出来的画面实现了很多真实场景的三维模拟图，通过视听的结合让人们感受到目的地的风光。

通过虚拟旅游，不用护照、不用花钱，也不用担心路途遥远，一台联网的计算机，登录虚拟旅游网站就可以“玩”遍世界。无论是希望看到自己向往的景致，还是希望拍到好看的照片，这些都可以在虚拟旅行中得到实现。这里有线路图、有导游，景观都是真实的风景照片，甚至还能发现现实旅行时经常遇到的各种活动，如乐队现场演出等。如果邀请了虚拟形象的“导游”，它还会推荐旅游路线，介绍当地的风土人情，甚至还“推销”纪念品。

我们一般把虚拟旅游的定义分为广义和狭义两种。广义的虚拟旅游是指任何以非身临其境的方式获得旅游景点相关知识和信息的过程；狭义的虚拟旅游则源于虚拟现实，是指以包括虚拟现实在内的多种可视化方式形成逼真的虚拟现实景区，使使用者获得感性、理性等多种有关旅游景点知识和信息的过程。

（1）国内的虚拟旅游。

我国虚拟旅游尽管刚刚起步，存在许多不足，但是存在着巨大的发展空间。虚拟旅游虽不能完全代替实地旅游，但是随着技术的提高、研究的深入，会越来越接近实地旅游。游览者可以在虚拟旅游景观中感受鸟语花香、欣赏风光美景，并能与环境融合、与游客交谈。比起实地旅游，这样的虚拟旅游或许会多一份情趣。图 9-9 为网友化身侍卫游览乾清宫。

（2）国外的虚拟旅游。

著名的虚拟瑞典旅游网（www. virtualsweden. se）是非常成功的一个在线虚拟旅游网站（见图 9-10），这个网站利用 360 度三维实景技术，虚拟了世界上多个国家、城市的大量经典景点，在网站上可以看到斯德哥尔摩市政厅、隆德大教堂和圣彼得大教堂等世界著名景点，还可以亲手“触摸”教堂上方惟妙惟肖的雕塑等。图 9-11～图 9-13 分别为游览瑞典皇宫的白海厅、希腊罗德岛东部的小岛和英国皇家歌剧院的皇家套房。

图 9-9　网友化身侍卫游览乾清宫

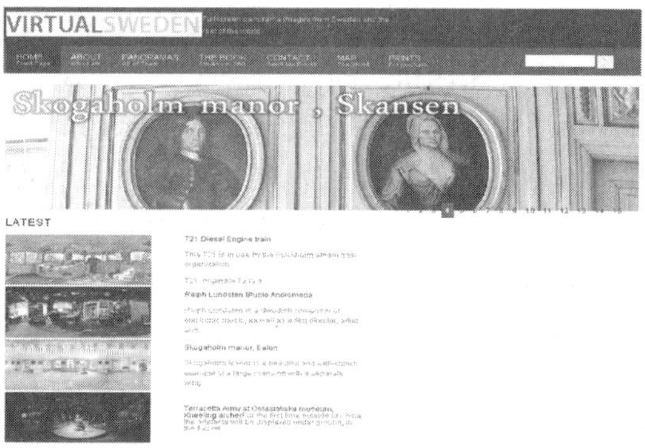

图 9-10　虚拟瑞典旅游网

图 9－11　游览瑞典皇宫的白海厅

图 9－12　游览希腊罗德岛东部的小岛

图 9－13　游览英国皇家歌剧院的皇家套房

图 9－14　“第二人生”主页

目前，国外虚拟旅游出现了新形式，就是将虚拟旅游做成类似于电脑游戏和聊天室的结合体，其中比较有代表性的是“Second Life”（中文名：第二人生），网络地址是 http://secondlife.com，它由美国林登实验室（Linden Lab）开发，于 2003 年正式上线投入运行，是互联网上最接近真实的一个虚幻三维世界，主页如图 9－14 所示。

Second Life 是一个在美国非常受欢迎的网络虚拟游戏。在游戏中，玩家可以在游戏中做许多现实生活中的事情，比如吃饭、跳舞、购物、卡拉 OK、开车、旅游等。用户有自己的 3D 形象，在自己的土地上创建家园、商业和娱乐场所，而且还可以自己驾驶直升机、滑翔伞、热气球等。在酒吧、咖啡厅、海滩等虚拟场所，不同肤色、不同种族的“居民”可以交流、举办篝火晚会或新闻发布会等主题活动，而且还可以将现实世界乃至现实世界无法实现的商业模式和形态在这里尝试、拓展。通过各种各样的活动，全世界各地的玩家可以进行交互。这种将游戏、社交、旅游等融合为一体的新型网络应用是未来的发展趋势。

2. *旅游超市*

旅游超市是旅游产品与服务的网络超级市场，如旅游超市网（见图 9－15）。它为旅游爱好者提供全面的出境游、国内游等旅游线路以及吃、住、行、购、娱等各类旅游产品资讯和旅游预订服务的平台，满足旅游者的旅游预订需要。

图 9－15　旅游超市网

旅游超市的概念是以人为本的最好体现。它通过丰富的游玩项目、内容，推出全方位、多层次的旅游产品，来满足不同文化背景、不同年龄层次、不同欣赏品位旅游者的需要。旅游超市是一种产销分离的旅行社运作模式，与传统旅行社自产自销不同，它并不参与旅游产品的设计、生产，而是由供应商直接提供成熟的旅游产品，再由各门市网点将旅游线路产品统一销售。由于属规模化经营，旅游超市的价格可比传统旅行社低，并能免去旅游者徘徊在多个旅行社门市之间选择旅游产品的麻烦。

3. 数字地图

旅游者总是离不开目的地的地图，目前通过数字化的技术实现了多种地图查询和路径规划功能。欧阳逍遥在网上查看有关资料，也感受到了现代数字技术为旅游者带来的方便。

（1）二维地图。

打开百度的首页，如图 9－16 所示。单击“地图”按钮，进入界面后，在搜索框输入“故宫”，搜索一下，会显示如图 9－17 所示的界面，界面上有北京故宫的位置，图中用大写字母 A 标识，而且在右边还显示了北京故宫公交车站的信息。

图 9－16　百度首页

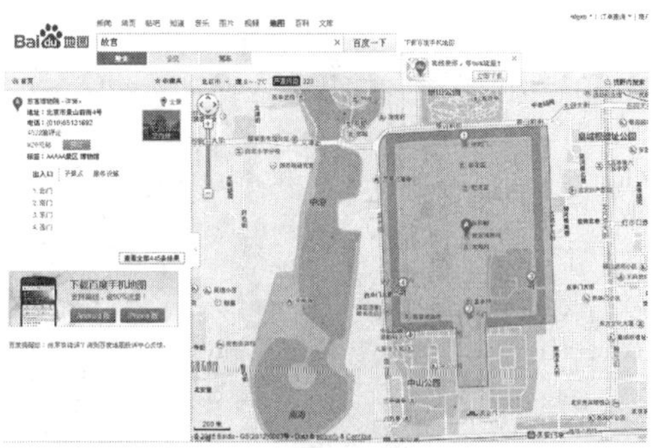

图 9－17　北京故宫博物院位置图

如果要查找从北京天坛公园到北京故宫博物院的公交线路，我们可以在百度地图中切换到公交选项页面，搜索一下，会得到如图 9 - 18 所示的界面。从这个界面，我们可以看出来，百度地图为我们推荐的路线有五条，每条线路还为我们提示了大概的运行时间，十分方便。

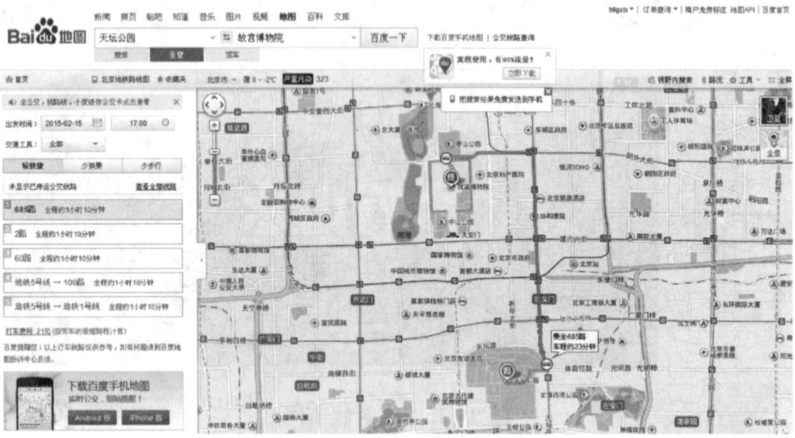

图 9 - 18　北京天坛到北京故宫博物院公交乘车路线

- 685 路，全程约 1 小时 10 分钟
- 22 路，全程约 1 小时 10 分钟
- 360 路，全程约 1 小时 10 分钟
- 地铁 5 号线 → 109 路，全程约 1 小时 10 分钟
- 地铁 5 号线 → 地铁 1 号线，全程约 1 小时 10 分钟

（2）三维地图。

三维地图是基于网络地理信息系统（GIS）、全球卫星定位系统（GPS）、遥感系统（RS）、VR 全景等最新技术，以城市建筑三维建模为载体，整合集成本地城市建筑、政府、企事业单位等多渠道资源和信息形成的形象直观的电子地图，也叫 3D 地图、立体地图、虚拟城市等。它具有搜索、定位、放大、缩小、漫游、鸟瞰图、测距、公交查询、自驾查询、周边查询、360 度全景展示、单个建筑旋转、旅游景点介绍、楼盘展示、城市形象宣传、电子政务、电子商务、电子黄页、生活资讯、同城交友、虚拟社区等功能，提供最全面的城市生活资讯、商家信息、地图黄页、公交驾车路线等查询服务。三维地图如图 9 - 19 所示。

图 9 - 19　三维地图

4. 智慧旅游

智慧旅游是一种新型的旅游信息化概念。一般地说，智慧旅游就是利用云计算、物联网等新技术，通过互联网/移动互联网，借助便携的终端上网设备，及时发布旅游资源、旅游经济、旅游活动、旅游者等方面的信息，让人们能够及时了解这些信息，及时安排和调整工作与旅游计划，从而达到对各类旅游信息的智能感知、方便利用的效果。

智慧旅游的核心是以互联网、移动互联网、云计算、物联网、数据挖掘、智能计算等技术实现在旅游体验、旅游产业发展、旅游行政管理等方面的应用，主动感知旅游资源、旅游活动、旅游者等方面的信息，并通过便携的终端上网等设备进行交互，使旅游资源能全方位服务于旅游者、旅游企业和政府相关部门等的全新旅游形态。智慧旅游的技术是以计算机、信息论、控制论、自动化、生物学、仿生学、心理学和哲学等多门学科交织而成的科学。智慧旅游不是一种旅游形态，而是将云计算、物联网等技术嵌入旅游行业中，达到旅游信息基础架构与高度整合的旅游基础设施的完美融合。智慧旅游的目标是让旅游业的运转更加智能化，采用现代信息技术手段以更智慧的方法通过利用新一代信息技术来改变旅游者、旅游目的地机构、旅行社等角色之间相互交互的方式，以全面的互联互通、透彻的感知让旅游更高效和便捷。

智慧旅游支撑的关键技术涉及数据感知技术、网络传输技术、智能处理技术、电子信息技术、地理信息系统（GIS）技术、全球定位系统（GPS）技术、物联网（IoT）技术、数据库（DB）技术、数据挖掘（DM）技术、决策支持（DSS）技术、虚拟现实（VR）技术等。这些技术为整个系统提供技术支撑。这些技术体现于智能终端、无线通信设施、视频监控、用户端界面、服务器服务等。尤其智能处理技术触及云计算、物联网、移动商务等目前计算机行业热点技术（见图 9－20）。

图 9－20　智慧旅游示意图

2011 年我国提出争取用 10 年时间，通过现有旅游产业的改造和智慧化，进一步提升旅游产业的产值，初步实现“智慧旅游”，并且增加高科技企业的参与度。

智慧旅游的建设与发展最终将体现在旅游管理、旅游服务和旅游营销三个层面。从使用者的角度出发，智慧旅游主要包括导航、导游、导览和导购（简称“四导”）四个基本功能。

（1）导航。

通过旅游者随身携带的终端中的基于位置服务（LBS），探索旅游者的位置信息。确定位置信息有许多种方法，如GPS导航、基站定位、Wifi定位、RFID定位、地标定位等。其中，GPS导航和RFID定位能获得精确的位置。但RFID定位需要布设很多识别器，也需要在移动终端上（如手机）安装RFID芯片，离实际应用还有很大的距离。GPS导航（见图9-21）应用则要简单得多。一般智能手机上都有GPS导航模块，如果用外接的蓝牙、USB接口的GPS导航模块，就可以让笔记本电脑、上网本和平板电脑具备导航功能，个别电脑甚至内置有GPS导航模块。GPS导航模块接入电脑，可以将互联网和GPS导航完美地结合起来，进行移动互联网导航。

图9-21　GPS导航界面

（2）导游。

在确定了旅游者位置的同时，在网页上和地图上会主动显示周边的旅游信息，包括景点、酒店、餐馆、娱乐、车站、活动（地点）、朋友/旅游团友等的位置和大概信息，如景点的级别、主要描述等，酒店的星级、价格范围、剩余房间数等，活动（演唱会、体育运动、电影）的地点、时间、价格范围等，餐馆的口味、人均消费水平、优惠信息等。

手机导游功能如图9-22所示。

图9-22　手机导游功能

智慧旅游还支持在非导航状态下查找任意位置的周边信息，拖动地图即可看到这些信息。周边的范围大小可以随地图窗口的大小自动调节，也可以根据自己的兴趣点（如景点、某个朋友的位置）规划行走路线。

（3）导览。

旅游者点击（触摸）感兴趣的对象（景点、酒店、餐馆、娱乐、车站、活动等），可以获得关于兴趣点的位置、文字、图片、视频、使用者的评价等信息，深入了解兴趣点的详细情况，供旅游者决定是否需要它。

导览相当于一个导游员。我国许多旅游景点规定不许导游员高声讲解，而采用数字导览设备，需要游客租用这种设备。智慧旅游则像是一个自助导游员，有比导游员更多的信息来源，如文字、图片、视频和3D虚拟现实，戴上耳机就能让手机/平板电脑替代数字导览设备，无须再租用这类设备了。

手机导览功能如图9－23所示。

图9－23 手机导览功能

导览功能还包括虚拟旅行模块，只要提交起点和终点的位置，即可获得最佳路线建议（也可以自己选择路线），推荐景点和酒店，提供沿途主要的景点、酒店、餐馆、娱乐、车站、活动等资料。如果认可某条线路，则可以将资料打印出来，或储存在系统里随时调用。

（4）导购。

经过全面而深入的在线了解和分析，旅游者便可以根据自己的需要，直接在线预订（客房/票务），也可以在线订购当地特色的旅游产品和纪念品。手机导购功能如图9－24所示。

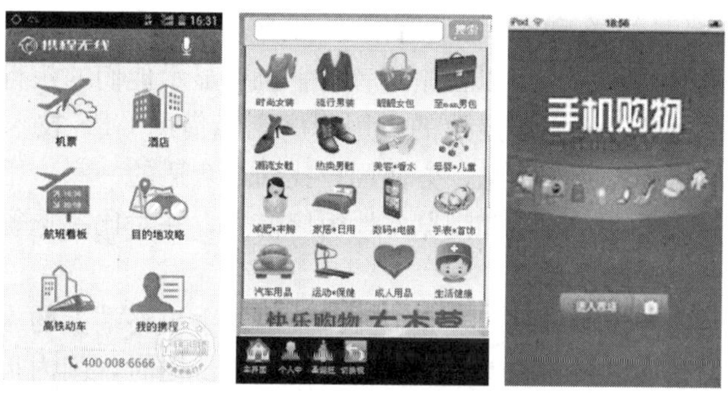

图9－24 手机导购功能

游客利用移动互联网可以随时随地进行预订，加上安全的网上支付平台，可以随时随地改变和制定下一步的旅游行程，而不浪费时间和精力，也不会错过一些精彩的景点与活动，甚至能够寻找到一些志同道合的朋友参与自己的行程和活动。

5. 掌上旅游

随着移动通信和互联网技术的迅速发展，基于移动互联网的移动电子商务成为当前电子商务领域的热点。相对于传统电子商务，移动电子商务增加了移动性和终端的多样性。现在，越来越多的人使用智能手机，各种旅游应用也如雨后春笋般出现，智能手机变身为旅游者的“贴心导游”，帮助他们安排行程、预订酒店等。旅游移动电子商务能完全根据旅游者的个性化需求和偏好，控制旅游服务提供的方式，随时随地获取、选择所需的服务和信息，选择和变更旅游线路，更好地满足游客个性化需求，提升游客满意度。

图 9－25 是旅游软件在手机终端上的工作界面。

图 9－25　手机终端的旅游软件

目前，移动终端上的旅行应用程序呈快速发展态势，这在很大程度上是因为智能手机上 GPS 等功能的普及。以前，旅游者到了一个陌生的城市，如果他想找一家日本餐厅就餐，他需要输入起始地址。而现在，智能手机能够自动识别其当前所处的位置，并据此提供用户需要的信息。

在国外，在线旅游线路和行程计划网站 TripIt（http://www.tripit.com）针对 iPhone 推出的应用软件 TripIt，可以在旅游者的手机中显示他们的旅行路线详情，令所有的旅行计划都能触手可及。而用于定位的应用程序则能借助 GPS 技术为用户提供其所处环境附近的酒店和出租车服务等信息，方便用户找到最合适的一家。用户可以利用全球定位系统找到附近的一家餐厅，搜索和浏览本地饭店信息，并对比挑选餐厅，而且还能够提供报纸、博客和其他食客的评价。

在国内，很多专业的旅游软件开发企业相继推出了手机终端上的旅游应用程序，如旅游掌中宝、移动地图软件、航班管家、酒店预订软件等。同时，国内很多专业的互联网旅游企业也纷纷进入手机旅游的领域，开发各类手机旅游的 APP，比较有代表性有去哪儿 APP、携程 APP、百度旅游、淘宝旅行 APP 等。在选择性上，旅游者可以组合使用百度地图、去哪儿、大众点评等功能，实现订酒店、查地图、买门票、找饭店以及了解景点信息等需求。

下面我们列举常见于移动终端的旅游应用程序，如表 9－1 所示。

表 9－1　　常见于移动终端的旅游应用程序

类别	程序名称	内容简介和特色介绍
游记	蝉游记	既是制作游记的工具神器，又是数万游记作者合力撰写、实时更新的旅行口袋书。
	面包旅行	是一款记录旅行轨迹，图文并茂地分享旅行见闻，完整生成游记的旅行社交 APP。
旅行计划	在路上	可以用手机直播旅行，完整记录旅行线路，同步分享微博论坛，实现自驾游、自助游、骑行等户外、徒步方式的旅行记录。
	TripIt 旅行计划	能为旅行者提供舒适的旅行计划，TripIt 用更简单的方法来组织和分享游客的旅行。
攻略	悠哉旅游	更像是一个预订助手软件加一个出行指南软件的结合体，很有特色。
	百度旅游	基本上包括了很多景点的旅游攻略，查看起来比较方便。
	穷游锦囊	是一个更新很快的旅行攻略，是游客自助旅游的首选，这里的忠告都来自经验丰富的游客们，而且提供给大家自行绘制的地图，包括重要的境外自助游景点、地标和街道。
酒店、机票	淘宝旅行	是阿里巴巴旗下的一站式旅游出行服务平台。淘宝旅行整合多家机票代理商、航空公司、旅行社、旅行代理商资源，为旅游者提供国内国外机票、酒店客栈、旅游、度假、景点门票、邮轮、租车、签证和团购等服务。
	去哪儿	提供国内外特价机票、酒店、旅游度假、景点门票产品一站式预订服务。可以实时搜索比价，7×24 小时提供预订服务。
	艺龙旅行	是比较领先的在线旅行服务提供商，提供全球几十万家酒店预订服务，并提供返现和折扣。
手机导航	图吧导航	是图吧科技为手机用户开发的专业地图导航软件，具有地图更新速度快、免费和语音化导航等特点。
	SOSO 手机地图	是腾讯公司提供的手机地图软件。游客可以查询商家、小区的地址，也可以寻找离自己最近的餐馆、酒店、银行、公园，还可以规划公交或驾车路线。
	凯立德	凯立德移动导航系统路况版不但继承了凯立德专业级的导航性能，还提供了在手机终端上的精准的全国导航地图，精度高、速度快。
美食	大众点评	提供国内城市消费指南，包括餐馆、美食、购物、休闲娱乐、生活服务、活动优惠、打折信息等，是领先的本地搜索门户。
	食神摇摇	提供微加、微信好伙伴、微信个性化、吃什么、去哪吃等信息，简单到摇一摇即可精准推荐个性化餐厅或美食等。
	美食相册	为游客提供美食相册、美食图片等详细信息。

续前表

类别	程序名称	内容简介和特色介绍
记账	随手记	是金蝶理财网面向个人和家庭推出的个人理财产品。随手记为游客提供旅游预算，提醒有效控制开支，动态图文报表帮旅游者了解开支情况。
	DailyCost	是一款简洁优雅的每日消费随记应用程序。它拥有自然的操作体验和漂亮的统计图表，是一款有特色的旅游记账软件。
拍照	百度魔拍	能实现眨眼自拍，还可以为拍摄对象美肤、嫩白、瘦脸、亮眼、祛痘……实现一键达成！
	美图秀秀	是一款很好用的免费图片处理软件。具有独特的图片特效、美容、拼图、场景、边框、饰品等功能，还能将照片一键分享到新浪微博、人人网等网络中共享。
	相机 360	一款功能强大的手机照相软件，主要分为 6 种拍摄模式，提供了近 30 种拍摄效果供用户选择。
通信	微信	是腾讯公司推出的一个为智能手机提供即时通信服务的免费应用程序。旅游者可以通过网络快速发送免费（需消耗少量网络流量）语音短信、视频、图片和文字，实现旅游信息的分享。
	手机 QQ	是深圳市腾讯计算机系统有限公司开发的软件。支持在线聊天、视频电话、点对点断点续传文件、共享文件、网络硬盘、自定义面板、QQ 邮箱等多种功能，并可与移动通信终端等多种通信方式相连。
	移动飞信	是中国移动推出的“综合通信服务”，即融合语音（IVR）、GPRS、短信等多种通信方式，飞信可以实现免费短信（点对点，群发），直接送达手机。

旅游业作为信息依存度极高的信息密集型产业和信息依托型产业，尤其受到信息技术进步的影响。信息的有效传递和流通是旅游业生命的源泉，采用移动终端具有服务性、便捷性的软件能真正地服务到每一个旅游者，让旅游者在旅途中选择最佳的路线，并随时互动，分享旅游的感受。3G、4G 通信技术的深入发展，各种移动商务应用的不断产生，手机上网的日益普及和旅游市场交易规模的高速增长，都将推动旅游移动电子商务更好、更快地发展，移动电子商务将为旅游业的发展带来更大的增长空间和发展契机。

项目评估

通过本项目，欧阳逍遥对旅游电子商务的新技术有了一定的了解，这些丰富多彩的新技术为旅游电子商务带来了很多实际应用价值，并成为旅游电子商务发展的助推器。欧阳逍遥对旅游电子商务未来的发展充满了信心。

思考

1. 虚拟旅游使用了哪些技术？你是怎么看待虚拟旅游的？
2. 智慧旅游如何可以更加智慧？

拓展阅读

一、数字旅游产品带来出版新风尚

随着旅游行业的发展和新技术的拓展，信息的承载方式和信息来源都在发生变化。旅游图书在完成市场占有率快速增长之后，很快就面临一个“瓶颈”，而作为数字出版主力军的手机出版，因为其可移动、阅读碎片化等特点而成为旅游媒体的最终战场。

目前数字旅游指南的免费化倾向明显。近年来，各旅游网站都推出了自己的旅游指南产品。而随着移动终端技术的普及，在2011—2012年，各旅游网站又纷纷将自己的旅游攻略产品发展为无线产品。这些产品大都包含目的地概览、景点详细介绍及信息、食宿信息、娱乐信息等，能够基本满足旅行者的需要。

搜索百科类网站开始免费提供旅游信息，这会对整个旅游媒体行业产生深远影响。2012年8月，谷歌公司收购Frommer's，让其在线业务员工离职，却保留了全部图书编辑，下一步很可能推出免费旅游指南以招徕旅游者。2013年1月，维基百科旗下旅游网站维基导游（Wikivoyage）正式上线，理论上所有人都可以更新信息。而且，维基百科将免费提供这些旅游信息，这意味着大量第三方应用同时可以使用。

旅游者的信息很大部分是从以前旅游者分享的经验中得来的，因此，点评类网站、线路分享类网站现在成为热门的旅游信息提供者。这些产品提供的是更为个性化的服务，这一切在纸媒时代是不可想象的。点评、路线分享类网站一般应用UGC模式，网站搜集用户数据，再在不同层次进行加工呈现，最后再反哺给用户。这既避免了采编、更新旅游信息的高额成本，又能保证信息的真实性和及时性。信息收集的高昂成本其实也是限制纸质指南图书、付费数字指南发展的一个十分重要的因素。UGC模式的后期一般会刊登广告，鼓励用户进行目的地消费，从撮合交易中盈利。而由于用户数量多、黏性好，就会形成“购买—反馈—促成其他消费”的价值闭环。数字产品整合旅游产业链各端资源。

在旅游出版数字化的过程中，各旅游媒体都力争提供更全、更多的服务。以谷歌公司为例，最早它只是一个提供搜索服务的网站，旅游相关信息都是从Yelp和猫途鹰（TripAdvisor）上抓取的，但从2010年开始逐渐向多元旅游服务商转变。反观国内的旅游信息提供者，都逐步增加了自己的功能，包括旅游信息提供、旅游指南下载、旅游产品订购、社区分享、线路安排等，希望进一步整合资源，力争一站式旅游服务。

未来旅游数字产品仍会以高品质内容作为核心资源，同时及时推送性增强，“智慧旅游”得以实现。而最重要的是，未来的旅游数字信息产品将成为旅游产业的最上游。数字信息产品是旅游者最先接触到的产品，产品中的信息塑造了目的地景点与商家在旅游者心中的形象，影响了旅游者的决策行为，这也对现在的数字出版业提出了更高的要求。

资料来源：谢元琨．数字旅游产品带来出版新风尚．出版参考，2013（9）．

二、旅游网站虚拟旅游应用状况分析

旅游网站的类型不同决定着其对虚拟旅游的需求及应用状况。在这里，我们选取具有代表性的旅游网站，并介绍它们对虚拟旅游的应用情况。

首先是政府型旅游网站，我们选取国家旅游局官方网。作为整个国家旅游的航向标，

国家旅游局最能体现政府在虚拟技术应用上的状况，且囊括了我国旅游的方方面面。其次，对于电子商务网站，即旅游企业为了营销所建立的网站，我们这里将携程作为代表。再次，专门从事旅游景点介绍的旅游网站，也是虚拟旅游运用最多的专业网，如中国全景网。最后，一个非常具有代表性的虚拟旅游网，即紫禁城虚拟旅游网，我们作为单独一类进行介绍。具体如表 9－2 所示。

表 9－2　　旅游网站虚拟旅游应用状况

旅游网站代表	图文	2 维	2.5 维	3 维	多维
国家旅游局网	有	有	无	无	无
携程网	有	有	有	无	无
中国全景网	有	有	有	有	无
紫禁城虚拟旅游网	有	有	有	有/无	有/无

由表 9－2 可以看出，政府型旅游网站对虚拟旅游的技术应用还处于较低层次。政府型旅游网站的重点在于介绍政府对旅游所采取的方针政策、介绍旅游发展状况等方面的信息；其次是对与旅游有关的旅行社、酒店、交通、娱乐等进行简要的文字介绍和图片展示，给予旅游者一个直观、平面的信息展示平台；同时，政府型旅游网更多地让旅游者了解旅游业的发展动态和政府工作重点，让旅游者更好地出行。

携程等商务网站对虚拟旅游的应用处于中间层，这类网站重点在于票务、酒店预订。网站上有大量的酒店、票务预订信息，社区信息交流是其优势。这些网站将住、行信息网络虚拟化，并有一些卫星地图，为旅游者提供了便利。但是对于虚拟旅游技术的应用并未有突破，只是在介绍中多了些图片。这个方面发展空间较大，这类旅游网站应该在虚拟旅游技术快速发展的当下，争取有所突破。

中国全景网、紫禁城虚拟旅游网对虚拟旅游的应用处于最高层次。中国全景网提供了全国各地旅游景点的虚拟旅游，拥有 360 度高清晰三维实景和 3D 场景，可以做到“亲眼看见，亲身体验”，能直观而真实地表达实景，使旅游者体验不同视野的景观效果，仿佛置身其中。

故宫博物院开启的“虚拟紫禁城”，于 2008 年 10 月 10 日正式启动，这是中国第一个在互联网上展现重要历史文化景点的虚拟世界。它运用 3D 虚拟世界初步再现了中国这座满载文化宝藏的博物馆，使任何人都能够通过互联网进入“紫禁城”，犹如身临其境，体验到中国古代宫阙建筑的辉煌，享受游览博物馆的乐趣。在网络虚拟技术的支持下，游客不仅可以四处参观体验，感受建筑空间带来的震撼力，而且可以在虚拟世界中与其他游客相互接触，或者与预先设定的角色进行互动。游客既可以悠闲地观看各处宫殿场景，也可以通过主题游览和参与活动，更深地了解和学习中国传统文化的一些重要侧面。比如，可以参加射箭、斗蟋蟀等古代娱乐项目。这与“虚游记”提供的网游方式大致相同，只是虚游记采用的是与游戏结合的方式。当然，中国全景网和紫禁城虚拟旅游网的重点在对虚拟技术的开拓运用上，暂时未有太多直接的商业作用，更多的是在潜在客源层中发生作用。

网民对互联网作为信息渠道和交往工具的认可度较高，互联网作为生活助手的价值也逐渐显现；但是互联网的虚拟性、不可触摸性，使利用网络的欺诈行为时有发生，而网络法律法规并不完善，导致人们对互联网的信任度与安全感较低。随着互联网对人们生活的日益浸入，在带来便利的同时，也让人们过多地沉浸于网络中，减少了与现实社会交流的时间，互联网给人们带来的距离感（这里称为“社会隔离”）也逐渐产生。可以说，虚拟旅游的发展是一把“双刃剑”，既有其优势，也存在消极的一面。

虚拟旅游极大地丰富了旅游信息传递的方式。旅游产品具有无形、不可储存和季节性的特点，旅游者往往是在不可知的状态下购买旅游产品。旅游者认为这样存在很大的不可知性和不安全感。而虚拟旅游可以克服这些弱点。对于旅游者来说，旅游信息的来源不再只是简单的文字介绍、图片展示，虚拟旅游作为旅游产品的有形化，让旅游者可以事先体验旅游地，获得最大的、最直观的感知后，产生实地游览的动机。对于旅游企业、旅游目的地来说，旅游营销的手段也得到升级。旅游目的地可以通过虚拟旅游技术，促使旅游者在虚拟旅游过程中，形成旅游地感知形象。旅游企业在信息最大化的基础上，减少了成本，而且由于旅游者对旅游地有了充分的了解，旅游企业在运作中，行为将得到规范。换句话说，旅游者的眼睛是雪亮的，此时，旅游从业者很难再有欺诈等不良行为。

最后，需要指出并值得关注的是，虚拟旅游毕竟只是旅游的一个方面，是信息的一个载体，是人们接触旅游的一个方式，它并不是现实旅行休假的替代品，也不能完全替代人们外出旅行。旅游者虽然可以在家就能神游世界各个角落，甚至在虚拟的旅游世界里“吃”“住”“行”“游”“购”“娱”，但是，假期的本质实际上是让你的身体去一个不同的地方，而虚拟世界做不到这一点。

资料来源：喻海燕，郑焱. 国内旅游网站虚拟旅游技术应用状况探析. 长沙大学学报，2009 (6).

习题

一、名词解释

1. 虚拟旅游
2. 旅游超市
3. Travel 2.0

二、简答题

1. 目前出现了哪些旅游电子商务新技术?
2. 你认为旅游电子商务新技术能够推动旅游电子商务的发展吗? 为什么?

实训演练

旅游电子商务的新发展

【实训目的】

通过实训了解虚拟旅游、旅游超市、Travel 2.0 的基本概念，了解国内目前比较知名的旅游电子商务网站的情况，并进行旅游电子商务的实际操作和体验。

【实训步骤】

1. 打开浏览器，在百度的“知道”和“百科”栏目查阅有关虚拟旅游的相关链接。

2. 参考本章介绍的欧阳逍遥游览世博会官网的过程，自己动手实际体验虚拟旅游。

【实训报告】

1. 写出实训的具体过程。
2. 阐述实训结果，总结实训体会，并对实训结果进行分析。

超级链接

1. 全景客网站

http://www.quanjingke.com

简介：全景客网站实现了三维全景体验式旅游。它利用先进的虚拟现实（VR）技术，以高清晰、实景、三维、立体的效果，展现旅游目的地的风光美景、人文风情，实现景区内虚拟漫游“行走”，带给用户身临其境的真实感受。游客足不出户，即可实景游遍天下。网友可以自拍、自传、分享全景照片，共同打造全球化的全景社区网络。并且该网站还配备了多款的旅游手机应用“全景游”系列软件，实现了“一机在手，全景游天下”。

2. 山水城市虚拟旅游

http://www.3shui.com

简介：武汉无忧出门信息技术有限公司推出的山水城市虚拟旅游网专研于网络三维技术，致力于旅游（景区）数字化建设和旅游网络整合营销，综合运用网站建设、网络推广、三维实景、线下活动、公共关系、传统媒体硬软广告宣传，并进行了系列整合，最大化利用了现有的资源以达到推广的最优效果。

附录　术语表

旅游电子商务：旅游电子商务是指以网络为主体，以旅游信息库、电子化工具为基础，利用先进的计算机技术、网络技术、通信技术等手段运作旅游业及其分销系统的商务体系。

旅游信息化：旅游信息化是通过对信息技术的运用，对旅游有关的实体资源、信息资源、生产要素资源进行深层次的分配、组合、加工和销售。

旅游电子商务平台：是专业的旅游买卖电子交易市场，它汇聚了大量的旅游者、旅游企业及旅游相关行业企业，这个平台为旅游企业和游客等提供专业化的旅游交易服务。

B2C（business to consumer）：企业与消费者之间的电子商务，企业通过网络销售产品或服务给个人消费者的电子商务形式。

B2B（business to business）：企业与企业之间的电子商务，主要是针对企业内部以及企业与上下游协作企业之间的信息整合，并在互联网上进行企业之间的交易形式。

C2C（consumer to consumer）：消费者与消费者之间的电子商务，指消费者与消费者之间的互动交易行为，这种交易方式通常以拍卖或者竞价等形式出现。

C2B（consumer to business）：消费者与企业之间电子商务，是一种创新型的电子商务模式，它不同于传统的B2C模式中的供应商主导商品的形式，它是以消费者为出发点汇集具有相似或相同需求的消费者，形成一个特殊消费群体，经过集体议价，以达到购买数量越多、价格相对越低的商务目的。

B2G（business to government）：企业与政府之间的贸易活动，涵盖了政府与企业间的各项事务，包括政府采购、税收、商检、管理条例发布以及法规政策颁布等。

顾客价值：是企业提供给顾客差异化或低成本的产品和服务，为顾客带来价值。顾客价值并不是产品或服务本身所固有的，而是顾客出于自己的目的对供应商所提供的产品或服务的使用结果的一种体验。

携程CTRIP模式：customer——客户（以客户为中心），teamwork——团队（紧密无缝的合作机制），respect——敬业（一丝不苟的敬业精神），integrity——诚信（真实诚信的合作理念），parter——伙伴（伙伴式的“多赢”合作关系）。

计算机网络：是指将地理位置不同、具有独立功能的多台计算机及其外部设备，通过通信线路连接起来，在网络操作系统、网络管理软件及网络通信协议的管理和协调下，实现资源共享和信息传递的计算机系统。

网络协议：为使各计算机之间或计算机与终端之间能正确地传输信息，在关于信息传输顺序、信息格式和信息内容等方面的约定或规则。

TCP/IP 协议（transmission control protocol/Internet protocol）：传输控制协议/网际协议，是一个工业标准的协议集。它是为广域网（WAN）设计的实现计算机系统互联的一个重要的协议。

WWW 服务（world wide web）：万维网服务。以 HTML 语言和 HTTP 协议为基础，能够提供面向各种互联网的服务，以统一用户界面的信息浏览系统。

电子邮件服务（E-mail service）：是一种利用计算机和通信网络传输电子信件等信息的非交互式服务。

即时通信（instant messenger，IM）：是指能够即时发送和接收互联网信息等的业务。

C/S 结构（client/server，客户机/服务器模式）：是一种软件系统体系结构，其客户端包含一个或多个在用户的电脑上运行的程序，客户端通过数据库等连接访问服务器端的数据。

B/S 结构（browser/server，浏览器/服务器模式）：browser 指的是 Web 浏览器，客户端无须安装应用程序，只要有 Web 浏览器即可，服务器端则安装全部应用服务功能，这样就减少了客户端的压力，提高了灵活性。

IP 地址（IP address）：是一种在 Internet 上的给主机编址的方式，也称为网际协议地址。现有的 IP 地址有两个版本：IPv4 和 IPv6。

域名（domain name）：是由一串用点分隔的名字组成的 Internet 上某一台计算机或计算机组的名称，用于在数据传输时标识计算机的电子方位（有时也指地理位置，地理上的域名，指代有行政自主权的一个地方区域），是一个通过计算机登上网络的单位在该网中的地址。

数据（data）：被计算机处理的对象，利用数字、文字、图形、图像、视频、声音等不同的形式表现，通过科学实验、检验、统计等所获得的和用于科学研究、技术设计、查证、决策等的数值。

数据库（data base）：是按照数据结构来组织、存储和管理数据的仓库。

数据库管理系统（dataBase management system，DBMS）：是一种操纵和管理数据库的大型软件，用于建立、使用和维护数据库。一般由数据库（数据）、数据库管理系统（软件）、计算机硬件、操作系统及数据库管理员组成。

数据管理技术：是对数据进行分类、组织、编码、输入、存储、检索、维护和输出的技术。

数据模型：是现实世界数据特征的抽象，是对客观事物及其联系的抽象描述。数据模型是数据库中数据的存储方式，是数据库系统的基础。

结构化查询语言（structured query language，SQL）：是一种数据库查询和程序设计语言，用于存取数据以及查询、更新和管理关系数据库系统。

数据仓库（data warehousing，DW）：是基于信息系统业务发展的需要，基于数据库系统技术发展而来，并逐步独立的一系列新的应用技术。

超文本标记语言：超文本标记语言，即 HTML（hypertext markup language），是用于描述网页文档的一种标记语言。HTML 是一种规范、一种标准，它通过标记符号来标记要显示的网页中的各个部分。网页文件本身是一种文本文件，通过在文本文件中添加标记符，可以告诉浏览器如何显示其中的内容（如：文字如何处理，画面如何安排，图片如何显示等）。

网页：通常是 HTML 格式（文件扩展名为 .html 或 .htm 或 .asp 或 .aspx 或 .php 或 .jsp 等）。网页是构成网站的基本元素，是承载各种网站应用的平台。网站就是由一个或多个网页组成的。

超链接（hyperLink）：是一个计算机术语，是指从一个网页指向一个目标的连接关系，这个目标可以是另一个网页，也可以是相同网页上的不同位置，还可以是一个图片、一个电子邮件地址、一个文件，甚至是一个应用程序。

网页三剑客：顾名思义，是一套强大的网页制作工具，最初是由 Macromedia 公司开发出来的。由 Dreamweaver、Fireworks、Flash 三个软件组成，俗称三剑客。其中 Flash 是二维动画软件，Fireworks 是图形、图像编辑制作软件，Dreamweaver 是网页制作和管理软件。

电子支付（electronic payment）：是指从事电子商务交易的当事人，包括消费者、商家和金融机构，通过信息网络，使用安全的信息传输手段，采用数字化方式进行的货币支付与资金流通。

电子支付工具：以金融电子化网络为基础，通过计算机网络系统以传输电子信息的方式实现支付功能，利用电子支付工具可以方便地实现现金存取、汇总、直接消费和贷款等功能。常用的电子支付工具有三类。电子货币类：电子现金、电子钱包等；电子信用卡类：智能卡、借记卡、电话卡等；电子支票类：电子支票、电子汇款、电子划款等。

电子现金（electronic cash）：是一种以数据形式流通的货币，它把现金数值转换成为一系列的加密序列数，通过这些序列数来表示现实中各种金额的市值，是纸币现金的电子化。

电子支票（electronic check）：是一种借鉴纸张支票转移支付的优点，利用数字传递将钱款从一个账户转移到另一个账户的电子付款形式。

电子信用卡：电子商务活动中使用的信用卡是电子信用卡，无须预先存款就可贷款消费，即采用先消费后还款的电子支付手段。

电子钱包（electronic wallet）：是一种具有存储值的智能卡，它也可以装有银行的或来自家庭中电子钱夹内的数字现金和其他各种电子货币，并且可以在正确装配的销售点系统（POS）装置上消费，也可以进行在线消费和网上消费，是电子商务活动中顾客购物常用的一种支付工具。

智能卡（smart card）：内嵌有微芯片的塑料卡（通常是一张信用卡的大小）的通称。实际上就是在信用卡上安装一个拇指大小的微型电脑芯片，这个芯片包含了持卡人的各种信息。这种芯片与磁条相比，具有更高的防伪能力，一般不易伪造，因而更加安全。

电子银行（electronic bank）：是指银行通过面向社会公众开放的通信通道或开放型公众网络，以及为特定自助服务设施或客户建立的专用网络等方式，向客户提供的离柜金融服务。主要包括网上银行、电话银行、手机银行、自助银行以及其他离柜业务。也称为网上银行，在网络上运作的虚拟化银行柜台。

网络营销：企业以现代营销理论为基础，通过互联网技术和计算机技术开展的营销活动。

4P：指产品（product）、价格（price）、渠道（place）、促销策略（promotion）。其中产品策略（product strategy），主要是指企业以向目标市场提供各种适合消费者需求的有形和无形产品的方式来实现其营销目标；定价策略（pricing strategy），主要是指企业以按照市场规律制定价格和变动价格等方式来实现其营销目标；分销策略（placing strategy），主要是指企业以合理地选择分销渠道和组织商品实体流通的方式来实现其营销目标；促销策略（promotioning strategy），主要是指企业以利用各种信息传播手段刺激消费者购买欲望，促进产品销售的方式来实现其营销目标。

4C：指顾客（consumer）、成本（cost）、便利（convenience）、沟通（communication）。其中顾客主要指顾客的需求；成本不单是企业的生产成本，或者说4P中的价格（price），它还包括顾客的购买成本；沟通则被用以取代4P中对应的促销（promotion）；便利即为顾客提供最大的购物和使用便利。

数字签名：是只有信息的发送者才能产生的别人无法伪造的一段数字串，这段数字串同时也是对信息的发送者发送信息真实性的一个有效证明。它是通过使用非对称加密系统和哈希函数来变换电子记录形成的一种可标识信息发送者身份的电子化数据。

数字证书：数字证书就是互联网通信中标志通信各方身份信息的一串数字，提供了一种在Internet上验证通信实体身份的方式。它是由一个由权威机构，即CA机构，又称为证书授权（Certificate Authority）中心发行的，人们可以在网上用它来识别对方的身份。数字证书是一个经证书授权中心数字签名的包含公开密钥拥有者信息以及公开密钥的文件。

客户关系：是指企业为达到其经营目标，主动与客户建立起的某种联系。这种联系可能是单纯的交易关系，可能是通信联系，也可能是为客户提供一种特殊的接触机会，还可能是为双方利益而形成某种买卖合同或联盟关系。

CRM（customer relationship management）：客户关系管理，是企业利用相应的信息技术以及互联网技术来协调企业与顾客间在销售、营销和服务上的交互，从而提升其管理方式，向客户提供创新式的个性化的客户交互和服务的过程。它是借助先进的理念，利用先进的信息技术，实现资源的优化配置的管理过程。

虚拟旅游：广义上是指任何以非身临其境的方式获得旅游景点相关知识和信息的过程。狭义上是指以包括虚拟现实在内的多种可视化方式形成逼真的虚拟现实景区，使使用者获得感性、理性等多种有关旅游景点知识和信息的过程。

旅游超市：是旅游产品与服务的网络超级市场，旅游超市为旅游者提供全面的旅游线路以及吃、住、行、购、娱等各类旅游产品资讯与旅游预订服务的平台，满足旅游人群的旅游预订服务。

三维地图：三维地图是基于网络地理信息系统（GIS）、全球卫星定位系统（GPS）、遥感系统（RS）、全景VR等技术，以城市建筑三维建模为载体，整合集成本地城市建筑、政府、企事业单位等多渠道资源和信息形成的形象直观的电子地图，也叫3D地图、立体地图、虚拟城市。具有搜索、定位、放大、缩小、漫游、鸟瞰图、测距、公交查询、自驾查询、周边查询、360度全景展示、单个建筑旋转、旅游景点介绍、楼盘展示、城市形象宣传、电子政务、电子商务、电子黄页、生活资讯、同城交友、虚拟社区等功能。

智慧旅游：也称为智能旅游。就是利用云计算、物联网等新技术，通过互联网/移动互联网，借助便携的终端上网设备，主动感知旅游资源、旅游经济、旅游活动、旅游者等方面的信息，及时发布，让人们能够及时了解这些信息，及时安排和调整工作与旅游计划，从而达到对各类旅游信息的智能感知、方便利用的效果。

参考文献

1. 巫宁，杨路明. 旅游电子商务. 北京：旅游教育出版社，2004.
2. 杜文才. 旅游电子商务. 北京：清华大学出版社，2006.
3. 巫宁. 旅游信息化与电子商务经典案例. 北京：旅游教育出版社，2006.
4. 巫宁，杨路明. 旅游电子商务理论与实务. 北京：中国旅游出版社，2003.
5. 冯英健. 网络营销基础与实践. 3版. 北京：清华大学出版社，2007.
6. 彭纯宪. 网络营销. 北京：高等教育出版社，2001.
7. 何宁，黄文斌，熊建强. 数据库技术应用教程. 北京：机械工业出版社，2007.
8. 尚晓航. Internet技术与应用. 2版. 北京：中国铁道出版社，2009.
9. 刘艳丽. 网页设计与制作实用教程. 北京：高等教育出版社，2003.
10. 薛万欣. 电子商务网站建设. 北京：机械工业出版社，2005.
11. 柯新生. 网络支付与结算. 北京：电子工业出版社，2004.
12. 张矢. 网上支付与结算. 2版. 重庆：重庆大学出版社，2004.
13. [美] 詹姆斯·布鲁克. 支付系统：案例与解析. 北京：中信出版社，2003.
14. 金桂兰. 电子交易与支付. 北京：中国电力出版社，2004.
15. 张宽海. 网上支付结算与电子商务. 重庆：重庆大学出版社，2004.
16. 杜靖川. 旅游市场营销学. 昆明：云南大学出版社，1996.
17. 章牧. 旅游电子商务. 北京：中国水利水电出版社，2008.
18. 许国柱. 电子商务及其安全技术. 广州：广东高等教育出版社，2005.
19. [美] 加里·P. 施奈德. 电子商务. 4版. 北京：机械工业出版社，2004.
20. 王猛. 电子商务与中国旅行社业的发展. 辽宁科技学院学报，2005 (1).
21. 陈禹，冯仁德，邵传毅. 发展旅游电子商务的对策思考. 重庆商学院学报，2002 (2).
22. 杨路明，巫宁. 旅游产业与电子商务的天然适应性讨论. 重庆工商大学学报（社会科学版），2003 (6).
23. 王洁，李映辉，许春晓. 我国旅游电子商务研究评述. 长沙大学学报，2006 (6).
24. 邓仲春，鲁耀斌，于建红. 中美旅游电子商务的比较研究. 工业技术经济，2005 (9).
25. 王宇智. 网络时代与旅行社经营. 桂林旅游高等专科学校学报，2001 (1).
26. 赵宇茹，师军，王祖正. 国内旅游信息系统研究概述. 桂林旅游高等专科学校学报，2006（6）.

27. 龙小军. 湖南旅游电子商务发展的理性分析. 湖南环境生物职业技术学院学报，2006（3）.

28. 雷卫中. 互联网对我国旅游业发展的影响. 旅游科学，1998（3）.

29. 冯颖如. 浅议我国旅游电子商务发展的现状与对策. 齐齐哈尔大学学报，2002（1）.

30. 杨振之，胡海霞，黄学军，等. 中国旅游电子商务市场分析. 四川师范大学学报，2002（2）.

图书在版编目（CIP）数据

旅游电子商务教程/葛晓滨编著. —3 版. —北京：中国人民大学出版社，2018.7
21 世纪高职高专规划教材. 旅游与酒店管理系列
ISBN 978-7-300-25960-4

Ⅰ. ①旅… Ⅱ. ①葛… Ⅲ. ①旅游业-电子商务-高等职业教育-教材 Ⅳ. ①F590.6-39

中国版本图书馆 CIP 数据核字（2018）第 158438 号

普通高等职业教育“十三五”规划教材
21 世纪高职高专规划教材·旅游与酒店管理系列
旅游电子商务教程（第三版）
葛晓滨 编著
Lüyou Dianzi Shangwu Jiaocheng

出版发行	中国人民大学出版社		
社　　址	北京中关村大街 31 号	**邮政编码**	100080
电　　话	010－62511242（总编室）		010－62511770（质管部）
	010－82501766（邮购部）		010－62514148（门市部）
	010－62515195（发行公司）		010－62515275（盗版举报）
网　　址	http://www.crup.com.cn		
	http://www.ttrnet.com（人大教研网）		
经　　销	新华书店		
印　　刷	山东百润本色印刷有限公司	**版　　次**	2011 年 8 月第 1 版
规　　格	185 mm×260 mm　16 开本		2018 年 7 月第 3 版
印　　张	15.25	**印　　次**	2020 年 8 月第 4 次印刷
字　　数	363 000	**定　　价**	35.00 元